本書由香港青松觀資助出版

全真道研究

任法融題

第十輯

趙衛東 主編

山東大學儒學高等研究院 主辦

山东大学出版社
SHANDONG UNIVERSITY PRESS
·济南·

圖書在版編目(CIP)數據

全真道研究. 第十輯 / 趙衛東主編. —濟南:山東大學出版社，2021.6
ISBN 978-7-5607-7210-3

Ⅰ. ①全… Ⅱ. ①趙… Ⅲ. ①全真道—文集 Ⅳ. ①B956.3-53

中國版本圖書館 CIP 數據核字(2022)第 115632 號

責任編輯 郭凱迪
封面設計 劉羽珂
美術編輯 王秀秀

出版發行 山東大學出版社
社　　址 山東省濟南市山大南路 20 號
郵遞區號 250100
發行熱線 (0531)88363008
經　　銷 新華書店
印　　刷 濟南華林彩印有限公司
規　　格 720 毫米×1000 毫米 1/16
13.75 印張 2 插頁 235 千字
版　　次 2021 年 6 月第 1 版
印　　次 2021 年 6 月第 1 次印刷
定　　價 78.00 元

《全真道研究》編委會

目　録

王重陽全真修行之道考論

□韓占剛

摘要：王重陽所説的"全真"是"全真性"的簡稱。他認爲性爲真，凡軀爲假，修行即換假全真，使真性成仙。即先屏除塵冗之事，使心中清静（擒捉心猿意馬），進而清静生慧，慧引真靈（識心見性），然後真靈或真性纔得以出入玄妙之門（成仙）。他認爲性與命在修行中有不同的作用，但没有先後之分。他還强調真功真行，並以此將出世修道與入世行道結合在一起。王重陽的這種全真修行理論衹在師徒之間遞相秘傳，且在傳授之前先要對弟子進行一番考驗。今所見五篇秘語，並非王重陽遇仙所得然後又傳授給馬鈺的修行秘語。《莊子》中已有較爲成熟的"全真"思想，其核心也是在言"性命"，要人們"反其真""反其性"，"不失其性命之情"。重陽的全真之道深受老莊影響，同時又借鑒了漢魏以來的相關老莊學説，以及儒釋兩家的心性思想。

關鍵詞：王重陽　全真　性　秘傳　《莊子》

作者簡介：韓占剛，河北工程大學文法學院講師，主要從事中國宗教與文學研究。

作爲全真道的創教教主，王重陽的全真修行思想無疑至關重要。但是對於"全真"的解釋，自古以來却是衆説紛紜。金源璹《終南山神仙重陽真人全真教祖碑》(1225)："其教名之曰全真。屏去幻妄，獨全其真者，神仙也。"[①]馮志亨《創建重陽觀記》(1255)："全真者，以開通爲基，以見性爲本，以養命爲用，以謙和爲德，以卑退爲行，以儉約爲常。"[②]徒單公履在《冲和真人潘公神道之碑》(約 1260)中也道："全也、真也，一而二，二而一者也"，認爲全真是"道之全""道之真"，將"全"

① (元)李道謙集：《甘水仙源録》卷一，《道藏》第 19 册，北京：文物出版社、上海：上海書店、天津：天津古籍出版社，1988 年，第 723 頁。

② 王宗昱編：《金元全真教石刻新編》，北京：北京大學出版社，2005 年，第 124 頁。

與“真”統一爲“道”。[①] 徐琰在《廣寧通玄太古真人郝宗師道行碑》(1286)中概括説:“其修持大略以識心見性、除情去欲、忍恥含垢、苦己利人爲之宗。”[②]張好古在《清平子趙先生道行碑》(1288)中也將全真概括爲“誠實無妄”,謂:“全真之道,一言可以盡之,曰誠而已。誠者,實之謂也。”[③]李道純在《中和集》(1306)中又説:“全真道人,當行全真之道。所謂全真者,全其本真也。全精、全氣、全神,方謂之全真。才有欠缺,便不全也,才有點污,便不真也。”[④]即李道純以爲,全真是“全精氣神”。今人舒焚對“全真”又作了新的解釋,用“全行”“保真”“度人”“安世”八個字概括全真。[⑤] 熊鐵基則認爲王重陽“全真”二字的含義是“全三教之真、全老莊之真和全心性之真”[⑥]。可見對於“全真”的理解,自古以來就是衆説紛紜。這些解釋,其實更多的是在對“全真”作一種印象似的解讀,並没有試圖還原其本來含義,更没有對王重陽的全真修行理論進行系統探討。

另外,以往的王重陽思想研究,也多有論及他的全真修行理論。比如蜂屋邦夫的《金代道教研究——王重陽與馬丹陽》,以《金關玉鎖訣》《五篇秘語》等爲基礎,探討了《全真集》中王重陽的内丹學思想。丁原明等的《早期全真道教哲學思想論綱》,將王重陽的修煉思想概括爲“全真而仙”“識心見性”“以命養性”,對王重陽的全真思想作了進一步的探討。此外,白如祥還認爲,王重陽以真性爲成仙的根據,提出成仙必須明心見性、性命雙修,取代了傳統道教肉體長生不死的成仙觀念。[⑦] 這些研究雖然有益於進一步探討王重陽的全真修行理論,但並非完全以較爲可靠的《全真集》《教化集》《分梨十化集》爲據,而是常常雜取《重陽立教十五論》《重陽真人金關玉鎖訣》《重陽真人授丹陽二十四訣》《重陽祖師修仙了性秘訣》等材料。雖然這些材料大多是王重陽之後的全真弟子所編,反映的也基本是全真道的相關思想,但全真道的修行思想並不是一成不變的,而是隨著時間的推移,在不斷作著相應的調整。比如,至尹志平掌教時期,全真道所宣導的修道思想較之前就已經有了非常明顯的轉變。對此,張廣保總結道:“爲了適應教門大開的發展形勢,在尹志平掌教期間,全真教確立起以積功累行、有爲入世爲宗旨

---

① (元)李道謙集:《甘水仙源録》卷五,《道藏》第 19 册,第 763 頁。
② (元)李道謙集:《甘水仙源録》卷二,《道藏》第 19 册,第 740 頁。
③ (元)李道謙集:《甘水仙源録》卷八,《道藏》第 19 册,第 791 頁。
④ (元)李道純撰,蔡志順編:《中和集》卷三,《道藏》第 4 册,第 501 頁。
⑤ 參見舒焚:《金全真道及其創始人王哲》,《湖北大學學報》(哲學社會科學版)1997 年第 4 期。
⑥ 熊鐵基:《試論王重陽的“全真”思想》,《世界宗教研究》2008 年第 2 期。
⑦ 參見白如祥:《王重陽心性思想論綱》,《理論學刊》2007 年第 7 期。

的立教原則。”[①]這種概括很準確，因爲根據《清和真人北遊語録》的記載，尹志平非常强調積纍功行，甚至將其作爲修道的根本前提。比如，《清和真人北遊語録》記載尹志平的話，曰：“今日教門大開，積累功行，正其時也，便當有爲爲入道基本。”[②]對於這種“教門法度更變不一”的事實，尹志平對弟子們解釋道：“《易》有云：‘隨時之義大矣哉。’謂人之動静，必當隨時之宜，如或不然，則未有不失其正者。丹陽師父以無爲主教，長生真人無爲有爲相半，至長春師父，有爲十之九，無爲雖有其一，猶存而勿用焉，道同時異也。”[③]這種從無爲到有爲的轉變肯定是存在的，但尹志平所作的精確“量化”恐有誇張之處。對於這種轉變，以及尹志平所作之解析，張廣保給予了中肯的評價，以爲尹志平“事中煉心”的大修行原則，創造性地將全真道徒的各種塵俗勞作與心性修煉相關聯。“按照這一原則，整個世界對全真道徒而言就是一個大道觀，而他們一生應接的各種行爲都是修道之舉，關鍵在於其心中不能有執著之念。經過這樣一番義理梳理，尹志平就將出世與入世、無爲與有爲、真界與俗世打成一片，這無疑會極大地調動全真教徒入世修行、接待應緣的熱情，它對於全真教宫觀勢力的擴張起到重要的推動作用。”[④]可見，討論王重陽的全真修行理論應當回歸較爲可靠的第一手材料，即《全真集》《教化集》與《分梨十化集》中所收王重陽之詩詞。

一、王重陽全真修行理論的本來面貌

由於王重陽没有系統的理論著作傳世，因而其全真修行理論顯得有些散亂而不易窺知。今所見王重陽的作品集有《重陽全真集》《重陽教化集》《重陽分梨十化集》《重陽立教十五論》《重陽真人金關玉鎖訣》《重陽真人授丹陽二十四訣》《重陽祖師修仙了性秘訣》《重陽祖師論打坐》《五篇靈文注》等。根據相關的金元碑刻、傳記、序跋等資料的記載，在上述詩文集中，唯《全真集》各家皆有著録，所以應該最無疑問。《教化集》與《分梨十化集》是王重陽與馬鈺的唱和之作，最初歸在馬鈺的名下，大約從元朝中期開始，又轉歸到王重陽的名下。另外，據《金蓮正宗記》記載，王重陽還著有《雲中録》，“明鉛汞坎離之説，盛行于世”[⑤]。遺憾的

① 張廣保：《尹志平學案》，濟南：齊魯書社，2010年，第22頁。
② (元)段志堅編：《清和真人北遊語録》卷一，《道藏》第33册，第159頁。
③ (元)段志堅編：《清和真人北遊語録》卷二，《道藏》第33册，第166頁。
④ 張廣保：《尹志平學案》，第26頁。
⑤ (元)秦志安編：《金蓮正宗記》卷二，《道藏》第3册，第350頁。

是，該書已佚。而趙道一的《歷世真仙體道通鑒續編》則又説，王重陽還著有《韜光集》，不過該集依然不見傳世。至於上述的其他幾種書目，則不見載於金元時期相關史料當中。所以，它們多是後出託名之作，不大可能是王重陽的作品，但同時又多與全真教有所關聯。比如，潘雨廷曾指出《重陽真人授丹陽二十四訣》的問題："按此書自第十八問三命下，文有顛倒錯亂，文氣亦不同，如出家等重複，故二十四訣已有錯雜。且下引徐神翁注等更屬笑話……原作可信者半，約有十餘問答，理通内修，有可取處。"①又謂《重陽立教十五論》"作此者雖非重陽本人，當係七真或掌教門人"②。因此，想要系統瞭解王重陽的全真修行理論，當以其詩詞爲據。而通過對其現有詩詞的梳理，完全可以窺知其全真修行理論的整體面貌。

（一）"全真"一詞在王重陽詩詞中的使用情況

"全真"一詞在王重陽存世的詩詞中出現過十幾次，其中比較重要的有六次。時間較早的一次出現在一首名爲《活死人墓贈甯伯功》的詩中，該詩道："存神養浩全真性，骨體凡軀且渾塵。"③應當寫於王重陽在終南山居於活死人墓期間。王重陽寫有多首贈甯伯功的詩，有意度化他。可見，王重陽早在終南山時期就已經提出了全真的説法，並不是到了山東之後纔首次提出。在這首詩中，王重陽提到"全真性"，且將其與"骨體凡軀"相對舉。這裏的"全真性"一詞，從語法上來看是一個動賓結構，動詞"全"修飾的是後面的名詞"真性"。也就是説，"全真"一詞在這裏是被拆分開來的，"全真性"即保全真性。

"全真性"也出現在《題茶坊》一詩中，該詩道："已喫蟠桃勝買瓜，此般風味屬予家。直須換假全真性，指路蓬萊跨彩霞。"④在該詩中，王重陽明確説，衹須換掉"假"，且保全"真性"，就可以跨上蓬萊彩霞之路，得道成仙。這裏不僅提到了"全真性"，還提到了"真"的對立面"假"，並稱修行即爲"換假全真"。

另一處則與上述"全真性"類似，即王重陽在《答戰公問先釋後道》一詩中所説："釋道從來是一家，兩般形貌理無差。識心見性全真覺，知汞通鉛結善芽。馬子休令川撥棹，猿兒莫似浪淘沙。慧燈放出騰霄外，照斷繁雲見彩霞。"⑤在這首詩中，王重陽依然將"性"與"全真"並提，但與前面直接稱謂"全真性"又有所不

① 潘雨廷：《道藏書目提要》，上海：上海古籍出版社，2003年，第237頁。
② 潘雨廷：《道藏書目提要》，第238頁。
③ （金）王嚞：《重陽全真集》卷二，白如祥輯校：《王重陽集》，濟南：齊魯書社，2005年，第34頁。
④ （金）王嚞：《重陽全真集》卷十，白如祥輯校：《王重陽集》，第156頁。
⑤ （金）王嚞：《重陽全真集》卷一，白如祥輯校：《王重陽集》，第4頁。

同，而是稱之爲“識心見性全真覺”。“覺”字在王重陽的詩文中也多次出現，但通常衹是“覺悟”“覺得”的意思，並不如道教通常所謂“性命”的“性”字内涵更爲豐富。所以，在上面這句詩中，“覺”字可能更多的是類似於“覺悟”“覺醒”的意思，即“識心見性全真覺”的意思大概爲，衹有識心見性方能覺悟到全真之性或使全真之性覺醒。另外，該詩還提到了“馬子”與“猿兒”，此即王重陽在其他詩詞中多次提到過的“心猿意馬”。

在另外三次中，“全真”作爲一個名詞出現。《全真堂》詩道：“堂名名號號全真，寂正逍遥子細陳。豈用草茅遮雨露，亦非瓦屋度秋春。一間閑舍應難得，四假凡軀是此因。”[①]這首詩作於王重陽在寧海州度化馬鈺期間，其中“全真”是用作一個名詞來命名一間庵堂。詩中除了出現“全真”一詞外，還提到了一種“四假凡軀”的説法。再如《水雲遊》詞道：“玉匙開闡通仙徑，玉門中傳令。玉童來、便許全真，玉皇宣已定。”[②]這裏的“全真”直接和成仙相關，因爲收在《分梨十化集》中，所以很可能是在度化馬鈺夫婦時所作。另外，“全真”作爲一個名詞，還出現在王重陽的一首《望蓬萊》詞中。該詞道：

修錬事，子細好鋪陳。外做四肢安樂法，内觀五臟倒顛因。便是得全真。　堅守定，營殼要申申。二氣合和開本性，三田搬運助靈神。只此唤仙人。[③]

在這首詞中，“全真”之後接著提到了“開本性”，也就是説，依然是將“全真”跟“性”聯繫在一起。總的來看，以上六次提到“全真”，其中四次都跟“真性”或“本性”密切相關。而在後兩次中，“全真”雖然看似作爲一個名詞出現，但很可能衹是“全真性”的一種簡稱。另外，上面還有將“假”與“真”相對的情况，出現了一種“换假全真”的説法。而在《全真堂》一詩中，則又對“假”進一步具體化，出現了“四假凡軀”的説法。另外，在提到“識心見性全真覺”的同時，王重陽還提到了“馬子休令川撥棹，猿兒莫似浪淘沙”，此意大致爲要約束“心猿意馬”。以上即王重陽詩文中六次提到“全真”一詞的情况。可見，王重陽的全真修行理論與“性”“假”“心猿意馬”“識心見性”等緊密相關。

（二）王重陽所説的“真”“假”與“真性”

在解開全真的含義之前，首先來看與“真”相對的“假”。在上引《全真堂》一

---

① （金）王嚞：《重陽全真集》卷一，白如祥輯校：《王重陽集》，第 18 頁。
② （金）王喆：《重陽分梨十化集》卷上，白如祥輯校：《王重陽集》，第 261 頁。
③ （金）王嚞：《重陽全真集》卷四，白如祥輯校：《王重陽集》，第 76 頁。

詩中,王重陽提到了“四假凡軀”的説法。其實,類似這樣的表述在王重陽的詩詞中還有許多。比如:

《驀山溪》:“凡軀四假,正好堪論討。有限是因緣,却何不、修行早早。”①

《搗練子》:“一爲人,做凡身,四般假合怎生真。”②

《點絳唇・詠拾菜人》:“一息不來四假僵,兒孫掇出卧丘荒。”③

《二郎神》:“此假合形骸皆不悟,猶然待、巧粧馳騁。”④

《登仙門》:“勸諸公,尋玄妙,更休思也。看假軀、不如無也。”⑤

在這些詩詞中,王重陽認爲普通人的身軀(即“凡身”)爲“四般假合”而成,因而常借用“四假”來指代人的身軀。需要説明的是,佛教裏雖然有“四假”的説法,但此“四假”非彼“四假”。準確來説,王重陽所説的“四假”,其實是“四般假合”的簡稱。所謂“四般”,其實即佛教所謂的“四大”(地、水、火、風)。比如,其《西江月・四假》詞道:“堪歎火風地水,爲伊合造成形。”⑥另外,王重陽在一首《傳神頌》中也寫道:“靈昏性昧著凡體,自畫自描自傳起。借他俗狀做形軀,攢聚火風并地水。陽作骨骸陰作膚,眼耳鼻前安箇觜。四般迷執各誇强,渾身便用肉山壘。”⑦在這首頌中,王重陽也明確説“四般假合”的形軀爲“攢聚火風并地水”而成。

下面再來説“真”。在一首《蘇幕遮》詞中,王重陽非常明確地説道:“性爲真,身是假。”⑧因爲“性爲真”,所以王重陽還常將“性”稱爲“真性”。比如,他在一首《黄鶯兒》詞中道:“心中真性修行主。”⑨再如,其《禪門初洪潤乞無相》詩道:“自家真性是家風。”⑩而在《玉花社疏》中,王重陽又道:“起置玉花、金蓮社在于兩州,務要諸公得認真性。不曉真源,盡學傍門小術,此是作福養身之法,並不干修仙之道、性命之事。”⑪這裏不僅提到了“真性”,還將其稱爲修仙的“真源”。關於真性的重要性,王重陽在《金丹》一詩中更進一步地直言道:“本來真性唤金丹,四假爲

---

① (金)王嚞:《重陽全真集》卷十一,白如祥輯校:《王重陽集》,第169頁。
② (金)王嚞:《重陽全真集》卷十三,白如祥輯校:《王重陽集》,第203頁。
③ (金)王嚞:《重陽全真集》卷十三,白如祥輯校:《王重陽集》,第206頁。
④ (金)王嚞:《重陽全真集》卷十一,白如祥輯校:《王重陽集》,第165頁。
⑤ (金)王嚞:《重陽全真集》卷十一,白如祥輯校:《王重陽集》,第166頁。
⑥ (金)王嚞:《重陽全真集》卷八,白如祥輯校:《王重陽集》,第119頁。
⑦ (金)王嚞:《重陽全真集》卷九,白如祥輯校:《王重陽集》,第139頁。
⑧ (金)王嚞:《重陽全真集》卷十三,白如祥輯校:《王重陽集》,第197頁。
⑨ (金)王嚞:《重陽全真集》卷三,白如祥輯校:《王重陽集》,第51頁。
⑩ (金)王嚞:《重陽全真集》卷一,白如祥輯校:《王重陽集》,第11頁。
⑪ (金)王嚞:《重陽全真集》卷十,白如祥輯校:《王重陽集》,第159頁。

鑪鍊作團。不染不思除妄想，自然衮出入仙壇。"[①]

除了"性""真性"以外，王重陽在許多詩詞中還使用"一靈真性"或"真靈一性"。比如，《西江月》詞："堪歎一靈真性，得來笑殺惺惺。不燒香火不看經，走入這條捷逕。"[②]再如，《辭世頌》詩："一靈真性在，不與衆心同。"[③]《山亭柳》詞："百歲光陰如撚指，一靈真性好搜玄。得後總周全。養就神和氣，結成丹、燦燦團圓。五道耀明齊聚，簇擁上、大羅天。"[④]再如，《諸散人求問》："修行須藉色身修，莫殢凡軀做本求。假合四般終是壞，真靈一性要開收。"[⑤]在這些詩詞中，王重陽同樣强調"一靈真性"的重要性，並且將"終是壞"的"四般假合"與"得後總周全"的"真靈一性"作鮮明的對比。

上面提到"性""真性"與"一靈真性"等多種説法，其實，在王重陽的詩詞中，相關的説法還有很多，如"真靈""靈靈""一性靈明""一點靈明""靈明一點""靈性"等。舉例如下：

《黄河清》："元初本有真靈，明明處、這回搜見鉛汞。"[⑥]

《山亭柳》："速速去超彼岸，靈靈現住瀛洲。"[⑦]

《色》："亡殞一性靈明，絶盡四肢筋力。"[⑧]

《酹江月》："金丹傳得，一點靈明好。"[⑨]

《瑶臺月・達終南山》："無礙，靈明一點，逍遥自在。"[⑩]

《述懷》："修持如會識金丹，只要真靈本性全。"[⑪]

《諸散人求問》："假合四般終是壞，真靈一性要開收。"[⑫]

《瑞鷓鴣》："氣神交結爲珍寶，靈性分明作大仙。"[⑬]

之所以王重陽的詩詞中會有"真靈""靈靈""靈明""一點靈明""靈明一點"等衆多不同的説法，大概是詩詞的用韻和詞句長短的特點導致的。另外，這樣可能也是

---

① (金)王嚞:《重陽全真集》卷二，白如祥輯校:《王重陽集》，第30頁。
② (金)王嚞:《重陽全真集》卷九，白如祥輯校:《王重陽集》，第137頁。
③ (金)王嚞:《重陽全真集》卷九，白如祥輯校:《王重陽集》，第141頁。
④ (金)王嚞:《重陽全真集》卷十一，白如祥輯校:《王重陽集》，第174頁。
⑤ (金)王嚞:《重陽全真集》卷十，白如祥輯校:《王重陽集》，第143頁。
⑥ (金)王嚞:《重陽全真集》卷十一，白如祥輯校:《王重陽集》，第163頁。
⑦ (金)王嚞:《重陽全真集》卷四，白如祥輯校:《王重陽集》，第69頁。
⑧ (金)王嚞:《重陽全真集》卷一，白如祥輯校:《王重陽集》，第17頁。
⑨ (金)王嚞:《重陽全真集》卷三，白如祥輯校:《王重陽集》，第57頁。
⑩ (金)王嚞:《重陽全真集》卷三，白如祥輯校:《王重陽集》，第62頁。
⑪ (金)王嚞:《重陽全真集》卷二，白如祥輯校:《王重陽集》，第38頁。
⑫ (金)王嚞:《重陽全真集》卷十，白如祥輯校:《王重陽集》，第143頁。
⑬ (金)王嚞:《重陽全真集》卷五，白如祥輯校:《王重陽集》，第89頁。

爲了避免詩詞的單調和重複。也就是説,它們本質上是一樣的。另外,靈跟性也經常聯繫在一起,即所謂"真靈本性""真靈一性""靈性"等。所以在王重陽的詩詞中,"靈"跟"性"往往也是對等的。之所以會有"真靈""真性""靈性"等這麽多的不同説法,本質上也是由詩詞的文體特點决定的。

前面王重陽曾明確提到過"性爲真",修行即爲"换假全真",所以,這裏纔會有"靈性分明作大仙"的説法。類似的説法在其《巫山一段雲・道友問變化》一詞中也有出現,該詞道:"公如會得疾安脚,便做飄蓬,脱了凡籠,一箇真靈入碧空。"①另外,王重陽在一首《望蓬萊》詞中也道:"慧性來回清净路,真靈出入妙玄門。"②在這些詩詞中,王重陽基本上已經表明,他認爲修行的最終結果是"真性"成仙,而非"假軀"成仙。與成仙時"真性"可以飛入碧空或玄妙之門不同,"假軀"在成仙時是要脱掉的。對於這一點,王重陽在一些詩詞中也多有説明。比如,其《玉花會疏》曰:"既爲脱殼,便是登仙。"③又《蘇幕遮・買背籠》詞曰:"脱下凡軀猜得謎。了了超昇,全是伊相濟。"④《川撥棹》詞也道:"將此脱殼神仙。"⑤其《贈丹陽》詩亦曰:"四般假合終歸土,一箇真靈直上天。不滅不生超達去,無爲無漏大羅仙。"⑥

王重陽雖然明確主張脱掉"假軀",通過"换假全真",最終達到"真性"成仙,但是不否定"假軀"在修行中的作用。比如,其《望蓬萊》詞道:"公聽取,公聽取,道眼正堪開。四假身軀宜鍛鍊,一靈真性細詳猜。有分看蓬萊。"⑦這裏所説的"假軀"和"真性",與道教常説的"命"和"性"是對等的。通過以上的討論可知,王重陽的修性理論是很看重"性"的。而關於性與命的關係,以及"命"或者"假軀"在修行中的作用,王重陽在一些詩詞中也有過具體的説明。比如,其《金丹》詩曰:"本來真性唤金丹,四假爲鑪鍊作團。"⑧《與丹陽》詞道:"性與命,命與性,兩般出入通賢聖。都要知,都要知,便是長生固蒂時。"⑨又《小重山》詞道:"性如燈燭命如油。"⑩從這些具體的表述中可以看出,雖然王重陽以爲性很重要,但命却是

---

① (金)王嚞:《重陽全真集》卷十三,白如祥輯校:《王重陽集》,第 212 頁。
② (金)王嚞:《重陽全真集》卷四,白如祥輯校:《王重陽集》,第 77 頁。
③ (金)王嚞:《重陽全真集》卷九,白如祥輯校:《王重陽集》,第 141 頁。
④ (金)王嚞:《重陽全真集》卷十三,白如祥輯校:《王重陽集》,第 198 頁。
⑤ (金)王嚞:《重陽全真集》卷十三,白如祥輯校:《王重陽集》,第 210 頁。
⑥ (金)王喆:《重陽教化集》卷一,白如祥輯校:《王重陽集》,第 228 頁。
⑦ (金)王喆:《重陽分梨十化集》卷下,白如祥輯校:《王重陽集》,第 272 頁。
⑧ (金)王嚞:《重陽全真集》卷二,白如祥輯校:《王重陽集》,第 30 頁。
⑨ (金)王喆:《重陽分梨十化集》卷上,白如祥輯校:《王重陽集》,第 265 頁。
⑩ (金)王嚞:《重陽全真集》卷十二,白如祥輯校:《王重陽集》,第 180 頁。

修性的根本，没有了命就好比燈燭没了油，或有煉丹的材料却没有丹爐，此即王重陽在《四得頌》中所謂："得命顛倒至，得性見金丹。"①雖然如此，但相對來説，王重陽依然是很重視性的，因此他在一首《啄木兒》詞中又説道："見性不用命。"②其實，準確來説，在王重陽的眼裏，性命本無先後之分，它們衹是在修行的過程中有不同的作用而已，即保命是爲修性服務的，待真性修至完全時，就不再需要命的輔助了。

（三）由清静而識心見性

上面討論了王重陽换假全真的"全真"修行理論，至於如何换假全真，在王重陽的詩詞中也有一些説明。比如，其《瑶臺月》詞道："修行便要尋捷徑，心中長是清净。"③又《漁家傲》道："跳出凡籠尋性命，人心常許依清静。便是修行真捷徑。"④《鶴冲天》道："迷祛惑去，正好修行做。清静是根源，真門户。切莫他尋，恐遺遺，望仙路。"⑤在這些詞中，王重陽將"清静"視爲修行的捷徑、根源和真門户。在《玉花社疏》中，王重陽甚至説："諸公如要真修行，飢來喫飯，睡來合眼，也莫打坐，也莫學道，只要塵冗事屏除，只要心中'清净'兩箇字，其餘都不是修行。"⑥可見，王重陽非常推崇"清静"（清净），甚至將其作爲入道修行的不二法門。在一首《述懷》詩中，王重陽道："清净真靈現，玲瓏慧眼開。"⑦在另一首《望蓬萊》詞中，王重陽又道："全得得，窈默與冥昏。慧性來回清净路，真靈出入妙玄門。"⑧由這些詩詞可見，大概其修行理論爲，首先屏除塵冗之事，使心中清静，進而清静（清净）生慧，慧引真靈，然後真靈（真性）纔得出入玄妙之門。而"慧引真靈"，其實正是"識心見性"。這正是他在《吕善友索金剛經偈》一詩中所説的："識心見性通真正。"⑨而屏除塵冗之事，使心中清静，其實即爲擒捉"心猿意馬"。因此，王重陽在《蘇幕遮・勸修行》一詞中道："莫行功，休打坐。如要修持，先把心猿鎖。"⑩對於上述整個的這一修行過程，王重陽在一首《望蓬萊》詞中完整表述道：

未入道，休要執中迷。先且牢擒劣馬子，切須縛住耍猿兒。款款做修

① （金）王嚞：《重陽全真集》卷九，白如祥輯校：《王重陽集》，第140頁。
② （金）王嚞：《重陽全真集》卷四，白如祥輯校：《王重陽集》，第78頁。
③ （金）王嚞：《重陽全真集》卷三，白如祥輯校：《王重陽集》，第62頁。
④ （金）王嚞：《重陽全真集》卷七，白如祥輯校：《王重陽集》，第109頁。
⑤ （金）王嚞：《重陽全真集》卷十一，白如祥輯校：《王重陽集》，第160頁。
⑥ （金）王嚞：《重陽全真集》卷十，白如祥輯校：《王重陽集》，第159頁。
⑦ （金）王嚞：《重陽全真集》卷一，白如祥輯校：《王重陽集》，第22頁。
⑧ （金）王嚞：《重陽全真集》卷四，白如祥輯校：《王重陽集》，第77頁。
⑨ （金）王嚞：《重陽全真集》卷一，白如祥輯校：《王重陽集》，第12頁。
⑩ （金）王嚞：《重陽全真集》卷四，白如祥輯校：《王重陽集》，第74頁。

持。　如省悟，勘破女男妻。自在假身常煅煉，逍遥真性得推移。應是上瑶池。①

另一首《心月照雲溪》詞也大致表述了這一修行過程，該詞道：

無常二字，説破教賢怕。百歲受區區，細思量、一場空話。耽他火院，剛恁苦熬煎，早收心，採黄芽，藥就難酬價。　居山寂静，悄悄實瀟灑。斷念去貪嗔，把意馬、心猿繫下。神清澄净，一點鎮長明。無爲裏，作功成，不許誇奸詐。②

除了上述整個"换假全真"的修行過程之外，王重陽還强調"真功真行"，且以此爲連接點，將出世修道與入世行道緊密地結合了起來。其《勸道歌》曰："自然清静真功著，信任慈悲實行超。"③《贈丹陽》曰："退己進人功行著，自然脱殼做神仙。"④而《玉花社疏》則詳細闡述道："行功乃别有真功真行。晋真人云：'若要真功者，須是澄心定意，打疊神情，無動無作，真清真净，抱元守一，存神固氣，乃是真功也。若要真行者，須是修仁藴德，濟貧拔苦，見人患難，常行拯救之心，或化誘善人，入道修行。所行之事，先人後己，與萬物無私，乃真行也。'"⑤可見，前面所説之"换假全真"屬於真功，而真行則是行善積德（即"修仁藴德，濟貧拔苦，見人患難，常行拯救之心，或化誘善人，入道修行。所行之事，先人後己，與萬物無私"）。修道之人，衹有在功行圓滿之後，纔算是真正得道，即王重陽在《小重山》詞中所道："成功行，蓬島永無憂。"⑥

（四）王重陽全真修行理論概述

王重陽所説的"全真"其實是"全真性"的一種簡稱。與"真性"相對，王重陽認爲由"地、水、火、風"四般假合而成的"凡軀"爲假。另外，王重陽的詩文之中之所以會出現"性""真性""真靈本性""真靈一性""靈性""真靈""靈靈""靈明""一點靈明""靈明一點"等衆多不同的説法，是詩詞的文體特點導致的，這樣也可以避免詩詞的單調和重複，它們在本質上是一樣的。王重陽以爲，修行是要脱掉"假軀"，通過"换假全真"的修行，最終"真性"成仙。"假軀"與"真性"，即道教通常所説的"命"與"性"。二者相比，王重陽雖然很看重"性"，甚至還説"見性不用

---

① （金）王嚞：《重陽全真集》卷十三，白如祥輯校：《王重陽集》，第195頁。
② （金）王喆：《重陽教化集》卷一，白如祥輯校：《王重陽集》，第229頁。
③ （金）王嚞：《重陽全真集》卷九，白如祥輯校：《王重陽集》，第131頁。
④ （金）王喆：《重陽教化集》卷一，白如祥輯校：《王重陽集》，第235頁。
⑤ （金）王嚞：《重陽全真集》卷十，白如祥輯校：《王重陽集》，第159～160頁。
⑥ （金）王嚞：《重陽全真集》卷十二，白如祥輯校：《王重陽集》，第180頁。

命”，但他依然肯定命與性的緊密聯繫，還把命比作油，把性比作燈燭。所以，在王重陽的眼裏，性與命衹是有不同的作用，而没有什麽先後之分。至於其“换假全真”的具體過程，則爲首先屏除塵冗之事，使心中清静，進而清静（清净）生慧，慧引真靈，然後真靈（真性）纔能出入玄妙之門（即成仙）。屏除塵冗之事，使心中清静，其實即爲擒捉“心猿意馬”；而“慧引真靈”，其實正是“識心見性”。除了以上的全真修行理論之外，王重陽還十分强調“真功真行”，且以此爲紐帶，將出世修道與入世行道緊密地結合在了一起。王重陽認爲上述“换假全真”的修行過程屬於真功，而真行則是入世行道，即行善積德，並認爲，修道之人衹有在功行圓滿之後，纔算是真正得道，纔可以在仙界無憂永居。

二、王重陽全真修行理論的傳承方式

雖然仔細分析王重陽的詩詞可以窺見其全真修行理論的整體面貌，但需要指出的是，這些應該衹是其全真修行理論的一個大綱，是王重陽爲了化人入道所做的“宣傳”，基本上是公之於衆的，不能直接用來指導具體的修行。其實，無論是以往的舊道派還是佛教，一般都不會完全將自己的修行理論，尤其是具體的修行實踐方法公之於衆。

王鶚的《雲山集序》（1265）曾記載：“宋末金初，有所謂全真家者，以心傳心，不立文字。然重陽祖師以降，急於化人，皆有教言，以惠後學。”①元人王磐在《玄門掌教宗師誠明真人道行碑銘》（1272）中也提到早期全真道的傳法情況：“全真之教，以識心見性爲宗，損己利物爲行，不資參學，不立文字，自重陽王真人至李真常，凡三傳，學者漸知讀書，不以文字爲障蔽。”②王磐對全真道宗旨的概括簡明了當，“識心見性爲宗”即王重陽所謂出世修道的真功，“損己利物爲行”即王重陽所謂入世行道的真行。更重要的是，王磐還明確提到，早期的全真道是“不立文字”的。根據許多材料來看，王重陽的全真修行理論和相關實踐方法，即便在全真道内部也不是人人皆知的，衹是在師徒之間遞相秘傳。比如，馬鈺曾在《赴萊州黄籙大醮作》詞中明確説道：“口口相傳，真真相濟，悟來意解心通。玄中妙趣，明月應清風。師祖鍾離傳吕，吕公得、傳授王公。王公了，秘傳馬鈺，真行助真

① （元）王鶚：《雲山集序》，（元）姬志真：《雲山集》，《道藏》第25册，第364頁。

② （元）李道謙集：《甘水仙源録》卷五，《道藏》第19册，第758～759頁。

功。"[①]詞中提到的"秘傳"之事，並非僅見於此，在金元時期的多種王重陽傳記中都有記載，並且補充了一些細節。列表如下：

作者	篇名	年代	摘要	出處
金源璹	終南山神仙重陽真人全真教祖碑	1225	率馬公等四人徑入大梁……枕左肱而逝，衆皆號慟，真人復起曰：何哭乎？於是呼馬公附耳密語，使向關中化人入道。	《甘水仙源録》卷一
劉祖謙	終南山重陽祖師仙跡記	1232	抵汴，寓王氏逆旅，無幾何，呼丹陽付密語，無疾而逝。	《甘水仙源録》卷一
張邦直等	重陽真君王祖師傳	約 1237～1263	師將歿，三子立於床下。師曰："丹陽已得道，長真已知道，吾無慮矣。處機所學，一聽丹陽。處玄，長真當管領之。"……且戒勿哭，言訖日而蜕。衆皆號慟。師忽開目曰："何至於此？"囑馬鈺以後事："若達關西，化我鄉人。"仍付之密語，勿輕傳之。鈺再拜而受。又謂譚處端等曰："汝輩前程，皆在馬公手。"	《七真仙傳》
秦志安	重陽王真人	1241	(重陽)謂衆人曰："吾歸之後，慎勿舉哀。"言訖而委蜕焉。丹陽不覺泣下，甚慟。衆皆勸之曰："不可違仙師之語。"丹陽曰："入道區區，尚無所得。吾師棄我，逞逞何歸？"訴之未終，忽開目曰："汝輩憾恨，奚爲若此？昔日甘河所得秘語五篇，今付于汝。"丹陽再拜，跪而授之。復謂譚公曰："汝等性命，皆在丹陽手中矣。"	《金蓮正宗記》卷二
趙道一	王嘉	約 1294	師將設[歿]，三子立於床下，師曰："丹陽已得道，長真已知道，吾無慮矣。處機所學，一聽丹陽。處玄，長真當管領之。"……且戒勿哭，言訖而蜕。衆皆號慟，師忽開目曰："何至於比[此]？"囑馬鈺以後事："若達關西，化我鄉人。"仍付之密語，勿輕傳之。鈺再拜而受。又謂譚處端等曰："汝輩前程，皆在馬公手。"	《歷世真仙體道通鑒續編》卷一

① (金)馬鈺：《洞玄金玉集》卷十，趙衛東輯校：《馬鈺集》，第 147 頁。

续表

作者	篇名	年代	摘要	出處
劉天素、謝西蟾	重陽子	1326	(重陽)言畢,枕肱而逝。衆皆號慟,師忽開目起坐曰:"何至於此,汝等學道猶未悟此耶?"乃以秘訣五篇付丹陽,令遞相規益。	《金蓮正宗仙源像傳》

表中張邦直的記載與趙道一的記載幾乎完全一致,除了《七真仙傳》"言訖日而蜕"一句中多了一個"日"字。所以,趙道一的記載,完全因襲了《七真仙傳》。由該表還可知,王重陽"秘傳"馬鈺全真修行功法之事發生在其即將辭世之際。此事不僅出自馬鈺的一家之言,從上述史料看,金元時期的全真道内部應該也普遍認同這一説法。另外,從表中還可見,最初的記載衹是將秘傳内容籠統地稱爲"密語"。後來,秦志安的《金蓮正宗記》則將之明確爲重陽在甘河鎮遇仙所得的"秘語五篇"。其後,劉天素、謝西蟾的《金蓮正宗仙源像傳》因襲秦志安的説法,也稱之爲"秘訣五篇"。

對於"五篇秘語"的情況,較早的金源璹《全真教祖碑》與張邦直《七真仙傳》都有記載。《全真教祖碑》道:"留歌頌五,命真人讀餘火之,文載《全真集》中。"①《七真仙傳》也道:"留秘語五篇,令師誦畢焚之。"②所謂王重陽遇仙所得的"五篇秘語"保留至今。但值得懷疑的是,這"五篇秘語"並不見於傳世的王重陽詩文集,而是見於《金蓮正宗記・重陽王真人》當中。《全真教祖碑》作於重陽辭世後56年,明確説它們收在《全真集》中。由此推斷,這五篇秘語之前確實收在王重陽的《全真集》中。《七真仙傳》與《仙鑒續編》的王重陽傳均記載,王重陽曾在終南山資聖宫殿壁題詩道:"終南山,重陽子,違地肺,别京兆,指藍田,經華嶽,入南京,遊海島,得知友,赴蓬瀛,共禮本師之約。"③《金蓮正宗記》中收録的第五篇秘語是:"九轉成,入南京,得知友,赴蓬瀛。"將其與王重陽的題壁詩相對比,可知第五篇秘語是根據王重陽的題壁詩删定的。可見,傳世的五篇秘語很有可能就是王重陽的作品。可能後來的全真弟子們意識到,既然這五篇秘語是王重陽遇仙所得,那就不是王重陽的作品,所以又把它們從《全真集》中抽了出來。另外,從其内容來看,今所見五篇秘語並不像是什麽神仙所傳授的秘訣。另外,《全真教

① (元)李道謙集:《甘水仙源録》卷一,《道藏》第19册,第723頁。
② (金)張邦直等:《七真仙傳・重陽真君王祖師傳》,臺灣大學圖書館藏抄本。
③ 見《七真仙傳・重陽真君王祖師傳》與《歷世真仙體道通鑒續編・王嚞》。

祖碑》與《七真仙傳》，乃至收録它們的《金蓮正宗記》，都記載説仙人讓王重陽讀後就燒掉了，所以，它們刻諸碑石且傳之於世的可能性應該是不存在的①，就算是傳世也應該在教内秘傳。根據《終南山重陽萬壽宫碧虚楊真人碑》的記載，馬鈺還將"五篇秘語"傳給了其弟子楊明真。該碑道："（楊明真）抵家與諸親决，往從丹陽於祖庭。謹事既久，賜今之法名道號，并秘語五篇。已而所習冰釋，衲毳不襟，頭蓬不櫛，面垢不滌，行歌道舞，似癡似狂，人以楊害風名之。"②這裏不僅提到馬鈺傳五篇秘語給楊明真，還提到了傳後的效果，即楊明真"已而所習冰釋"，行爲瘋狂莫測，成了楊害風。王重陽在得到仙人的指點之後，也有同樣的情狀，也被人稱爲害風。可見，楊明真在得到馬鈺的傳授之後，修行可以説是突飛猛進。由此也可印證，此五篇秘語很可能並非傳世的五篇秘語，並且這種全真秘語不是輕易就傳給弟子的，而是對弟子有所考驗之後方纔傳授。比如，馬鈺傳之於弟子楊明真就是在其"謹事既久"之後。其實，當初王重陽傳法給馬鈺等人，也有一番嚴苛的考驗。再如，尹志平弟子段志堅所編《清和真人北遊語録》曾記載道：

> 祖師在崑崳山日……以丹陽師父宿世功行至大，常與談論玄妙，以長春師父功行未至，令作塵勞，不容少息。一日，祖師閉户與丹陽論調息法，師父竊聽於外。少間，推户入，即止其論……後祖師將有歸期，三年中於四師極加鍛鍊。一日之工，如往者百千日，錯行倒施，動作無有是處。至於一出言，一舉足，未嘗不受訶責。師父默自念曰："從師以來，不知何者是道，凡所教者，皆不干事。"有疑欲問之，憚祖師之嚴，欲因循行之，而求道心切，意不能定。憤悱之極，一日乘間進問。祖師答曰："性上有。"再無所言。師父亦不敢復問。後祖師臨歸，正臘月中，四師乞到錢物，令多買薪炭，大燃於所寢之室。室甚小，令丹陽、長真立於内，而不任其熱，令長生、長春立於外，而不任其寒，内不敢出，外不敢入，如此者久，長生師父不堪其苦，乃遁去。③

這裏提到王重陽在崑崳山時就曾秘傳馬鈺修行功法，結合上表所列王重陽辭世前秘傳馬鈺的記載，可知王重陽的全真修行理論並不是一次性傳完的，而是循序漸進，分若干個階段秘傳的。這一點從譚處端身上也可得到印證。比如金源璹《長真子譚真人仙跡碑銘》記載道："公拜禱真人，求道之日用，真人以四字祕

---

① 早在元朝時，全真掌教孫德彧就曾立《全真開教秘語之碑》，將王重陽遇仙所得之五篇秘語刻於石上。詳見陳垣編纂：《道家金石略》，北京：文物出版社，1988 年，第 429 頁。

② 王宗昱編：《金元全真教石刻新編》，第 70～71 頁。

③ （元）段志堅編：《清和真人北遊語録》卷二，《道藏》第 33 册，第 163 頁。

訣授之。”[①]這裏提到王重陽傳授給譚處端的秘訣應該衹是入門的修行秘訣，因爲從上表可知直到王重陽去世時，譚處端的境界纔是“知道”，所以纔有“汝輩前程，皆在馬公手”這樣的話。另外，在王重陽秘傳馬鈺修行功法時，甚至連其弟子丘處機都要回避。丘處機竊聽之事還見於《北遊語録》卷三，謂：“俺與丹陽同遇祖師學道，令俺重作塵勞，不容少息，與丹陽默談玄妙。一日閉其户，俺竊聽之，正傳谷神不死調息之法，久之，推户入，即止其説。”[②]不同之處在於，這裏的記載用的是第一人稱。從《北遊語録》的記載來看，直到王重陽即將辭世之際，丘處機都未獲得秘傳。同時，王重陽在辭世前還對“四子”進行了嚴苛的痛教。丘處機感覺“從師以來，不知何者是道，凡所教者，皆不干事”，於是便在“憤悱之極”下，向王重陽提出了質問，但得到的回答衹是“性上有”。可見，王重陽在傳授其全真修行理論時，對弟子是有嚴苛要求的。

傳法之前對弟子進行嚴格考驗，不得其人便不輕易傳授的情況，在早期全真道内其實是很普遍的。比如，李國維《頤真冲虚真人毛尊師蜕化銘》道：“（毛養素）往禮太華惠照真人田無礙，即丹陽之法嗣也。謹執几杖，清苦玄門，幾二十年，惠照異之，丹書祕訣又得其傳，天光焕發，日以益新，殆不可掩。”[③]楊奂《終南山重陽萬壽宫洞真于真人道行碑》道：“與人言惟正心誠意而已，至於嗇神頤真之祕，苟非其人，閉口不吐，恐失之强聒也。”[④]再如，《北遊語録》還記載尹志平的話：“吾之所得教言，皆師真處口傳心受，行持至今，豈不欲傳之後人，然罕有誠心聽受者，故常欲無言。”[⑤]由此可見，尹志平的全真修行之道，也是通過諸師真們的“口傳心受”而獲得的。這種“口傳心受”的秘密傳法形式，在早期全真道内應該是很普遍的。比如，徒單公履《冲和真人潘公神道之碑》記載丘處機弟子潘德冲在臨化前對弟子們道：“吾幼遇長春師，授以祕傳，終身誦之，粗有所得。”[⑥]宋子貞《普照真人玄通子范公墓誌銘》亦記載郝大通秘授弟子范圓曦之事：“年十九，從郝太古學爲全真，太古深器之，潛授祕訣。”[⑦]《終南劉先生事蹟》亦道：“崇慶間，（劉志源）東遊鐵查山，謁玉陽真人，得授祕訣。”[⑧]

① （元）李道謙集：《甘水仙源録》卷一，《道藏》第19册，第732頁。
② （元）段志堅編：《清和真人北遊語録》卷三，《道藏》第33册，第170頁。
③ （元）李道謙集：《甘水仙源録》卷七，《道藏》第19册，第778頁。
④ （元）李道謙集：《甘水仙源録》卷三，《道藏》第19册，第748頁。
⑤ （元）段志堅編：《清和真人北遊語録》卷一，《道藏》第33册，第156頁。
⑥ （元）李道謙集：《甘水仙源録》卷五，《道藏》第19册，第762頁。
⑦ （元）李道謙集：《甘水仙源録》卷四，《道藏》第19册，第754頁。
⑧ （元）李道謙集：《甘水仙源録》卷八，《道藏》第19册，第791頁。

要之,王重陽的全真修行理論雖然在其詩詞中有所表述,但祇是一種大綱似的粗略展示,不能直接用來指導具體修行實踐。王重陽真正的全真修行之道,在早期全真道内是以師徒口耳相傳的形式秘密傳承的,且師父在傳給弟子時往往都會有一番嚴格的考驗。另外,王重陽秘傳馬鈺全真修行秘語,之後該秘語又在教内遞相傳授的説法,在金元時期的全真道内也是得到普遍認同的。因爲王重陽秘傳馬鈺之事,在金元時期的全真道文獻中多有記載,並從最初籠統的"秘語",後來發展到有確切所指的王重陽遇仙所得之"秘語五篇"。其實,就算王重陽真的遇仙獲得了五篇秘語,也不大可能公開傳世,今所見五篇秘語,很可能就是王重陽的作品,而非王重陽秘傳馬鈺,然後又遞相傳授的全真修行秘語。它們很可能是後來人的一種附會,《金蓮正宗記》與《金蓮正宗仙源像傳》不吝記載,全真掌教又將其立碑刻石,其意在突出和宣揚王重陽的遇仙之事,言全真道之有神仙淵源。

三、王重陽全真修行理論的思想淵源

"全真"一詞由來甚早,但以往的研究很少深入探討王重陽全真之道的淵源。金元時期就有人指出,王重陽的全真理論受到了老莊的影響,是對老莊"清静無爲"宗旨的回歸。比如,徐琰在《廣寧通玄太古真人郝宗師道行碑》(1286)中論説王重陽的全真之道及其淵源:

> 道家者流,其源出於老莊,後之人失其本旨,派而爲方術,爲符籙,爲燒鍊,爲章醮,派愈分而迷愈遠,其來久矣。迨乎金季,重陽真君不階師友,一悟絶人,殆若天授。起於終南,達於崑嵛,招其同類而開導之、鍛鍊之,創立一家之教曰全真。其修持大略以識心見性,除情去欲,忍恥含垢,苦己利人爲之宗。老氏所謂"知其雄守其雌,知其白守其黑,知其榮守其辱,爲道日損,損之又損,以至無爲"。莊生所謂"游心於淡,合炁於漠,純純常常,乃比於狂,外天地,遺萬物,深根寧極,才全而德不形者",全真有之。老莊之道於是乎始合。①

從這段論述可知,徐琰認爲王重陽的全真之道是對舊道派的革新,進而概括了全真道的宗旨,指出全真之道源於老莊,是對老莊"本旨"的回歸。李惟彦《重修上清宫宗派記》(1342)也明確指出:"全真之名,徵於老而著於莊。其爲書,《老》極

---

① 陳垣編纂:《道家金石略》,第 673 頁。

約而《莊》極博。雖博約不同，要其歸不出乎虚無恬淡、抱一無爲而已。是道也，此老莊之所以爲道也。自老莊而來，綿歷千餘年，久其爲道者不祖其習，或吐納故新，變化黄白，服食草木，以求夫延生，庯詎知殊失老莊之旨。老莊外形骸，齊物我，以死生爲虚妄，何嘗屑屑以是而爲者哉！"[①]類似的説法還見於李道謙《甘水仙源録序》、王惲《大元奉聖州新建永昌觀碑銘并序》，以及虞集《非非子幽室志》等。陳垣先生也曾論述全真道："其實彼固名全真也，若必以爲道教，亦道教中之改革派耳。"[②]其實，若將王重陽的全真修行理論與《莊子》的"全真"思想相比，就可知王重陽並非僅受老莊思想影響那麽簡單，而這一點也没有引起以往研究者的足够重視。

"全真"一詞早在《莊子》中就已經出現。在《盗跖》篇中，盗跖對孔子説："不能説其志意，養其壽命者，皆非通道者也。丘之所言，皆吾之所棄也，亟去走歸，无復言之！子之道，狂狂汲汲，詐巧虚僞事也，非可以全真也，奚足論哉！"儘管這是《莊子》一書中唯一一次明確提到"全真"的地方，但除此之外，圍繞著"全真"一詞，《莊子》一書還有許多論述。比如《盗跖》篇還道："堯不慈，舜不孝，禹偏枯，湯放其主，武王伐紂，文王拘羑里。此六子者，世之所高也。孰論之，皆以利惑其真而强反其情性，其行乃甚可羞也。"這裏提到且批評了世人"皆以利惑其真而强反其情性"的情形。相關的説法還見於《秋水》篇，該篇記載北海若與河伯的對話：

(河伯)曰："何謂天？何謂人？"北海若曰："牛馬四足，是謂天；落馬首，穿牛鼻，是謂人。故曰：无以人滅天，无以故滅命，无以得殉名。謹守而勿失，是謂反其真。"

這裏雖然也没有直接出現"全真"一詞，但是出現了"謹守而勿失，是謂反其真"這樣的話。這裏的"守"即守護、保全的意思，是説要守住本來的天性，纔可以"反其真"。再如《大宗師》篇在論述了"古之真人"之後，又記載子桑户死後，"相與爲友"的孟子反與子琴張鼓琴而歌道："嗟來桑户乎！嗟來桑户乎！而已反其真，而我猶爲人猗！"又《齊物論》篇道："必有真宰，而特不得其眹。……其有真君存焉？如求得其情與不得，無益損乎其真。"即《莊子》一書當中不僅提到"反其真"，還猜測人身之中可能有"真宰"或"真君"存在。與"反其真"，以及區别"天""人"相呼應，《莊子》還明確提出了一種"法天貴真"的説法。比如，《漁父》篇道："禮者，世

① 王宗昱編：《金元全真教石刻新編》，第58～59頁。

② 陳垣：《南宋初河北新道教考》，陳智超主編：《陳垣全集》第18册，合肥：安徽大學出版社，2009年，第400頁。

俗之所爲也;真者,所以受於天也,自然不可易也。故聖人法天貴真,不拘於俗。”此外,與“真”緊密相關,《莊子》一書還提到了“真性”的説法,即《馬蹄》篇道:“馬,蹄可以踐霜雪,毛可以禦風寒。齕草飲水,翹足而陸,此馬之真性也。”也就是説,《莊子》所言的“真”與“性”是有所關聯的。這裏的“真性”一詞雖然是在説馬,但《莊子・齊物論》也曾説“凡物无成與毁,復通爲一”,“天地與我並生,而萬物與我爲一”,同時有“物化”説,即莊周夢蝶:“不知周之夢爲胡蝶與?胡蝶之夢爲周與?周與胡蝶,則必有分矣。此之謂物化。”又《大宗師》篇道:“浸假而化予之左臂以爲雞,予因之以求時夜;浸假而化予之右臂以爲彈,予因之以求鴞炙;浸假而化予之尻以爲輪,以神爲馬,予因而乘之,豈更駕哉?”類似“化”的説法在《莊子》中還有許多,從這些人與物、物與物之間可以相互轉化的故事來看,《莊子》往往是借物喻理,借物喻人。所以,“真性”一詞表面是在説馬,其實是在説人,這種寓言式的表達是《莊子》常用的一種表現方法而已。

關於“性”或“性命”,《莊子》一書也常有提及。比如在《天道》篇中,老聃批評孔子曰:“意!夫子亂人之性也!”《在宥》篇道:“聞在宥天下,不聞治天下也。在之也者,恐天下之淫其性也;宥之也者,恐天下之遷其德也。”又《天地》篇還詳細論述“失性”:

> 百年之木,破爲犧尊,青黄而文之,其斷在溝中。比犧尊於溝中之斷,則美惡有間矣,其於失性一也。跖與曾、史,行義有間矣,然其失性均也。且夫失性有五:一曰五色亂目,使目不明;二曰五聲亂耳,使耳不聰;三曰五臭薰鼻,困惾中顙;四曰五味濁口,使口厲爽;五曰趣舍滑心,使性飛揚。此五者,皆生之害也。

《駢拇》篇先是指出“彼至正者,不失其性命之情”,接著又詳細論述道:

> 夫小惑易方,大惑易性。何以知其然邪?自虞氏招仁義以撓天下也,天下莫不奔命於仁義。是非以仁義易其性與?故嘗試論之,自三代以下者,天下莫不以物易其性矣。小人則以身殉利,士則以身殉名,大夫則以身殉家,聖人則以身殉天下。故此數子者,事業不同,名聲異號,其於傷性以身爲殉,一也。……伯夷死名於首陽之下,盗跖死利於東陵之上。二人者,所死不同,其於殘生傷性均也。奚必伯夷之是而盗跖之非乎!天下盡殉也。……吾所謂臧者,非所謂仁義之謂也,任其性命之情而已矣。

《繕性》篇論述“反其性”道:“古之行身者,不以辯飾知,不以知窮天下,不以知窮德,危然處其所而反其性已,又何爲哉!”又道:“文滅質,博溺心,然後民始惑亂,无以反其性情而復其初。”以上這些關於“性”的論述,對於“亂人之性”“淫其性”

“失其性”“易其性”“殘生傷性”等進行了批評,想要達到的則是“反其性”“反其性情而復其初”“任其性命之情”。這裹所説的“反其性”與前面所説的“反其真”應該也是有所關聯的,因爲《莊子》亦曾提及“真性”。可以推測,《莊子》所説的“真”與“性”很可能是對等的,也就是王重陽所説的“性爲真”,所以很多時候,在《莊子》中“真性”=“真”=“性”,同理,“反其真”=“反其性”。另外,《莊子》所謂“反其性”,可能是“反其性情而復其初”的省略。這裹所謂的“性情”應該是一個偏義複詞,主要指“性”。“情性”的説法並非僅見,《馬蹄》篇也説:“性情不離,安用禮樂!”

除了“性”之外,對於“性命”,《莊子》也有不少的論述。比如《天運》篇道:“性不可易,命不可變,時不可止,道不可壅。”《繕性》篇道:“今之所謂得志者,軒冕之謂也。軒冕在身,非性命也,物之儻來,寄者也。”而《天地》篇又分别論説“性”與“命”道:“泰初有无,无有无名;一之所起,有一而未形。物得以生,謂之德;未形者有分,且然无間,謂之命;留動而生物,物成生理,謂之形;形體保神,各有儀則,謂之性。性修反德,德至同於初。”這裹除了分别論説“性”與“命”之外,其實還大體指出了如何修“性”,即“性修反德,德至同於初”,也就是上面提到的“反其真”“反其性”。

另外,與“性情”的説法類似,《莊子》一書中還常提到“性命之情”。比如《徐無鬼》篇道:“君將盈耆欲,長好惡,則性命之情病矣。”《在宥》篇也指出:“自三代以下者,匈匈焉終以賞罰爲事,彼何暇安其性命之情哉!”而對於如何“安其性命之情”,該篇也給出了建議:“故君子不得已而臨莅天下,莫若无爲。无爲也而後安其性命之情。故貴以身於爲天下,則可以託天下;愛以身於爲天下,則可以寄天下。”在《莊子》一書中,對於這種“三代以下以賞罰爲事”從而使百姓“不得安性命之情”的批判是十分嚴厲的。比如《天運》篇中,老聃對子貢説道:“三皇五帝之治天下,名曰治之,而亂莫甚焉。三皇之知,上悖日月之明,下睽山川之精,中墮四時之施。其知憯於蠆蠆之尾,鮮規之獸,莫得安其性命之情者,而猶自以爲聖人,不可恥乎,其无恥也!”從這種直言其無耻的嚴厲指責中,可見《莊子》對於“安其性命之情”是極爲重視的。筆者以爲,《莊子》一書雖然“意出塵外,怪生筆端”,看似“恢詭譎怪”不可捉摸,但其核心主旨是很明確的,即使人“不失其性命之情”,最終達到“逍遥無待”的“至樂”之境。即《莊子》的核心就是在言“性命”,要人們“反其真”,“反其性”,“不失其性命之情”。

《莊子》所説的“不失其性命之情”,其實也就是説要人們保全性命之情,這與該書所謂的“反其性”“反其真”以及“全真”是一致的。再結合《莊子》對於修“性”

的論述,即"性修反德,德至同於初",可知《莊子》所説的"全真"其實在很大程度上就是"全真性"。這與王重陽"全真性"的全真之道,幾乎如出一轍。所以,王重陽的全真之道在很大程度上繼承了《莊子》的"全真"思想。

另外,《莊子》還提出了著名的"心齋""坐忘"説。這種"心齋""坐忘"簡單來説其實就是"收心",其與王重陽所謂的"清静生慧",即擒捉心猿意馬,也是基本一致的。《莊子》還提倡順化,並不追求肉體的長生。比如,《大宗師》篇道:"夫大塊載我以形,勞我以生,佚我以老,息我以死。"又該篇言,子桑户死後,相與爲友的朋友並不哀慟,反而鼓琴而歌:"嗟來桑户乎!嗟來桑户乎!而已反其真,而我猶爲人猗!"類似的"外身"之論,還見於《知北遊》篇。該篇道:

> 舜問乎丞曰:"道可得而有乎?"曰:"汝身非汝有也,汝何得有夫道!"舜曰:"吾身非吾有也,孰有之哉?"曰:"是天地之委形也。生非汝有,是天地之委和也;性命非汝有,是天地之委順也。"

另外,《大宗師》篇還道:"墮肢體,黜聰明,離形去知,同於大通,此謂坐忘。"這種"順化""外身""坐忘"之説,與王重陽將身軀看作"假"也是相近的。但與《莊子》相比,王重陽的表述更爲明瞭,直接將其與"真"相對。此外,王重陽的"凡軀四假"之説,還明顯借鑒了佛教的"四大皆空"説。所以,其思想來源,應該更複雜一些,可能並非簡單承襲《莊子》,而是同時受過佛教或其他思想的啓發和影響。另外,《齊物論》篇還提到南郭子綦的"吾喪我"之説。這種説法與王重陽常説的"去人我",其實也是相似的。比如,譚處端出家入道時,王重陽寫《贈弟子頌》道:"入道非難,亦非易做。……絶盡人我,絶盡思慮。"①又其《醉蓬萊》詞道:"猛出凡籠,頓悉除人我。自在逍遥,全真真樂。"②再如,其《瓦盆歌》道:"這風狂悟斯,不肯争人我。除煩惱、滅心火。日日隨緣過。逍遥自在任行坐,功成行滿携雲朵。"③

當然,王重陽的全真之道,並非僅僅局限於對《莊子》的繼承與發展。漢魏以來,老莊學者們多有發揮老莊之旨,老莊思想與儒釋之間也常有互動。比如,有學者就曾指出:"中國道教自漢魏産生以來,是沿著由餌藥長生的外丹修煉轉向性命雙修的内丹修行、由單一仙道思想崇拜轉向儒、釋、道三教合一這樣一種軌迹逐漸發展的,其結晶之作就是宋元時期産生的全真道。故全真道一方面創新了道教修煉的教義與方法,一方面也繼承了魏晉隋唐以來儒、釋、道三教許多基

---

① (金)王嚞:《重陽全真集》卷九,白如祥輯校:《王重陽集》,第 138 頁。

② (金)王嚞:《重陽全真集》卷十一,白如祥輯校:《王重陽集》,第 166 頁。

③ (金)王嚞:《重陽全真集》卷十三,白如祥輯校:《王重陽集》,第 214 頁。

本思想與理論，其思想基礎與理論源泉歸根結底還要到周秦以來三教思想中去尋找，其最大貢獻在於創新了一整套嚴密的修煉方法與方式，去踐行儒、道、釋三教修行思想，將隋唐以來道教先哲先賢們三教合一以復性復命的理想變成了現實。"①

隋唐以來三教合一思想不斷發展，"至北宋，三教合一已經成爲社會思潮主流並進一步深化發展"②。王重陽順應了這種時代潮流，明確主張三教合一，所以其全真之道在繼承《莊子》的基礎上，難免帶有一些儒佛的色彩。《重陽全真集》中提到了不少書目，將這些材料彙集在一起，大體可以勾勒出王重陽的"讀書"情況。當然，因爲其存世詩文並不完整，以及有些書他雖然讀過但没有提到，所以這些材料反映的並非其"讀書"的全貌，但至少是其中較爲重要的一部分。統計大致如下：《道德經》(6)、《黄庭經》(3)、《陰符經》(2)、《莊子》(1)、《晋真人語録》(1)、《崔公入藥鏡》(1)、《吕洞賓詩文》(1)、《心經》(2)、《金剛經》(1)、《論語》(1)、《孝經》(1)、《樂章集》(1)。從數量來看，一共提到了 12 種書目，出現頻率最高的是《道德經》，其次是《黄庭經》。若簡單以儒釋道來劃分，道占七種，釋占兩種，儒占兩種，柳永的《樂章集》可不算入任何一家。由此推測，王重陽閱讀或推崇之書目以道家爲主，儒釋爲輔。王重陽曾在一首《爇心香》詞中自言道："諱號王風，實有仙風。性通禪釋、貫儒風。"③在這裏，他雖然提到儒釋道，但首先還是説自己"有仙風"，接著纔説"通禪釋、貫儒風"。另外，王重陽還在許多詩詞中明確主張三教合一。比如，他在《孫公問三教》一詩中明確説："儒門釋户道相通，三教從來一祖風。"④再如，他在《示學道人》一詩中説："心中端正莫生邪，三教搜來做一家。義理顯時何有異，妙玄通後更無加。"⑤再如，其《贈道衆》曰："悟理莫忘三教語，全真修取四時春。"⑥關於"三教合一"的説法，在其詩詞中還有很多，兹不復舉。需要説明的是，雖然王重陽主張三教合一，但從出現在《重陽全真集》中的書目來看，他所謂的三教合一，並非以往學者所認爲的是儒釋道不分，而是以道爲主，相融儒釋。即王重陽的全真之道雖然看似三教合一，但一開始就"非儒非釋"，有明確的道家道教歸屬傾向。

① 董恩林：《簡論隋唐老莊學與全真道的思想淵源》，熊鐵基、麥子飛主編：《全真道與老莊學國際學術研討會論文集》下册，武漢：華中師範大學出版社，2009 年，第 669 頁。

② 任繼愈主編：《中國道教史》(增訂本)，北京：中國社會科學出版社，2001 年，第 665 頁。

③ (金)王喆：《重陽分梨十化集》卷上，白如祥輯校：《王重陽集》，第 268 頁。

④ (金)王嚞：《重陽全真集》卷一，白如祥輯校：《王重陽集》，第 9 頁。

⑤ (金)王嚞：《重陽全真集》卷一，白如祥輯校：《王重陽集》，第 16 頁。

⑥ (金)王嚞：《重陽全真集》卷十，白如祥輯校：《王重陽集》，第 142 頁。

對於初期全真道心性論與禪宗的關係,也有學者指出:"全真教與禪宗内部不同派系之間的相近與差别是不同的。……全真與禪宗心性思想關聯的複雜性在於,禪宗内部很多派系本身就吸收了源自先秦道家人性思想的性净塵染觀念。所以全真與禪門某些觀點的近似,未必全然是出自對佛教的吸收,而很可能源於全真與禪門某些觀點有著相同的源頭。"[①]所以,雖然全真道帶有一些佛家色彩,但並非簡單出自對佛教的吸收。考察王重陽全真之道的淵源,不能局限在他所處的時代,而應該盡可能去追溯其"源頭"。

結　語

王重陽所説的"全真"是"全真性"的簡稱。與真性相對,王重陽認爲由地、水、火、風四般假合而成的凡軀爲假。修行即換假全真,最終使真性成仙。即,先屏除塵冗之事,使心中清静,進而清静(清净)生慧,慧引真靈,然後真靈(真性)纔得以出入玄妙之門(成仙)。屏除塵冗之事,使心中清静,即擒捉心猿意馬。慧引真靈,則是識心見性。王重陽認爲性與命在修行中有不同的作用,但没有先後之分。另外,王重陽還强調真功真行,並以此將出世修道與入世行道結合在了一起。王重陽的這種全真修行理論衹在師徒之間遞相秘傳,且在傳授之前先要對弟子進行一番考驗。今所見五篇秘語,並非王重陽遇仙所得然後又傳授給馬鈺的修行秘語。《莊子》中已有"全真"思想,其核心也是在言"性命",要人們"反其真","反其性","不失其性命之情"。王重陽的全真之道深受老莊的影響,同時借鑒、融合了漢魏以來的相關老莊學説,以及儒釋兩家的心性思想等。

(責任編輯:趙衛東)

① 聶清:《初期全真教心性論與禪宗的關聯》,丁鼎主編:《崑崙山與全真道——全真道與齊魯文化國際學術研討會論文集》,北京:宗教文化出版社,2006年,第140頁。

全真教與趙復北上時代的儒學格局

□劉成群　劉奕辰

摘要：蒙元時期，趙復的北上極大促進了理學在北方的傳播，此爲學界之公論。金末理學一度滲透進北方，曾遭到儒士的質疑與排斥；迨至蒙元時期，承襲金源儒學的北方儒士却爲趙復北上提供了便利，對理學顯示出相當明顯的包容心態。這一變化的出現並不是説理學與金源儒學實現了學術上的涵化與融通，而是因爲全真教的勢大促使兩者實現了暫時的團結，尤其是全真教對儒學廟産的侵奪，對文教權力的把握，爲儒學上層與底層所共不忍，而理學遂不被視爲强敵大患。趙復所傳理學就在這樣一種格局中得以傳播開來。

關鍵詞：趙復　理學　金源儒學　全真教

作者簡介：劉成群，北京郵電大學人文學院教授，主要從事元代文化史研究；劉奕辰，北京郵電大學碩士研究生。

一、趙復北上與理學的傳播

窩闊台汗八年(1236)八月，窩闊台第三子闊出攻破南宋的德安府，在軍中奉詔求賢的姚樞於衆俘虜中發現了理學家趙復。趙復被俘後，原打算一死了之，姚樞將其救下後，勸道："果天不生君，與衆已同禍。爰其全之，則上承千百年之統，而下垂千百世之緒者，將不在是身耶？徒死無義。可保君而北，無他也。"於是趙復答應北上燕京。趙復北上之後，先是以私人授受的方式在燕京積極講學，據説"遊其門者將百人，多達材其間"。[①] 忽必烈曾在潛邸召見過趙復，問道："我欲取宋，卿可導之乎？"趙復對曰："宋，吾父母國也，未有引他人以伐吾父母者。"[②]據説

---

① (元)姚燧著，查洪德編校：《牧庵集》卷四，《姚燧集》，北京：人民文學出版社，2011年，第63頁。

② (明)宋濂等：《元史》卷一八九，北京：中華書局，1976年，第4314頁。

忽必烈對此回答表示滿意,因而也不勉强趙復出仕。

爲了表示對趙復的尊崇,楊惟中與姚樞謀立太極書院,請趙復講授其中,其目的在於"傳繼道學之緒,必求人而爲之師,聚書以求其學,如嶽麓、白鹿,建爲書院,以爲天下標準,使學者歸往,相與講明,庶乎其可"①。太極書院使用的教材爲二程與朱熹之遺書。趙復講學期間既述且作,著有《傳道圖》《伊洛發揮》《師友圖》《希賢録》等書,均佚。其著述意圖如下:

> 復以周、程而後,其書廣博,學者未能貫通,乃原羲、農、堯、舜所以繼天立極,孔子、顔、孟所以垂世立教,周、程、張、朱氏所以發明紹續者,作《傳道圖》,而以書目條列于後;别著《伊洛發揮》,以標其宗旨。朱子門人,散在四方,則以見諸登載與得諸傳聞者,共五十有三人,作《師友圖》,以寓私淑之志。又取伊尹、顔淵言行,作《希賢録》,使學者知所嚮慕,然後求端用力之方備矣。②

此外,爲了進一步擴大理學的傳播範圍,趙復還於1247年一度携《伊洛發揮》南下,經保定、真定、東平而至濟南。上述地區在蒙元時期係亡金儒士主要的寄居區,可謂金源儒學之重鎮。"這次學術旅行對朱學在北方的廣泛傳播,無疑是起過很大作用的。"③完成這次南下之旅後,趙復的影響便漸趨衰微了。忽必烈在潛邸時曾召見李冶,問以賢材,李冶對曰:"今儒生有如魏璠、王鶚、李獻卿、蘭光庭、趙復、郝經、王博文輩,皆有用之材"④,可見當時趙復依然健在。但在這之後,文獻中便不見了關於趙復的記載。

不過,趙復已經爲理學在北方的傳播打開了閥門,在他的影響下,一大批儒士接受了理學的基本理念,並接過了理學傳播的火炬。這其中的關鍵人物之一便是姚樞。姚樞曾在燕京行臺任郎中,因與"也可杌魯花赤"牙魯瓦赤不合,遂於1241年掛冠而去,舉家遷至輝州(今河南省輝縣市)蘇門山隱居。趙復南遊期間還來過蘇門山,現存《薊門雜興》《薊門聞笛》兩詩即可爲證。⑤ 當然,趙復此行的目的應該是看望姚樞。姚樞能"以道學自鳴",趙復乃是領路人。早在姚樞帶趙復北上之時,趙復便已"盡出程、朱二子性理之書付公",這使得姚樞一舉一動都

① (元)郝經撰,秦雪清点校:《郝文忠公陵川文集》卷二六,太原:山西人民出版社、山西古籍出版社,2006年,第373頁。

② (明)宋濂等:《元史》卷一八九,第4314頁。

③ 周良霄:《趙復小考》,《元史論叢》第5輯,北京:中國社會科學出版社,1993年,第195頁。

④ (明)宋濂等:《元史》卷一六〇,第3759頁。

⑤ 楊鐮主編:《全元詩》第3册,北京:中華書局,2013年,第32頁。

符合理學家氣象。不僅如此，姚樞還積極刊刻理學書籍，使之流布四方，如其神道碑記載曰：

堂龕魯司寇容，傍垂周、兩程、張、邵、司馬六君子像，讀書其間，衣冠莊肅，以道學自鳴。佳時則鳴琴百泉之上，遯世而樂天，若將終身。後生薄夫，或造庭除，出語人曰："幾褫吾魄。"又汲汲以化民成俗爲心，自版《小學書》《語孟或問》《家禮》，俾楊中書版《四書》、田和卿版《尚書》《詩折衷》《易程傳》《書蔡傳》《春秋胡傳》，皆于燕。又以《小學書》流布未廣，教弟子楊古爲沈氏活版，與《近思録》、東萊經史説諸書散之四方。[①]

在元代理學史上，姚樞具有繼往開來之功。所謂"繼往"，乃是説姚樞接過了趙復弘傳理學的接力棒；所謂"開來"，乃是説引出來一位對元代理學發展産生巨大影響的人物——許衡。當時，許衡居住於魏地，所學頗雜。另一位頗爲有名的理學之士竇默也隱居於大名一域。姚樞曾經拜訪竇默，在竇默處，許衡聽到了姚樞的講解，當時的感覺是"義正粹"，於是趕往蘇門山，"盡録是數書以歸"，回去對門人説："曩所授受皆非，今始聞進學之序。若必欲相從，當盡棄前習，以從事于《小學》《四書》，爲進德基。"[②]許衡的這種學術體驗大抵與竇默當年在孝感令謝憲子處得到伊洛性理之書後的感覺一樣，所謂"自以爲昔未嘗學，而學自此始"[③]。多年之後，劉因得到周、程、張、邵、朱、吕之書也是一樣的感覺，如其説："我固謂當有是也。"[④]

可以説，趙復北上講學，聲名大噪，使朱子學在北方得到了快速傳播。姚燧曾表示："北方經學，實賴鳴之"[⑤]，又曰："北方經學自兹始。"[⑥]郝經評論趙復之功績時也曾説：

近歲以來，吴楚、巴蜀之儒與其書浸淫而北，至于秦雍，復入于伊洛，泛入三晋、齊魯，遂至燕雲、遼海之間。而先生巍然以師道自處，學者雲從景附，又爲《伊洛發揮》一書，布散天下，使孔、孟不傳之緒，家至日見，則道之復北，雖存乎運數，其倡明指示，心傳口授，則自先生始。[⑦]

---

① (元)姚燧著，查洪德編校：《牧庵集》卷一五，《姚燧集》，第216頁。
② (元)姚燧著，查洪德編校：《牧庵集》卷一五，《姚燧集》，第216頁。
③ (明)宋濂等：《元史》卷一五八，第3730頁。
④ (明)黄宗羲等：《宋元學案》卷九一，北京：中華書局，1982年，第3032頁。
⑤ (元)姚燧著，查洪德編校：《牧庵集》卷四，《姚燧集》，第63頁。
⑥ (元)姚燧著，查洪德編校：《牧庵集》卷一五，《姚燧集》，第216頁。
⑦ (元)郝經撰，秦雪清点校：《郝文忠公陵川文集》卷二四，第342頁。

明初所修《元史》甚至説:“北方知有程、朱之學,自復始”[①];黄百家還將劉因之學納入趙復學術傳承體系,曰:“姚樞、竇默、許衡、劉因之徒得聞程、朱之學,以廣其傳,由是北方之學鬱起。”[②]雖然《元史》與黄百家之説不無誇張的成分,但蒙元時期理學大規模北上傳播,趙復實在是功不可没。

二、金源儒學對趙復之學的反應

其實,金儒們對於南宋理學早有耳聞,在南宋紹熙四年(1193),“使者自金還,言金人問朱先生安在”[③],可見是時已有朱熹之學傳入金國疆域。金末,趙秉文、王若虚、李純甫等學者已然注意到南方傳來的理學,但金室“貞祐南渡”之後的形勢使金末儒者對南宋産生了一種文化抗拒心理。更主要的是,金末趙秉文、楊雲翼等儒士所主導的文風改革與儒學價值重估思潮,“其主體性質乃在於經由文辭追求而‘治道’這一宏觀設計”,“在價值訴求與表現形式等層面更接近於唐宋兩代古文運動”。[④] 金末儒學這一特點顯然與講究性命道德的南宋理學保持著相當大的距離,趙秉文、王若虚、李純甫等人産生排斥心理也在情理之中。

王若虚就曾對理學持論過深、過高、過厚所導致的牽强附會、不近人情較爲反感,所謂“消息過深,揄揚過侈,以爲句句必涵氣象,而事事皆關造化,將以尊聖人,而不免反累;名爲排異端,而實流於其中。亦豈爲無罪也哉!”楊時、張九成、張栻等諸家之説皆被歸爲過深、過高、過厚之列,即便是朱熹之説,也“尚有不安及未盡者”[⑤],甚至謂其“彼事事必求義理,則宜其陋之至是也”[⑥]。這就容易讓人形成一種印象:王若虚著書專爲非難朱熹。如蘇天爵云:“國初有傳朱子《四書集注》至北方者,滹南王公雅以辨博自負,爲説非之。”[⑦]

比起王若虚,李純甫對南宋理學的義理内容所知更深。在金末學術界,曾流傳著一部佚名所輯的《諸儒鳴道集》,此書收録了不少理學家的著作,如南宋理學家張九成、吕祖謙、張栻、朱熹等人的著作。李純甫對此書中 14 位理學家的學術

---

① (明)宋濂等:《元史》卷一八九,第 4314 頁。

② (明)黄宗羲等:《宋元學案》卷九〇,第 2995 頁。

③ (清)畢沅:《續資治通鑒》卷一五三,北京:中華書局,1957 年,第 4103 頁。

④ 劉成群:《金末儒學性質再辨析》,《安徽大學學報》(哲學社會科學版)2018 年第 1 期。

⑤ (金)王若虚著,胡傳志、李定乾校注:《滹南遺老集校注》卷三,瀋陽:遼海出版社,2006 年,第 33 頁。

⑥ (金)王若虚著,胡傳志、李定乾校注:《滹南遺老集校注》卷五,第 68 頁。

⑦ (元)蘇天爵著,陳高華、孟繁清點校:《滋溪文稿》卷二二,北京:中華書局,1997 年,第 363 頁。

觀點都進行了摘引批評,形成《鳴道集説》一書。李純甫認爲伊川諸儒"雖號深明性理,發揚六經、聖人心學,然皆竊吾佛書者也"①,因而對宋儒排佛的言論十分不滿。對於《諸儒鳴道集》中排佛的言論,他分别進行了駁斥,其中包括朱熹三次批佛的文字。由於立場不同,李純甫有時對朱熹的看法充滿不解,如對於朱熹批評王通,他評價説:"吾亦不知其何説耶"②,有時甚至嚴苛地反詰道:"朱子之誣人,亦太厚矣!"③李純甫認爲最遺憾的是朱熹"惜乎未聽佛書之多,而見禪者之少也"④。李純甫雖也稱贊"朱子之於性學,蓋嘗深體之矣"⑤,但其學問有明顯"三教合一"的特徵,與朱熹絶非同一路徑,因此産生抵牾也不難理解。

與王若虚、李純甫的時代不同,趙復北上確乎没有遭遇北方學者太多的質疑與排擠。趙復所傳之學爲純正的朱子學體系,其學術還帶有明顯的内傾特點,羅光先、鄒林、魏崇武等學者推測趙復與真德秀有師承或"門生座師的關係"⑥。學術越内傾,則與主張"治道"與"文辭"的金源儒學距離越遠,然而,原本在金末與理學相抵牾的金源儒學,傳承至蒙元時期没有特别爲難趙復之學。不但如此,北方學者還爲趙復北上提供了種種方便,使得趙復燕京講學,"遊其門者將百人,多達材其間"。在北方儒士當中,楊奂、郝經、楊弘道乃至元好問等人對趙復的反應尤其值得關注。

趙復之學與講求"治道"的金源之學分歧明顯,他不但反感功利傾向,對金源儒學的文章學傾向也頗不以爲然。對於楊奂欣賞的韓愈之學,趙復僅將其看作切入點,認爲楊奂之學的最終指歸"實王道之本原"。同時,他又認爲楊奂之學"折衷於吾孔孟之六經",其著述的目的乃是"辨蘇韓之純疵"。⑦ 當然,在與趙復的接觸當中,楊奂的確吸收了一些理學的觀點,其晚年所作的《正統書》提出:"王道之所在,正統之所在也!"⑧此觀點不同於司馬光,四庫館臣認爲"與紫陽(朱熹)

---

① (金)劉祁撰,崔文印点校:《歸潛志》卷九,北京:中華書局,1983年,第105頁。

② (金)李純甫:《鳴道集説》卷五,藍吉富主編:《大藏經補編》第26册,臺北:華宇出版社,1986年,第880頁。

③ (金)李純甫:《鳴道集説》卷五,藍吉富主編:《大藏經補編》第26册,第879頁。

④ (金)李純甫:《鳴道集説》卷五,藍吉富主編:《大藏經補編》第26册,第876頁。

⑤ (金)李純甫:《鳴道集説》卷五,藍吉富主編:《大藏經補編》第26册,第876頁。

⑥ 孫建平:《趙復和太極書院對元代理學發展的促進》,《湖南大學學報》(社會科學版)2005年第3期。

⑦ (元)趙復:《楊紫陽文集序》,《還山遺稿》附録,《景印文淵閣四庫全書》第1198册,臺北:臺灣商務印書館,1986年,第266頁。

⑧ (元)楊奂:《正統八例總序》,《還山遺稿》卷上,《景印文淵閣四庫全書》第1198册,第228頁。

暗合矣”。但他又提出:“進於中國,則中國之也”[①],在此處即反對朱熹之説。就此,魏崇武認爲《正統書》“在思想方法上兼顧了理學的道德主義和北方長期處於少數民族統治的政治現實”[②],這一現象恰恰體現出南北儒學涵化之初的那種文化因數“滲透”的特點,即一種文化因數滲透到對方的文化體系之中。

楊奂是從金末文風革新與儒學價值重估思潮中成長起來的人物,在金末雖舉進士不中,但融入了當時主導文壇的名公巨卿的文化圈子,如元好問記載曰:“禮部閑閑趙公、平章政事蕭國侯公、内翰馮公、屏山李公,皆折行位,與相問遺。御史劉公光輔、編脩張公子中諸人,與之年相若,而敬君加等。”[③]與趙秉文等人相似,楊奂也擅長“治道”與“文辭”相表裏的“文”之學。楊奂曾任河南路征收課税所長官兼廉訪使達13年之久,其理財賦以“撫摩瘡痍”[④]爲指歸,可謂善政。楊奂又係當時研究韓文的專家,元好問就記載其撰有關於“删集韓文”的專著,並謂是書“刬刮塵爛,創爲裁製,以蹈襲剽竊爲恥”[⑤],其文章展現出“光明俊偉,尚新求變”[⑥]的特點。四庫館臣謂楊奂有“中原文獻之遺”[⑦],良有以也。由此可見,趙復在評價楊奂時有點自説自話的意味,雖然拔高了楊奂,但是在一定程度上歪曲了事實。

楊奂之學雖與趙復之學迥然有别,但這不妨礙兩人的交往。楊奂與趙復大致定交於“戊戌試”中選後,1246年,遠在洛陽的楊奂託趙復爲其文集作序,又1251年,楊奂託趙復爲其母書《程夫人墓碑》。以楊奂的身份與聲望,可以爲其作序書碑者多矣,楊奂選擇趙復,可見兩人友誼之篤,同時也可考見作爲金源儒士的楊奂對待理學的態度。

與楊奂相似,受到趙復影響較大的還有郝經。郝經爲元好問親炙弟子,對元好問“文統”與“唐宋文派”的思路熟稔,顯然是以金源文化爲尚。在1243年所作的《與北平王子正先生論道學書》中,郝經對理學還表現出一定的成見,如其云:“夫聖人,道之至也。自宓犧、神農、黄帝,至于堯、舜氏,道之全體著見,以爲斯人用,天下莫不學之,道學之名無有也。”[⑧]又云:“秦、漢而下,以吾士夫爲儒家,故方

① (元)楊奂:《正統八例總序》,《還山遺稿》卷上,《景印文淵閣四庫全書》第1198册,第229頁。
② 魏崇武:《論蒙元初期的正統論》,《史學史研究》2007年第3期。
③ (金)元好問著,狄寶心校注:《元好問文編年校注》卷六,北京:中華書局,2012年,第1456頁。
④ (明)宋濂等:《元史》卷一五三,第3621頁。
⑤ (金)元好問著,狄寶心校注:《元好問文編年校注》卷六,第1456頁。
⑥ 魏崇武:《光明俊偉,尚新求變——簡論金末元初楊奂的散文》,《殷都學刊》2005年第3期。
⑦ (清)永瑢等:《四庫全書總目》卷一六六,北京:中華書局,1965年,第1430頁。
⑧ (元)郝經撰,秦雪清点校:《郝文忠公陵川文集》卷二三,第337頁。

術之士以黄帝、老子爲道家,以虚無爲本,大害夫道,又豈可復以儒家又特謂之道學哉!"[①]可見當時郝經是站在金源文化立場理解理學的。1247年,趙復南遊,在保定與郝經相會,郝經爲此作有《聽角行》與《送漢上趙先生序》,開始贊賞趙復北方傳學之功績。1249年,趙復回燕京過保定再次與郝經相見,郝經作《送仁甫丈還燕》贊曰:"唐虞問學傳千古,伊洛波瀾浸九州。"[②]迨至1255年以後,郝經寫就《太極書院記》和《周子祠堂碑》兩篇文章(據邱軼皓考證,郝經此二文應該作於1255年以後[③]),對南宋傳來的"道學"已是大力追捧,並極稱朱子。又稱:"性理,問學之本也。"[④]不僅如此,他還强調趙秉文、麻九疇自稱"道學門弟子"[⑤]。可見此時郝經已從不理解理學改爲服膺理學。郝經文化體系所産生的這種結構性變化,乃與趙復的影響有關。與楊奂相比,郝經面對北上的理學所顯示出的變化路徑要複雜得多。

楊弘道作爲金源儒士,也有序贈予趙復,其文曰:

> 德安趙君仁甫,承學之士也。士有窮達,其窮數也,其達學也,徵之趙君,信然。旃蒙協洽,君始北徙,羈窮於燕。已而燕之士大夫聞其議論證據,翕然尊師之,執經北面者二毛半焉。乃撰其所聞爲書刻之,目曰《伊洛發揮》,印數百本。載之南遊,達其道於趙魏東平,遂達於四方,著雍涒灘,十有一月至于濟南。愚雖敬受其書,而所居僻陋,不足以館君;因病止酒,又不能與君對酌,但日相從遊,聽其談辨而已。於其行也,先原仁甫之所學,次祝以敬慎威儀,尊其所學,視兼金之贐則有媿,其於送人以言則無甚媿焉耳。[⑥]

元好問曾作《楊叔能〈小亨集〉引》評價楊弘道詩文"以誠爲本",乃是在金源文化範疇中引申,通觀《小亨集》,並無理學氣息。作爲一個純正的承襲金源儒學的儒士,楊弘道能用如此寬和的眼光看待理學的北上,應該不僅僅是個人胸襟開闊的原因。

與楊奂、郝經、楊弘道相似,作爲金源文化一代宗工的元好問,最初與趙復接觸也頗有親切的感覺。大致在1243年,元好問與趙復結識,兩人互有詩歌相贈。元好問兩首《贈答趙仁甫》,一爲七律,一爲雜言,其中雜言贊趙復爲"江表奇士

---

① (元)郝經撰,秦雪清点校:《郝文忠公陵川文集》卷二三,第337頁。
② (元)郝經撰,秦雪清点校:《郝文忠公陵川文集》卷一三,第182頁。
③ 邱軼皓:《吾道——三教背景下的金代儒學》,《新史學》2009年第4期。
④ (元)郝經撰,秦雪清点校:《郝文忠公陵川文集》卷二四,第343頁。
⑤ (元)郝經撰,秦雪清点校:《郝文忠公陵川文集》卷二六,第373頁。
⑥ (元)楊弘道:《小亨集》卷六,《景印文淵閣四庫全書》第1198册,臺北:臺灣商務印書館,1986年,第210頁。

也”。其詩云：

我友高御史，愛君曠以真。昨朝識君面，所見勝所聞。江南辭客多，玉骨無泥塵。軒昂見野鶴，過眼無雞群。想君夜醉潯陽時，明月對影成三人。散著紫綺裘，草裹烏紗巾。浩歌魚龍舞，水伯不敢嗔。何意醉夢間，失脚墮燕秦。萬世一旦暮，萬里猶比鄰。世無魯連子，黑頭萬蟻徒紛紛。君居南海我北海，握手一杯情更親。老來詩筆不復神，因君兩詩發興新。都門回望一大笑，袖中知有江南春。①

從詩歌當中可以看出，元好問乍見趙復就願意結識，並表現出相當大的熱情。金亡以後，元好問一直以繼承金源儒學自處，表現出明顯的“文統”意識與“唐宋文派”觀念。處於金源儒學的立場，元好問對理學並不認可，後來還批評理學大家，謂之曰：“竊無根源之言，爲不近人情之事，索隱行怪，欺世盗名。”②當然，趙復也曾批評元好問之學“博溺心、末喪本”③。在兩人學術並不契合的情況下，元好問對趙復所表現出的熱情或許還有其他的深層原因。

楊奂、郝經、楊弘道乃至元好問可以説是金亡之後金源儒學的代表人物，他們對趙復的態度代表著一種新的風向。如前所述，金末的王若虚、李純甫對理學存在一定的質疑與排斥，但到他們的下一輩人楊奂、郝經、楊弘道乃至元好問那裏，那種質疑和排斥顯然已經隱匿不見了。然而這並不是説兩者實現了很好的涵化與融通，若仔細研究，則可發現金源儒學與南方傳來的理學即便到了元代依然存在諸多扞格。那麼到底是一種什麼樣的原因，使得金源儒士暫時放下學術上的分歧，轉而爲北上的理學讓開大路呢？

三、全真教擴張下的儒學格局

闊出伐宋，“凡得名士數十人，收伊、洛諸書送燕都”④。所謂“名士”，即學問淵博之儒士，俘虜名士當不是誇張之語，起碼這數十人中就有南宋名士硯彌堅，竇默、楊弘道等逃難入宋的金儒也在其中。硯彌堅墓碑記載曰：“公與江漢先生趙公復俱以名士爲大將招致而北”⑤，可爲證。可惜的是，硯彌堅“周流河朔，不獲

① (金)元好問著，狄寶心校注：《元好問诗編年校注》卷五，北京：中華書局，2011年，第1109頁。
② (金)元好問著，狄寶心校注：《元好問文編年校注》卷六，第1429頁。
③ (明)宋濂等：《元史》卷一八九，第4315頁。
④ (明)宋濂等：《元史》卷一四六，第3467頁。
⑤ (元)蘇天爵著，陳高華、孟繁清點校：《滋溪文稿》卷七，第107頁。

寧居”，楊弘道“五十有二，東歸鄉里”，剩下的那數十名士的命運大抵與硯、楊一様，衹能是默默地消失在歷史當中。而趙復之所以聞名天下，自是與其學識有關，如姚樞評價云：“且儒同出者將千數，纔得如先生一人。”[①]

趙復自身的儒學素養無疑是其成功的關鍵因素，同時，客觀大環境也爲趙復傳播理學醖釀了氛圍，並提供了條件，其中最不可忽略的一個時代焦點乃是全真教的勃興。蒙金戰争延續多年，生靈塗炭，儒學的發展也遭到了巨大的破壞；與之相比，全真教的勢力却得到了長足發展，尤其是丘處機面見成吉思汗東歸之後，掌管天下道教，並争取到免除差發徭役的特權，全真教的發展一時蔚爲大觀。正所謂：“時天子好長生之道，不遠萬里召見丘長春，賓禮至厚，玄風大振，聞者皆興。”[②]丘處機爲全真教争取到免除差發徭役的特權，使得他可以借此放手發展教徒，如姬志真《長春真人成道碑》記載曰：

在急者拯以多方，遇俘者出以貲購，婢僕之亡，從道者皆恕，卑賤之役，進善則放良。救人於塗炭之中，奪命於鋒鏑之下，使悛惡而從善，皆道化之弘敷也，天下之受庇者多矣。[③]

在喪亂時代，入全真教以求庇佑無疑成爲一種非常現實的選擇。就此，姚燧曾追憶云：“河之北南已殘，首鼠未平，鼎魚方急，乃大闢玄門，遣人招求俘殺于戰伐之際。或一戴黄冠而持其署牒，奴者必民，死賴以生者，無慮二三鉅萬人。”[④]即便是有業之民，加入全真教也是大有好處的，起碼可以起到加强全真教凝聚力的作用。如宋子貞記載曰：“天下翕然宗之。由一以化百，由百以化千，由千以化萬，雖十族之鄉，百家之閭，莫不有玄學以相師授。”[⑤]全真教大盛之時，對於儒家與佛教也形成了凌駕之態勢，甚至出現“又天城毁夫子廟爲道觀，及毁坼佛像，奪種田圃，改寺院爲庵觀者甚多”[⑥]的現象。金亡之後，士大夫又多加入全真教者，像史志經、李志全、馮志亨、申志貞、秦志安、李鼎、姬志真、王志謙、范圓曦、何志淵等後起之秀都是在金元易鼎之際加入全真教的。如王鶚《玄門掌教大宗師真常真人道行碑銘》記載云：“時河南新附，士大夫之流寓於燕者，往往竄名道籍。

---

① (元)姚燧著，查洪德編校：《牧庵集》卷四，《姚燧集》，第 64 頁。

② (元)李道謙集：《甘水仙源録》卷八，《道藏》第 19 册，北京：文物出版社、上海：上海書店、天津：天津古籍出版社，1988 年，第 785 頁。

③ 陳垣編纂：《道家金石略》，北京：文物出版社，1988 年，第 588 頁。

④ (元)姚燧著，查洪德編校：《牧庵集》卷一一，《姚燧集》，第 156 頁。

⑤ (元)宋子貞：《順德府通真觀碑》，《全元文》第 1 册，南京：江蘇古籍出版社，1998 年，第 168 頁。

⑥ (元)耶律楚材：《西遊録》，北京：中華書局，1981 年，第 16 頁。

公(李志常)委曲招延,飯于齋堂日數十人。"[①]《黑韃事略》亦云:"長春宫多有亡金朝士,既免跋焦,免賦役,又得衣食,真令人慘傷也。"[②]

全真教祖師王重陽幼爲儒生,曾入咸陽府學,有一定的詩文造詣,其門人全真七子雖擅長以俗詞俗曲度人化人,但均有一定的文化底蘊。金亡後,大量儒士加入,使全真教的文化水平得到了更大程度的提高,他們也可以承擔起傳播知識的重任。丘處機去世後,尹志平繼爲掌教,委任李志常爲都道録兼領長春宫事。因爲李志常精通儒學,遂於 1229 年被窩闊台接見,李志常乘機薦《易》《詩》《書》《道德》《孝經》,得到了窩闊台的嘉獎。這一契機也爲李志常後來主持教育打下了基礎:"癸巳夏六月,承詔即燕京教蒙古貴官之子十有八人,公薦寂照大師馮志亨佐其事,日就月將,而才藝有可稱者。"[③]馮志亨亦爲丘處機弟子,本爲儒生,曾經兩次參加科舉,具有相當高的學術素養。據《析津志》所録甲午年(1234)詔書,國子學的實際主持人有總教官三員,分别是"宣授蒙古必闍赤四牌子總馮志亨,宣授金牌,提舉國子學士,中書楊惟中,御前宣國子學事、仙孔八合識李志常"。《析津志》又記載説:"建國之始,今南城文廟收一修建舊疏,云:壬午年行省許以樞密院舊基改建文廟。是歲中都破之第八年也。自是,廟有地四頃八十畝,皆爲道士馮志亨所據。"[④]全真教尤其是馮志亨之控制力度由此可見一斑。在李志常、馮志亨的主持下,燕京一域的教育權收歸全真教所有:

> 令讀《孝經》《語》《孟》《中庸》《大學》等書,庶幾各人於口傳心受之間,而萬善固有之地日益開明,能知治國平天下之道,本自正心誠意始。是後日就月將,果皆克自樹立,不惟俱獲重用,復以才德見稱於士人。[⑤]

蕭啓慶根據《析津志》等資料指出:"中國歷代的國子學及太學,向爲儒家所掌握,而大蒙古國國子學却由全真教士所主宰,可謂一特殊現象。"[⑥]全真教的勃興以及把持文教,正所謂"學官攝於老氏之徒"[⑦],這一態勢激起了衆多金源儒士的不滿。當然,不滿當中明顯暗合不少精神壓力,這種壓力至趙秉文、王若虚時代更爲重大。在趙秉文、王若虚時代,爲了與全真教抗衡,他們懷著複雜的心情推動了南宋理學的滲透。而到了元好問的時代,全真教勢頭更盛,普遍失落的金

---

① (元)李道謙集:《甘水仙源録》卷三,《道藏》第 19 册,第 747 頁。
② 王國維:《蒙古史料四種》,臺北:正中書局,1975 年,第 16 頁。
③ (元)李道謙集:《甘水仙源録》卷三,《道藏》第 19 册,第 745 頁。
④ (元)熊夢祥著,北京圖書館善本組輯:《析津志輯佚》,北京:北京古籍出版社,1983 年,第 199 頁。
⑤ (元)李道謙集:《甘水仙源録》卷六,《道藏》第 19 册,第 770 頁。
⑥ 蕭啓慶:《蒙元史新研》,臺北:允晨文化實業股份有限公司,1994 年,第 74 頁。
⑦ (元)馬祖常:《馬祖常集》卷十,長春:吉林文史出版社,2010 年,第 207 頁。

源儒士們又當如何應對呢?

在與全真教的抗衡中,有兩人的作用尤須注意。首先是耶律楚材所起到的作用不可忽視。耶律楚材内心遵從"以儒治國,以佛治心",對全真教抱有極大成見,甚至謂全真教爲"老氏之邪"。丘處機遠足西域,耶律楚材得以與之短暫交集,但與丘處機分别後,他不久便撰《西遊録》列數"不許丘公之事,凡有十焉"①。1238 年所進行的戊戌選試,共録取 4030 人,"在一定程度上起到了養育人才,恢復文風的作用"②,此次選試的主導者就是耶律楚材。考慮到耶律楚材對全真教一貫的立場,他主導戊戌選試大致也包含扶植自己力量以抗衡全真教的心態。耶律楚材以必闍赤自詡爲中書令,雖權力有限,但遊説統治者維護儒學猶可盡一己之力。

除了耶律楚材,還有一人對儒學貢獻不小,即楊惟中。與耶律楚材爲必闍赤不同,楊惟中的身份是怯里馬赤,兩人曾爲道士"争長"之事發生過激烈衝突,故有學者評論説兩人的"關係是頗爲微妙的"③。雖則如此,但這不妨礙兩人同時維護儒學。楊惟中同情儒學,可能是受姚樞的影響。1232 年,姚樞在宋九嘉的介紹下與楊惟中相識,是年前後,楊惟中躋身國子學總教官,與馮志亨、李志常抗禮。姚燧《姚文獻公神道碑》記載:"公(姚樞)聞太宗詔學士十八人,即長春宫教之,俾楊中書惟中監督,則往依焉。"④而後遂有兩人從闊出伐宋促使趙復北上之一幕。楊惟中爲怯里馬赤,非必爲儒道中人。然而,他生於書香世家,祖、父輩均爲金朝官員,本人自小苦讀,並得到金名士宋九嘉的賞識,由此也看出其金源文化之背景。可以説,楊惟中投身儒學,大抵是姚樞敦促的。

在楊惟中和姚樞的主持之下,趙復得以北上講學。趙復的副手爲北平王粹,曾有做道士的經歷,據説在喪亂之際"遂爲黄冠師",主持"太極道院"。⑤ 從"太極道院"這一稱謂判斷,其或爲太極書院之前身,爲全真教所掌控也不是没有可能。爲了抗衡全真教的壓力,耶律楚材推動了戊戌選試,而楊惟中和姚樞則推動了太極書院講學。如果説耶律楚材的注意力祇是集中在金源儒士那裏的話,那麽楊惟中和姚樞南下德安,下那麽大的力氣敦促趙復北上,無疑是有意物色新的學術資源以尋求突破。

---

① (元)耶律楚材:《西遊録》,第 15 頁。
② 趙琦:《金元之際的儒士與漢文化》,北京:人民出版社,2004 年,第 69 頁。
③ 陳高華:《〈湛然居士文集〉中"楊行省"考》,《歷史研究》2000 年第 3 期。
④ (元)姚燧著,查洪德編校:《牧庵集》卷一五,《姚燧集》,第 215 頁。
⑤ (金)元好問編:《中州集》卷七,北京:中華書局,1959 年,第 831 頁。

儒學的傳承與發展，當然有賴於耶律楚材、楊惟中等在位者自上而下的扶助，但也少不得廣大在野的金源儒士的默默支持。當然了，一方面，理學之系統深邃本身就有很大的吸引力；另一方面，面對全真教的强大壓力，還要與理學這個内部分支分辨是非，無疑是自相殘殺。無論是理學家還是金源儒士，均博涉墳典，自然懂得"兄弟鬩於墻，外禦其侮"的道理。儘管金源儒士的觀念與趙復並不合拍，但他們還是爲抗衡"異教"而熱情聯絡理學這一盟友。

在全真教迅速擴張的時期，就有學者開始稱贊全真教"洗百家之流弊，紹千載之絶學"①，甚至坊間有小曲唱曰："休言道堯舜和紂桀，則不如郝、王、孫、譚、馬、丘、劉。他每是文中子門徒，亢倉子志友。"②本來王通所傳學術一直被元好問尊崇爲"汾河道統"，所謂"河汾紹絶業"③是也，如今却被全真教霸占爲自己的思想資源，其自居爲正統的高姿態，自是不堪忍受。更何况，全真教以壓倒性優勢吸引著河朔之人，更是讓元好問憤憤不平，其《紫微觀記》云：

貞祐喪亂之後，蕩然無紀綱文章，蚩蚩之民，靡所趣向，爲之教者，獨是家而已。今河朔之人，什二爲所陷没。無淵静之習，無禪定之業，所謂舉桑門以自例者，則兼有之。望宣、政之季厭而去之之事且不可見，况附于黄、老家數以爲列仙者，其可得乎？嗚呼！先哲王之道、中邦之正，掃地之日久矣！是家何爲者，乃人敬而家事之？殆攻刼争奪之際，天以神道設教，以弭勇鬥嗜殺者之心邪？抑三綱五常將遂湮滅，顛倒錯亂，人與物胥而爲一也。不然，則盛衰消長，有數存焉於其間，亦難於爲言也已！④

在形容入全真教人數衆多這一狀况時，元好問使用了具有貶義色彩的"陷没"一詞，他對全真教的態度不言而喻。在上述引文中，元好問慨歎"蕩然無紀綱文章"，"抑三綱五常將遂湮滅"，對儒學衰微的惋惜之情溢於言表。而在《清真觀記》一文中，元好問曾連用兩個"豈非天耶"來表達自己的遺憾：

今司徒之官與士之業廢者將三十年，寒者不必衣，而饑者不必食，蓋理有不可曉者，豈非天耶？⑤

黄冠之人十分天下之二，聲焰隆盛，鼓動海岳，雖凶暴鷙悍、甚愚無聞知

---

① (元)李鼎：《大元重修古樓觀宗聖宫記》，(元)朱象先集：《古樓觀紫雲衍慶集》卷上，《道藏》第19册，第555頁。

② 佚名：《呆骨朵》，《自然集》，《道藏》第25册，第497頁。

③ (金)元好問著，狄寶心校注：《元好問詩編年校注》卷四，第908頁。

④ (金)元好問著，狄寶心校注：《元好問文編年校注》卷四，第363～364頁。

⑤ (金)元好問著，狄寶心校注：《元好問文編年校注》卷四，第331～332頁。

之徒，皆與之俱化。銜鋒茹毒，遲回顧盼，若有物掣之而不得逞。父不能召其子，兄不能克其弟，禮義無以制其本，刑罰無以懲其末。所謂“全真”家者，乃能救之蕩然大壞不收之後，殺心熾然如大火聚，力爲撲滅之。嗚呼，豈非天耶！①

在《史記》中，韓信與李廣死時都曾感歎“豈非天哉”，是以此語常含遺憾之情，在遺憾之情中又包含憤懣之意。元好問認爲儒士流離“豈非天耶”，而全真大盛也“豈非天耶”，細讀文句，未嘗没有對儒學衰微的遺憾以及對全真大盛的憤懣。陳垣曾看出“遺山每不喜全真”②，高橋幸吉則認爲元好問“對道士整體和全真教没有多少正面評價甚或有所鄙視”③，衹可惜均未曾深究。

如前所述，全真教在蒙元時期一度掌握了知識傳播的權力，這樣的情形自然會激起儒士的不滿。元好問的弟子郝經在燕京目睹全真教之盛後，對儒學之凋敝頓生自憐之意，其《送道士申正之序》云：

辛亥春，鄉叔申君正之馳驛至自燕。余見其羽衣雲集，環列拱捧，曄乎其光，鬱乎其氣，退而歎曰：盛矣哉！……嗚呼！彼方自振如此，吾徒自弊如此，可若何？④

受元好問的影響，郝經常常闡述佛老之害，如其《請舅氏許道士出圜堵書》云：“佛、老、申、韓之爲害若是其昭晰也。”⑤面對“天下之人蚩蚩擾擾，復以儒爲異，而不知異端之爲異也”⑥這樣一種格局，他總也無法釋懷。郝經給曾爲全真道士的王粹寫信説：“秦、漢而下，以吾士夫爲儒家，故方術之士以黄帝、老子爲道家。以虚無爲本，大害夫道，又豈可復以儒家又特謂之道學哉！”⑦邱軼皓認爲郝經此語很有可能與“當時全真教頻頻兼併儒學廟産，又以亡金儒士的保護人自居等現狀有關”⑧。

元好問與郝經對全真教的成見使得他們可以暫時放下金源儒學與南方理學問的芥蒂，以一種包容的姿態迎接趙復之學。與元好問、郝經相仿，楊奂接近趙復也應該與全真教對儒學的碾壓有關。楊奂雖然曾爲全真高道書寫過墓碑，但

① (金)元好問著，狄寶心校注：《元好問文編年校注》卷四，第 332 頁。
② 陳垣：《南宋初河北新道教考》，北京：中華書局，1962 年，第 59 頁。
③ [日]高橋幸吉：《元好問與道教》，《民族文學研究》2008 年第 2 期。
④ (元)郝經撰，秦雪清点校：《郝文忠公陵川文集》卷三〇，第 416 頁。
⑤ (元)郝經撰，秦雪清点校：《郝文忠公陵川文集》卷二三，第 333 頁。
⑥ (元)郝經撰，秦雪清点校：《郝文忠公陵川文集》卷一九，第 286 頁。
⑦ (元)郝經撰，秦雪清点校：《郝文忠公陵川文集》卷二三，第 337 頁。
⑧ 邱軼皓：《吾道——三教背景下的金代儒學》，《新史學》2009 年第 4 期。

在一開始就表明了立場,所謂“僕儒家者流,竊有志於史學”[①]。也就是説,他並非服膺全真教,衹是記録一點史實罷了。正是源自全真教的壓力,元好問、郝經、楊奐等人纔會不計前嫌去接受趙復。换句話説,趙復之學的順利北上,全真教在客觀上起到了助力的作用。

出於種種原因,趙復留下的資料有限,我們很難探討其他金源儒士是否也迫於全真教的壓力而接納了趙復,但在蒙元時期,像元好問、郝經這類對全真教之熾盛抱有不滿態度的金源儒士大有人在。如王磐係金源儒士麻九疇弟子,曾被東平總管嚴實迎爲師,在蒙元時期也是頗具影響力的儒士。與元好問一樣,王磐也對全真教之盛耿耿於懷,又對全真教之流弊十分鄙視,其《創建真常觀記》曰:

> 今也掌玄教者,蓋與古人不相侔矣。居京師,住持皇家,香火焚修,宫觀徒衆千百,崇墉華棟,連亘街衢。京師居人數十萬户,齋醮祈禳之事,日來而無窮。通顯士大夫洎豪家富室,慶弔問遺,往來之禮,水流而不盡,而又天下州郡黄冠羽士之流,歲時参請堂下者,踵相接而未嘗絶也。小闕其禮則疵釁生,一不副其所望則怨懟作,道宫雖名爲閑静清高之地,而實與一繁劇大官府無異焉。……若夫計地産之肥磽,校棟宇之多寡,如豪家大族增置財産,以厚自封殖而務致富强,則非賢者之用心矣。[②]

我們雖然找不到王磐與趙復有所交集的史料,但王磐對理學並不反感則是事實。王惲曾回憶説:“國朝甲辰、乙巳間,鹿庵先生教授共城,不肖亦忝侍几杖。”[③]甲辰是1244年,乙巳是1245年,鹿庵先生即王磐。王磐在教徒期間曾遭遇點變故,即王磐“將以事趨燕,盡前其徒,假先公以所函丈,俾師之,以無廢受業”[④],王磐離開時,把自己所有的學生都託付給了理學學者姚樞。姚樞之學即趙復之學,可以將徒弟託付給姚樞,也可以考見王磐對趙復之學的態度。

(本文係國家社科基金後期資助項目“元代北方文脈與儒學的演化”[項目編號:20FZSB005]階段性成果)

(責任編輯:胡常春)

---

① 陳垣編纂:《道家金石略》,第508頁。
② (元)李道謙集:《甘水仙源録》卷九,《道藏》第19册,第803頁。
③ (元)王惲著,楊亮、鍾彦飛匯校:《王惲全集匯校》卷六一,北京:中華書局,2013年,第2667頁。
④ (元)姚燧著,查洪德編校:《牧庵集》卷七,《姚燧集》,第114頁。

金元全真教傳戒論略

□宋學立

摘要:金元諸家文本對全真傳戒活動的記載稀少零散,本文通過爬梳綴合相關史料,主要探討了三方面的問題:一是闡釋了全真戒律的概念與内涵:出家離俗是全真戒律的第一要義;建立規範的宗教生活秩序,維繫修道者與教俗兩界的良好關係是全真戒律的重心所在;懲處是全真戒律得以執行的制度化保障;建立性命雙全、全真而仙的宗教共同體是全真戒律規範信衆修道生活的最終指向。二是系統梳理了金末至元代中後期鮮有間斷的全真傳戒歷史。三是歸納了早期全真教傳戒的特點及其與明清以降傳戒活動的聯繫和區别。

關鍵詞:全真教　戒行　傳戒

作者簡介:宋學立,男,1979 年生,河北玉田人,中國社會科學院古代史研究所副研究員,主要從事宋元道教史、文化史研究。出版有《多重視野下的西方全真教研究》(譯著)、《宗教教化與西南邊疆經略——以元明時期雲南爲中心的考察》(合著)等。

全真教的發展與全真道士的代際傳承是同步的。全真諸宗派中,尤以龍門派發展勢頭最爲强盛,清代以來有“龍門、臨濟半天下”[①]之説。在龍門派譜系文本中,清人閔一得的《金蓋心燈》頗受關注,但學界已基本否定了其構建的早期傳法譜系的真實性。[②] 該譜系是以龍門派傳戒史爲統緒的。在此,筆者思考的問題是,即便閔氏構建的譜系是靠不住的,我們亦有必要追問一句:難道清代龍門派

---

① 陳教友:《長春道教源流》卷六,《藏外道書》第 31 册,成都:巴蜀書社,1994 年,第 113 頁。

② 《金蓋心燈》卷一稱,第一代律師趙道堅於至元庚辰(1280)受戒。參見胡道静等主編:《藏外道書》第 31 册,成都:巴蜀書社,1994 年,第 176 頁。趙道堅之後,經張德純、陳通微、周玄樸、張静定、趙真嵩五傳至第七代律師王常月。一方面,元太祖十六年(1221),作爲十八大士之一的趙道堅西行至賽藍城時辭世,享年 59 歲。因此不可能在 1280 年得傳“三壇大戒”。另一方面,從趙道堅到王常月所處的清初,歷時 400 餘年,其間僅歷經五代律師的傳承,歷史真實性不攻自破。

的傳戒活動完全是另起爐灶，與傳統毫無關係嗎？

近年來，學界前賢開始關注早期全真教的戒律思想和戒學體系。比如，張廣保教授曾以王嚞、馬鈺、劉處玄等創制的幾種“準戒律性”文本爲中心，探討王嚞、七真時代早期全真戒律的形成與發展，並指出全真教的戒律體系建設是隨著教門的發展而不斷完善的。① 由於文獻記載少而零散，學界對早期全真教傳戒活動的探討和研究相對不足。2018 年，高麗楊《全真教制初探》出版，其中考察了金元全真教的傳戒制度，在一定程度上彌補了早期全真傳戒史之闕，但論述略顯單薄，尚有進一步完善的空間。作者指出其時全真教有公開傳授戒籙以及傳戒同時傳符的特點。此外，早期全真教還有一些與後世傳戒活動既有區别又有聯繫的特點值得總結。②

筆者擬在前賢研究的基礎上，重點探討三方面的内容：一是結合諸家文獻對戒行戒律的記載，嘗試闡述全真戒律的内涵；二是鉤沉早期全真傳戒活動相關史實；三是揭示這一時期全真傳戒的特點。

一、“戒”與傳戒概説

關於“戒”，唐青溪道士孟安排云：“戒者，防非止惡，爲生智慧之根。”③又云：“止即是戒，戒令止惡也。”④朱法滿《要修科儀戒律鈔》卷四亦主“戒以防非”之説，並引《登真隱訣》云：“戒者，遏穢垢之津路，防邪風之往來。”⑤《上清經秘訣》云：“戒以防非止惡，制斷六情。”⑥《道藏》中類似的論説很多，大體不外乎“防非止惡”之意。

道教戒文是參照世俗法律對作奸犯科行爲的防範威懾作用，並借助神靈的名義而撰作的。《太上虚皇天尊四十九章經·齋戒章第二》稱：“子觀戒文如世法律，欲有所犯，懼金木刑。子於戒文，精意奉持，凛然在前，如對所畏。秉心正嚴，滅一切想，諦聽不二，可會正真，是吾弟子。” ⑦

---

① 張廣保：《金元全真教史新研究》，香港：青松出版社，2008 年，第 206～223 頁。

② 高麗楊：《全真教制初探》，成都：巴蜀書社，2018 年，第 135～141 頁。

③ （唐）孟安排：《道教義樞》卷一，《道藏》第 24 册，北京：文物出版社、上海：上海書店、天津：天津古籍出版社，1988 年，第 811 頁。

④ （唐）孟安排：《道教義樞》卷三，《道藏》第 24 册，第 821 頁。

⑤ （唐）朱法滿：《要修科儀戒律鈔》卷四，《道藏》第 6 册，第 936 頁。

⑥ 《上清經秘訣》，《道藏》第 32 册，第 731 頁。

⑦ 《太上虚皇天尊四十九章經》，《道藏》第 1 册，第 768 頁。

和佛教一樣，道教也經常采用戒、律連用的方式，闡釋戒和律對宗教生活的規範作用。戒和律的共同點在於，都有規約進道之士言行心性的準法律性質，但又有區别。一般認爲，戒是規約於事前，律則是懲處於事後。陸修静《三洞經書目録》創立道教經書三洞、四輔、十二部類的分類體系。其中，“戒律”就屬於十二部類之一，“戒律者，如六情十惡之例是也。戒者，解也，界也，止也，能解衆惡之縛，能分善惡之界，又能防止諸惡也。律者，率也，直也，慄也，率計罪愆，直而不枉，使懼慄也”①。《道教義樞》中關於二者的作用説得更爲明確：“戒主於因，律主於果，以戒論防惡，律論止罪。”②

南宋道士路時中認爲，戒律主要是爲了防範初學之士去善從惡。他將歷史的發展分爲上古、中古、後世三期，認爲上古、中古之士無須戒律，亦能成真證道；後世人心爲物欲所惑，戒律因之而出。其説對中古以前的修道之士充滿溢美之詞，未必全是。在此基礎上，他對遵行戒律的先後作出了論述，提出初學之士先須奉律，然後纔談得上奉戒：“戒尤初學之難行，故前聖先以律威之，律既不犯，然後可言奉戒。今嗣教者，將躋仙域，豈患不能奉戒耶？今故書戒而不書律也。夫不見可慾，使心不亂，則猶待於戒也。及夫雖見可慾，心亦不亂，則又何戒之有哉。”③一方面揭示了戒律相輔而行的關係，另一方面在他看來持戒比遵律更爲嚴格、要求更高。如果“心”爲外物所累，則有必要奉戒；反之，如果内心清净無爲，就談不上奉戒與否的問題了。

現代學者也基本沿襲上述思路來界定戒律。④ 需要注意的是，戒之於修道者的作用，不是僅僅局限於止惡從善，更爲重要的是，良好的戒行是依經合道的重要前提。唐張萬福稱：“夫戒者，戒諸惡行，防衆行之最，若不持戒，道無由得，然道經不師受，則行之不神。”⑤如果修道者不持戒，就無法得道；不持戒，就没有資格得授道經，如此，其行法就不具有神性。這一思路在同出自其手的《傳授三洞經戒法籙略説》中得到再次申明：“凡人初入法門，先受諸戒，以防患止罪。次佩

① 《洞玄靈寶玄門大義》，《道藏》第24册，第816頁。

② （唐）孟安排：《道教義樞》卷二，《道藏》第24册，第818頁。

③ （宋）路時中：《無上玄元三天玉堂大法》卷二，《道藏》第4册，第3頁。

④ 例如，任繼愈主編《中國道教史》談道：“戒和律在教門内是有區别的，戒條主要以防範爲目的，律文主要以懲罰爲手段，律文是根據戒條而建立的。”（任繼愈主編：《中國道教史》，北京：中國社會科學出版社，2001年，第266頁）閔智亭、李養正主編《中國道教大辭典》指出，戒律“是道教約束道士行爲以防止違反教規的警戒條文。戒也作‘誡’，有勸戒、教戒、戒惡之義；律指條規、律令。戒律係借神的名義約束教徒，作爲教徒必須遵守的思想與行爲準則，違反了即要受神的譴責、警告”（閔智亭、李養正主編：《中國道教大辭典》，臺北：東久企業[出版]有限公司，1996年，第607頁）。

⑤ （唐）張萬福：《三洞衆戒文序》，《道藏》第3册，第396頁。

符籙,制斷妖精,保中神炁。次受五千文,詮明道德生化源起。次受三皇,漸登下乘,緣麤入妙。次受靈寶,進昇中乘,轉神入慧。次受洞真,鍊景歸無,還源反一,證於常道。”①先受戒,次佩符籙,最後纔是傳授《道德經》《三皇經》《靈寶經》。結合《三洞衆戒文序》可以看出,這種戒、籙、經的傳授,並非一種簡單的誰先誰後的制度化安排,而是以修道者能够通神、獲得神助、最終證真得道爲目標的。至於經和戒的關係,朱法滿《要修科儀戒律鈔》卷四曰:“有經而無戒,猶欲涉海而無舟檝,有口而無舌,何緣度兆身邪? 夫學者不知尋經戒,是未悟真要之根。”②全真南北合宗的代表人物上陽子陳致虚以魚和筌的關係作比,其云:“若有經而无戒,猶有魚而无筌。”③朱、陳二説雖重在闡釋經、戒相輔相成的關係,但也不難體味出戒之於經以及得道證真的重要意義。

漢唐以來,各大道派代有興替,道教戒律建設亦呈現出時代性、宗派性的特點。《太平經》《老子想爾注》《大道家戒令》《老君音誦戒經》《女青鬼律》《老君説一百八十戒》等衆多文本,或對道戒有所涉及,或對之作出專門規定。張萬福《三洞衆戒文序》對唐代道教由簡至繁、自淺入深的傳戒等次有明確的記載,戒文種類之繁多、授昇法位之高下,可見一斑:

> 起心入道受三歸戒,籙生五戒、八戒,在俗男女受無上十戒,新出家者受初真戒,正一弟子七十二戒,男官、女官老君百八十戒,清信弟子天尊十戒、十四持身品、五千文金紐、太清陰陽戒,太上高玄法師二十七戒,洞神三道要言、五戒、十三戒、七百二十戒門,昇玄内教百二十九戒,靈寶初盟閉塞六情戒,中盟智慧上品大戒,大盟三元百八十品戒,上清智慧觀身二百大戒。④

二、全真道士的戒行及其内涵

王嚞《重陽立教十五論》、馬鈺《丹陽真人十勸》、劉處玄《十勸》及《十二勸》、陸道和《全真清規》,以及諸家全真文集關於戒律思想的論述,是探討金元全真戒律内容和發展歷程的文獻學基礎。另據《靈神洞明貞晦真人道行記》,金章宗泰和年間,孫彬師禮王處一出家,玉陽賜名道古,道號靈神子。與七真其他弟子一樣,孫道古亦有參謁多真的經歷。禮王玉陽出家後,他還曾赴濱都參禮丘處機。

① (唐)張萬福:《傳授三洞經戒法籙略説》卷下,《道藏》第32册,第193頁。
② (唐)朱法滿:《要修科儀戒律鈔》卷四,《道藏》第6册,第936頁。
③ (元)陳致虚:《太上洞玄靈寶元始無量度人上品妙經解注》卷下,《道藏》第2册,第431頁。
④ (元)張萬福:《三洞衆戒文序》,《道藏》第3册,第396頁。

後於文登縣(位於山東省)白石山創建玉清宫。此人“以道修身,以學扶教,善卜筮,精醫方,明壬遁,通相術,多材多藝,道冠東方,著有《玉陽内傳》《范無生本行》《女真戒律》。《陰符》《道德》《南華》諸經,嘗舉以授徒,闡明道之大旨”①。可見,金末全真戒律文本已呈現專業化、性别化的特點。可惜,今日已難見《女真戒律》的具體内容。

元太宗八年(1236),都道録李志常自燕京至雲中(今山西大同),向掌教大宗師尹志平傳達太宗窩闊台聖旨,令其“選天下戒行精嚴之士,爲國祈福,化人作善”②。《終南山祖庭仙真内傳》記載得更爲詳盡:“是年夏被命,令師選戒行精嚴之士就禾林住持,爲國祈福。”③《冲和真人潘公神道之碑》稱,丘處機弟子冲和真人潘德冲“性資仁裕,戒履修潔,雖居道流,然樂善好施”④。《玉清萬壽宫記》記載,同出丘處機門下的希夷大德喬正忠、希真大師淵澄子劉正清“道業高邁,戒行精嚴”⑤。《玉真觀記》稱,元定宗元年(1246)於萬壽宫參謁掌教李志常並得賜法名的女冠梁慧真“戒律精嚴”⑥。杜仁傑盛贊劉處玄弟子崔道演“教戒精嚴,有過乎釋氏者”⑦。馬鈺再傳弟子頤真冲虚真人毛養素,應掌教李志常之請,“主盟師席,薰戒嚴肅,日無惰容”⑧。皇慶二年(1313),元仁宗頒發聖旨,敕封孫德彧神仙演道大宗師玄門掌教真人之職,並盛贊他“提振綱維,恪恭戒律”⑨。元仁宗延祐元年(1314),萊陽民衆聽説棲雲真人王志謹再傳弟子李道元(1245～1320)“持戒精嚴,道心純一”,迎請其重建昔日丘處機所創迎仙宫。⑩ 馬鈺、劉處玄、丘處機、郝大通諸宗系中均有以“戒行精嚴”著稱者,七真其他宗系中精於戒律者亦不乏其人。

---

① (元)史志經:《靈神洞明貞晦真人道行記》,王宗昱編:《金元全真教石刻新編》,北京:北京大學出版社,2005年,第30頁。

② (元)弋彀:《清和妙道廣化真人尹宗師碑銘并序》,(元)李道謙集:《甘水仙源録》卷三,《道藏》第19册,第743頁。

③ (元)李道謙編:《終南山祖庭仙真内傳》卷下,《道藏》第19册,第533～534頁。

④ (元)徒單公履:《冲和真人潘公神道之碑》,(元)李道謙集:《甘水仙源録》卷五,《道藏》第19册,第762頁。

⑤ (元)時天錫:《玉清萬壽宫記》,陳垣編纂,陳智超、曾慶瑛校補:《道家金石略》,北京:文物出版社,1988年,第772頁。

⑥ (元)孟攀麟:《玉真觀記》,王宗昱編:《金元全真教石刻新編》,第105頁。

⑦ (元)杜仁傑:《真静崔先生傳》,(元)李道謙集:《甘水仙源録》卷五,《道藏》第19册,第760頁。

⑧ (元)李國維:《頤真冲虚真人毛尊師蜕化銘》,(元)李道謙集:《甘水仙源録》卷七,《道藏》第19册,第778頁。

⑨ 《元漢會文聖旨碑》,王宗昱編:《金元全真教石刻新編》,第87頁。

⑩ (元)張仲壽:《抱元真静清貧李真人道行碑》,王宗昱編:《金元全真教石刻新編》,第48頁。

諸家碑記另有對宗系不明但戒行精嚴者的記載。潞城三池西社人牛志信師從潞城縣永昌觀任公修習全真之學,"崇清虛,遵道德,於身則去華務實,接物則和光同塵。其戒行也冰清,其身心也玉潔,事師之理如事父焉"①。女冠慧秀大師"嚴戒律,作於衆先,苦於自修,行高而人益信",繼承歷代先師遺志,重修濟之任城神霄萬壽宫,補舊創新,掌教張志仙易觀爲宫,並令其擔任提點之職。② 純素散人楊守和弟子馮守正,7 歲出家,至中年"通道篤,戒行愈嚴"。楊守和去世後,因其出家前的夫家、父母家皆無後,馮守正感慕師德,於二家墳壟歲時祭祀。③

戒行是否精嚴是教俗兩界對全真道士神聖與世俗評價的核心標準之一。持戒精嚴是他們深得教内外認可的重要加分項,相反,戒律鬆弛、毫無規矩,將模糊全真道士與世俗民衆的界限,他們的神聖形象將在教民和世俗民衆的心目中大打折扣。不過,諸家碑記對"戒行精嚴""戒履修潔""薰戒嚴肅""戒行冰清"的具體所指並未作出進一步的交代。接下來,筆者擬結合全真高道對戒律的論述,闡釋全真戒律的内涵。

首先,出家離俗生活是全真戒律的第一要義。與漢唐傳統道教相比,全真教的突出特色之一是確立了嚴格的出家制度,其核心是禁欲不婚,離别世俗生活。王嚞、七真及其後世弟子關於禁欲的論述很多,通常稱之爲"戒色"。多數情況下,全真道士論"戒色"是和戒除"酒色財氣"並提的。例如,王嚞化導馬鈺出家時要他依照"斷酒色財氣、攀緣愛念、憂愁思慮"④十二字修行。又其《西江月・四害》詞云:"堪歎酒色財氣,塵寰被此長迷。人人慕帶似醯雞,亂性昏神喪慧。"⑤當有人問及如何修真時,王重陽首先告誡要除無明煩惱,其次就是不要貪戀酒色財氣。馬丹陽《神光粲》詩有云:"永除氣財酒色。"⑥《丹陽真人十勸》第三勸:"斷酒色財氣、是非人我。"在馬鈺看來,貪酒吃肉尚可饒恕,如若戀色,即爲大孽,敗德壞行,爲全真大戒:"酒爲亂性之漿,肉是斷命之物,直須不喫爲上。酒肉犯之猶可恕,若犯於色,則罪不容於誅矣。何故?蓋色者,甚於狼虎,敗人美行,損人善事,亡精滅神,至於隕軀。故爲道人之大孽也。"⑦譚處端甚至認爲酒色財氣是"一

---

① (元)高恕明:《創修靈顯觀記》,陳垣編纂,陳智超、曾慶瑛校補:《道家金石略》,第 653 頁。
② (元)劉敏中:《神霄萬壽宫記》,陳垣編纂,陳智超、曾慶瑛校補:《道家金石略》,第 709 頁。
③ (元)胡祗遹:《集真觀碑》,陳垣編纂,陳智超、曾慶瑛校補:《道家金石略》,第 672 頁。
④ (金)王喆:《重陽教化集》卷二,《道藏》第 25 册,第 780 頁。
⑤ (金)王嚞:《重陽全真集》卷八,《道藏》第 25 册,第 732 頁。
⑥ (金)彭致中集:《鳴鶴餘音》卷五,《道藏》第 24 册,第 285 頁。
⑦ (金)王頤中集:《丹陽真人語録》,《道藏》第 23 册,第 701～702 頁。

大關”,不斷除酒色財氣就不能結就仙丹。[①] 有人請教初學道者如何煉心時,王志謹的回答是:“把從來恩愛眷戀,圖謀較計,前思後算,坑人陷人底心,一刀兩段去。又把所著底酒色財氣,是非人我,攀緣愛念,私心邪心,利心欲心,一一罷盡。”[②]金哀宗正大朝,劉處玄弟子瑩然子周尊師[③]因故下獄,獄吏見其爲有道之士,遂向其請教何爲戒行,其答曰:“外妻不婚,世嗣不淫,□□壯形,以保其真。”[④]此外,食素戒酒肉葷腥亦是全真出家生活的必然要求。《丹陽真人語録》中關於戒斷“酒肉”的論説很多,馬鈺自稱出家前“秤肉㪷酒,今已戒之十數年矣。若食酒肉,亦做神仙,只是較遲了些。若心不懷道,又嗜酒貪羶,徒羡口腹,罪報難逃,終爲下鬼之類也”[⑤]。其《勸劉先生夫婦》詩云:“學道腥羶不戒,明知斷了慈悲。五辛爽口慾滋基,怎比米精麥髓。二物包藏秀氣,吾門啖素相宜。”[⑥]馬鈺的苦行和向道之心通過其《亂道》詩可見一斑。詩中談到,自己不僅戒酒肉,而且連茶果也不吃。因爲王嚞惠賜梨棗,而悟得早離塵世、拋離世俗的真義。[⑦]

酒色財氣、酒肉腥羶實際上是全真道士采用隱喻的方式,暗示修仙道需要拋離世俗生活,從世俗的吃喝享樂、榮華富貴中解脱出來,擺脱心猿意馬、是非人我、爾虞我詐、兒女情長的紛擾,甚至遠離家鄉,置身於陌生的環境,徹底改頭换面,滌除念慮,清静本心,濟貧拔苦,行善濟人。王重陽《蜀葵花》,馬鈺《贈清净散人》《贈任守一》等詩文都表達了上述思想。[⑧]《漸悟集》卷下有馬鈺《自誡》詩兩首,其中較爲完整地展現了馬鈺或者説全真教對道士出家的要求。《自誡》云:“兒女心頭盡,田園意上除。金銀財寶與妻孥,物物般般,屏棄恰如無。却著人情事,堪嗟性蠢愚。不如一撥守清虚,無作無爲,便是好功夫。”《自戒》云:“不慳貪,不諂詐。不憶家緣,不説鄉中話。不著世情不著假。不做詩詞,不敢言行化。志

---

① (金)譚處端:《水雲集》卷上,《道藏》第25册,第850頁。

② (元)論志焕編次:《盤山棲雲王真人語録》,《道藏》第23册,第719頁。

③ 尚企賢《修建長春觀記》稱,周尊師,諱志通,真定人。丘處機非常器重此人,賜號洞真子。參見陳垣編纂,陳智超、曾慶瑛校補:《道家金石略》,第565～566頁。

④ 《天壇尊師周仙靈異之碑》,陳垣編纂,陳智超、曾慶瑛校補:《道家金石略》,第488頁。

⑤ (金)王頤中集:《丹陽真人語録》,《道藏》第23册,第705頁。

⑥ (金)馬丹陽:《漸悟集》卷上,《道藏》第25册,第464頁。

⑦ (金)馬丹陽:《漸悟集》卷下,《道藏》第25册,第467頁。

⑧ 王重陽《蜀葵花》詩云:“上仙傳秘訣,只要塵情滅。意馬與心猿,牢鎖閉,莫放劣。戒慳貪是非,人我無明斷絶。把巧辯聰明都守拙。”(《鳴鶴餘音》卷五,《道藏》第24册,第285頁)馬鈺《贈清净散人》:“一則降心滅意,二當絶慮忘機。三須戒説是和非,四莫塵情暫起。五便完全神氣,六持無作無爲。七教功行兩無虧,八得超凡出世。”《贈任守一》云:“一不輕師慢法,二遵清静仙經。三存精氣養神靈,四把塵勞拂盡。五戒無明業火,六除俗禮人情。七擒猿馬永安寧,八味瓊漿得飲。”(《漸悟集》卷上,《道藏》第25册,第463頁)

彌高，心轉下。雲水清閑，内養丹無價。樂在其中欣放耍。姓氏人詢，倦應扶風馬。"[①]全真道士入道前來自社會各個階層，不論是底層民衆還是上層精英，他們都有一個共同的特點，即抛棄世俗榮華，斷離親情妻子。之所以出現這種"一刀切"式的出離俗家的情況，與全真戒律對出家生活的嚴格規定是密切相關的。全真教創立之初就有遠遊訪道的制度，雲遊的目的就是使全真道士抛離原來熟悉的世俗生活，在異境中修心煉性。

其次，建立規範的宗教生活秩序，維繫修道者個體與教俗兩界的良好關係，是全真戒律關注的重心所在。從内容來説，全真戒律規定了弟子的選擇、入道規範、簪披次序、打坐程式、日常生活中的言行舉止、學經參訪活動、心性修煉、與他人(包括教内外)的交往、宫觀建設、終極境界等衆多内容。按照層次，可分爲對個人的規定、對人際關係的規定、對個人與國家社會關係的規定等三大方面。就個人層面而言，全真戒律對入道弟子的言行思想、心性境界、修行門徑關注較多。例如，《丹陽真人十勸》勸誡修道者斷除酒色財氣、是非人我、憂愁思慮、攀緣愛念，慎言語，節飲食，常守本分。《教主重陽帝君責罰榜》規定了有關説是談非、奸猾慵狡、嫉妒欺瞞、猖狂驕傲、動不隨衆、高言大語、做事躁暴、説怪事戲言、無故出庵門、幹事不專、奸猾慵懶的懲罰，《長春真人規榜》有對浪費衣食、無事出庵、愚徒之輩、奸詐之人的規定。從人際關係的層面講，全真戒律要求道門弟子常懷謙卑、平等、慈悲之心，不得是己非人、無事生非、擾亂教俗。《丹陽真人十勸》規定："見三教門人須當先施禮，及一切男女如同父母"，"戒無明□(心)火，常懷忍辱，以恩復仇，與萬物無私"，"如有疫病，各相扶持，你死我埋，我死你埋"，"不得起勝心，常行方便，損己利他"。[②] 劉處玄《十勸》規定："不得自衒己是，直言常説他人非"，"不得誇自高，滅一切入道之人"，"不得常説他世人之短，只要常言世人之美處"，"不得作事不平等，不得見有施利者愛，見無施利者嫌"。[③]《重陽立教十五論》"第六論合道伴"對如何擇人互助修道作出了明確的説明。《全真清規》之《簪披次序》規定："日用所行，諸事方便，苦己利人，降心滅念，敬師奉友，毋起俗情，常檢己過，性上用心，參請前輩，謹守清規。"《堂門戒臘》規定："上殿登堂，依次序而行，行住坐卧，分長幼而居，各守戒臘，莫犯高低。依院門之次序，行方外之尊卑。"《鉢室賦》規定："雲朋心一而敬比，霞友志和以合同。"《了真子昇堂文》

---

① (金)馬丹陽:《漸悟集》卷下,《道藏》第 25 册,第 467、473 頁。

② 《丹陽馬真人十勸碑》,陳垣編纂,陳智超、曾慶瑛校補:《道家金石略》,第 432 頁。

③ (金)劉處玄:《仙樂集》卷二,《道藏》第 25 册,第 433 頁。

規定:"在上者當處寬慈,在下者常存敬順。"《長春真人規榜》規定:"見三教門人,須當平待,不得怠慢心。"[①]全真戒律明確規定了修道者與道友、三教、世俗的關係,基本實現了人際關係的全覆蓋。[②] 大體説來,就是要求他們明尊卑長幼、互敬互愛、和諧共處,爲早登大道奠定良好的人際關係基礎。其中,平等對待三教門人的規定,體現了唐宋以來三教融合的思想。[③]

反觀前舉諸位"戒行精嚴"的全真道士,他們有的以精進道業、弘法度人著稱,如尹志平、潘德冲;有的以建宫立觀、功行雙修聞於世,如潘德冲、李道元、喬正中、劉正清、梁慧真;有的以通經達道、扛鼎教團聞名,如尹志平、孫德彧;有的以精於性理、樂善好施名於世,如毛養素;有的以恪守孝道、甘於苦修著名,如牛志信、馮守正、慧秀。這些戒行均是全真戒規的具體化、實踐化。

再次,懲處是全真戒律得以執行的制度化保障。從發展歷程來説,學界已經認識到全真戒律隨著教團發展而不斷修正完善、從勸道文向懲處戒律過度的特點。[④] 元明間陸道和所編《全真清規》針對全真道士作奸犯科的行爲,作出了明確的懲處規定。例如,其中的《教主重陽帝君責罰榜》規定:

一、犯國法遣出。

二、偷盗財物遺送尊長者,燒毁衣鉢罰出。

三、説是談非、擾堂鬧衆者,竹篦罰出。

四、酒色財氣食葷,但犯一者罰出。

五、奸猾慵狡、嫉妬欺瞞者罰出。

六、猖狂驕傲、動不隨衆者罰齋。

七、高言大語、作事躁暴者罰香。

八、説怪事戲言、無故出菴門者罰油。

九、幹事不專、奸猾慵懶者罰茶。

---

① (元)陸道和編集:《全真清規》,《道藏》第32册,第156、157、158、160頁。

② 《全真清規》"坐鉢規式"對一日十二時坐鉢規式均有嚴格的規定,亦實現了對個人每日心性修煉活動規定的全覆蓋:"每日至五更寅時,聞開静板響,各請洗漱,朝真禮聖。卯時早齋。辰時混坐。巳時静鐘三通,各各静坐,如法用功。午時赴齋。未時混坐。申時如前入静。酉時晚參。戌時混坐茶湯。亥時如前入静,用功如法。子時歌詠,教演詩詞,以敵睡魔。主鉢先舉,每行三遍,不可以多。丑時放參,各請隨意。副鉢專一提鉢,不可久沈,人各誠敬。"(《道藏》第32册,第157頁)

③ 凡事都有兩面,從元朝佛道論爭來看,宣導三教平等的全真戒律是有的放矢的。更確切地説,從王嚞、馬鈺立教之初,諸全真宗師就已經意識到要和諧處理三教關係。三教平等的戒律思想是全真教作爲後起的新道派赢得三教認同以求順利發展的重要影響因素。但是從實際效果來看,受教内外多種因素的影響,這一戒律思想執行得並不是很理想。

④ 張廣保:《金元全真教史新研究》,第206頁;唐怡:《道教戒律研究》,成都:巴蜀書社,2008年,第72頁。

十、犯事輕者並行罰拜。[①]

這些懲處性規定明顯和創教早期的勸化性、準戒律性文本不同，而且這些懲處措施與不法行爲的嚴重程度相對應，甚至出現了並罰的規定。補充一點，目前所見的早期全真戒律文本特别是帶有懲處規定的文本以《全真清規》最早。但是從懲處犯戒道士的角度講，早在元世祖朝即有規定。至元十四年(1277)，安西王忙哥剌頒發令旨，授予李道謙提點陝西五路西蜀四川道教兼領重陽萬壽宫事之職，同時規定："若有違條犯戒、紊亂道風者，惟爾汰擇。其慎之焉，勿忽。"[②]這説明最遲至元世祖朝全真教内就已經出現了帶有懲處規定的戒條，可惜未流傳下來。

最後，建立性命雙全、全真而仙的全真共同體是全真戒律規範信衆修道生活的最終指向。和任何規範性文本一樣，戒律是爲了規範道士的言行思想，但規範本身不是目的，目的是達至一種圓滿的境界。就全真教而言，就是通過性命雙修、功行雙修，煉就内丹，超越生死，位列仙班。因此，探討全真戒律，不能僅停留在規範、懲戒的層面，還要看到規範背後的遠景目標。全真戒律與其除情去欲、明心見性、返璞歸真的修道宏旨密切相關。特别是其中的相關懲處規定，主要是針對"下愚之人"，用儒家的話來説就是"性惡之人"，因爲"法不加於上善，剛不過於至柔"[③]。任何社會，衹要見賢思齊，社會發展中的不法之徒就會減少。全真高道們深刻地認識到這一點，因此上文談到的諸家戒律文本多是按照"見賢思齊"的思路順天應人而制定的。全真戒律的初衷是使修道者實現從鬼仙、地仙、劍仙、神仙、天仙的完美晋昇。[④]《重陽立教十五論》"第十三論超三界"，要求修道者超越欲界、色界、無色界，從而達至"神居仙聖之鄉，性在玉清之境"。[⑤] 劉處玄《十二勸》將這種境界表述爲"氣清通微，全道神靈"。《全真清規》對全真道士修煉的遠景目標作了較爲集中的描述。其中，《全真體用》云："心條達性，玲瓏自然，真樂無極，氣融冲神。寂默卓爾，體同太虚……體證金蓮，果登玉境。同逍遥玄元

---

① (元)陸道和編集:《全真清規》,《道藏》第32册,第159頁。

② 《盩厔重陽萬壽宫令旨碑》,陳垣編纂,陳智超、曾慶瑛校補:《道家金石略》,第618～619頁。

③ (元)陸道和編集:《全真清規》,《道藏》第32册,第159頁。通過金元文士的記載,亦可看出全真教在教化下愚不肖、强梁跋扈之徒方面所起的作用。王惲《衛州胙城縣靈虚觀碑》記載,1232年,時值金元易代之際,天災人禍,餓殍遍野。伴隨著全真風起,"所在翕然從風,雖彊梁跋扈性於嗜殺之徒,率徼福避禍,佩法號者,皆是也"(《道藏》第19册,第798頁)。元好問撰於元太宗九年(1237)的《懷州清真觀記》亦有類似記載,稱當時全真道士已經占到了北方地區人數的1/5,聲勢浩大,"雖凶暴鷙悍,甚愚無聞知之徒,久與俱化"(《道藏》第19册,第798頁)。全真教教化凶頑,甚至將這些社會不穩定因素收之麾下的做法,正是全真戒律棄惡揚善、忍辱不殺思想的直接體現。

④ 王重陽引《傳道集》稱仙有五等。參見(金)王喆:《重陽真人金關玉鎖訣》,《道藏》第25册,第802頁。

⑤ 《道藏》第32册,第154頁。

之未始,共快樂象帝之先天。"[①]《鉢室賦》云:"脱生滅之境界,超造化之乾坤。遊詠先天而逍遥大象,彷徨無極而快樂真元。綽綽然全真而最上,巍巍乎獨立以尊先。"[②]《了真子昇堂文》稱,雖然全真教枝分梢異,最終將百川還海、萬葉歸根,"住世同修道果,超凡共列仙班"[③]。"同逍遥""共快樂""真樂無極""快樂真元""同修道果""共列仙班"等,均是全真戒律對於修道目標的最圓滿表達。質言之,全真道士修道生活的最終目標就是構建識心見性、性命雙修的全真共同體。誠然,欲實現這一圓滿境界,首先必須持戒修行,因爲戒律是"上天之梯凳,渡苦海之舟航,陟道之初基,乃修仙之漸路也。若無戒則不能入於定門也。不入定門者,無由發於慧也"[④]。

三、金元全真教传戒史

通過爬梳金元文獻、金石碑刻,筆者系統梳理了金末元初一直延續至元代中後期的全真傳戒歷史。兹按時間先後,考述如下。

(一)王嚞谈传法受戒及其早期實踐

王嚞在談到内丹修煉秘訣時,秉承了道教"三人休言説,六耳不談道"的傳統。不同於多少意義上的"三人"概念,王嚞將"三人"界定爲三種人,即不孝之人、不敬信之人、不善之人,且認爲丹訣不可傳於上述三類人:"除此等人外,不分男子、女人、僧道、官人,皆得傳法受戒。"[⑤]這裏的傳法應係指傳授丹功之法,而受戒應該是傳授戒律之意。王嚞這一開放性的思想對擴充教團力量大有裨益,在很大程度上促進了内丹修習之風的推廣和戒律的傳承。

思想是行動的先導,我們有理由推測王嚞在世時曾開展過(準)傳法受戒活動。下面的一則史料,正好印證了我們的推測。《丹陽神光燦》"立誓狀外戒"云:"專燒誓狀,謹發盟言,遵依國法爲先。但見男兒女子,父母如然。永除氣財酒色,棄榮華、戒斷鯹羶。常清静,更謙和恭謹,無黨無偏。布素麥麩度日,飢寒後、須憑展手街前。不得貪財誑語,詐做高賢。常懷慎終如始,遇危難、轉要心堅。

① (元)陸道和編集:《全真清規》,《道藏》第 32 册,第 158 頁。
② (元)陸道和編集:《全真清規》,《道藏》第 32 册,第 159 頁。
③ (元)陸道和編集:《全真清規》,《道藏》第 32 册,第 160 頁。
④ (元)牛道淳:《析疑指迷論》,《道藏》第 4 册,第 949 頁。
⑤ (金)王喆:《重陽真人金關玉鎖訣》,《道藏》第 25 册,第 805 頁。

如退道,願分身萬段,永鎮黄泉。"[①]王利用《全真第二代丹陽抱一無爲真人馬宗師道行碑》稱,大定八年(1168)十月朔日,王嚞"令師(按:馬鈺)焚誓狀于文登蘇氏庵"[②]。比對兩則史料可知,馬鈺這首詞應該作於大定八年。高麗楊談到,焚燒誓狀之舉,一方面有上達天聽之意,另一方面是爲了規避官方的稽查,因爲當時全真教尚爲自發的結社組織,未取得官方授予的傳戒權力。[③] 這一看法應該是符合全真教草創階段的實際的。由此,我們可以斷言,王嚞在世時曾開展過傳戒活動。

(二)丘處機在金末元初的三次传戒

《磻溪集》記載,金章宗明昌五年(1194)九月,丘處機在山東福山縣建黄籙醮。九月二十八日午後,傳符受戒。《福山縣黄籙醮感應并序》云:"明昌甲寅秋九月,建黄籙于福山縣。二十八日午後,將傳符受戒,有鶴十一,翱翔乎壇上,終夕不去。越一日,設醮,聞天關震響,北極下紅光燭地,可辨纖悉,士民靡不見者。"丘處機作詩云:"華燈照耀積金山,人在蓬壺咫尺間。下士傾心開地府,高真威力動天關。千門列祭嚴香火,萬口同聲啓笑顔。三界十方功德備,彩雲仙鶴自迴還。"[④]

《長春真人西遊記》記載,元太祖十五年(1220)四月十五日,丘處機登寶玄堂傳戒。"時有數鶴自西北來,人皆仰之。焚簡之際,一簡飛空而滅,且有五鶴翔舞其上。"[⑤]《長春真人内傳》亦有同樣記載,並詳細交代是在燕京太極宮建醮後登寶玄堂傳戒的。[⑥] 同年五月,丘處機行至德興龍陽觀,並在此度夏。七月十五中元日,在龍陽觀建醮。"午後傳符授戒,老幼露坐,熱甚,悉苦之。須臾,有雲覆其上,狀如圓蓋,移時不散,衆皆喜躍讚歎。"[⑦]

(三)王處一奉敕太清宮傳戒

《歷世真仙體道通鑒續編》記載,泰和三年(1203),金章宗命王處一於"亳州

---

① (金)馬鈺:《丹陽神光燦》,《道藏》第25册,第623頁。

② (元)李道謙集:《甘水仙源録》卷一,《道藏》第19册,第729頁。

③ 高麗楊:《全真教制初探》,第133頁。

④ (金)丘處機:《磻溪集》卷一,《道藏》第25册,第813頁。

⑤ (元)李志常述:《長春真人西遊記》卷上,《道藏》第34册,第482頁。

⑥ (元)李道謙:《全真第五代宗師長春演道主教真人内傳》,陳垣編纂,陳智超、曾慶瑛校補:《道家金石略》,第635頁;趙道一編修:《歷世真仙體道通鑒續編》卷二,《道藏》第5册,第426頁。

⑦ 李志常述:《長春真人西遊記》卷上,《道藏》第34册,第482頁;(元)李道謙:《全真第五代宗師長春演道主教真人内傳》,陳垣編纂,陳智超、曾慶瑛校補:《道家金石略》,第635頁。

太清宫兩主普天醮事，具戒度爲道士者千餘人”①。姚燧撰於至元二十四年(1287)的《玉陽體玄廣度真人王宗師道行碑銘并序》載："泰和改元及三年，詔兩設普天醮於亳州太清宫，度民爲道士千餘人。"②姚燧所記與趙道一《通鑒續編》所載的應該是同一件事情，有所出入者，在於趙道一將兩次主醮傳戒均記於泰和三年(1203)，而按照姚燧的記載，則分别發生在泰和元年(1201)、三年。姚燧是在參考王處一"事狀及《(體玄真人)顯異録》"的基礎上撰寫了碑記，和趙道一相比，他撰碑時距離王處一辭世的時間更爲接近。按理説，姚燧所記應該更接近史實。1201年、1203年王處一兩度在亳州太清宫主持傳戒活動，儀式程式是先設普天醮儀，再傳戒度人。金章宗令玉陽子在亳州太清宫傳戒，至少暗含兩層意藴：一是承認全真大師具有公開傳戒的權力和合法性，二是體現了全真教與傳統道教一脈相承的關係。原因很簡單，亳州太清宫主尊太上老子。章宗令玉陽子在此傳戒，無疑體現了金朝統治者對全真教道教身份的官方認可，也昭示了全真教對傳統道教的自我認同，説明早在金末全真教就對傳統道教有明確的歸宗意識。另外，《雲光集》收有《贈關西王遇真戒》《贈諸處道衆》等詩文，其中後者談道："外謝神天，内持真戒。"③可見，王處一不止一次傳戒度人，且傳戒時還會贈予受戒者詩文，宣講道法。

(四)李志常掌教时的公開传戒

李志常掌教時，全真教的傳戒活動得到了元朝統治者的積極支持。他主持的傳戒活動多係奉敕開展的。《玄門掌教大宗師真常真人道行碑銘》稱，乃馬真后三年(1244)正月，朝廷令李志常在燕京大長春宫修建"普天大醮三千六百分位，及選行業精嚴之士，普賜戒籙"；元憲宗三年(1253)正月，李志常奉蒙哥皇帝之命，"作金籙大齋，給散隨路道士、女冠普度戒牒，以公爲印押大宗師"。④《祖庭仙真内傳》記載，同年冬十月，忽必烈在藩邸開府上都命李志常"修金籙大齋，作大宗師，普度隨路道士、女冠，給授戒牒"⑤。戒牒，即道士受戒的憑證，是對道士參加傳戒儀式並經考核圓滿完成傳戒活動的準法律性資質認證，頒發戒牒是以傳戒傳法爲前提的。由此推定，李志常掌教時(1238～1256)不止一次開展過傳

① (元)趙道一編修:《歷世真仙體道通鑒續編》卷三,《道藏》第5册,第430頁。

② (元)李道謙集:《甘水仙源録》卷二,《道藏》第19册,第737頁。

③ (金)王處一:《雲光集》卷三,《道藏》第25册,第676頁。

④ (元)王鶚:《玄門掌教大宗師真常真人道行碑銘》,(元)李道謙集:《甘水仙源録》卷三,《道藏》第19册,第746頁。

⑤ (元)李道謙編:《終南山祖庭仙真内傳》卷下,《道藏》第19册,第536頁。

戒活動。從上述文獻記載來看,在掌教的十幾年間,他至少三次主持傳戒大典,廣傳戒牒。

(五)孙德彧主教時普賜戒牒

孫德彧作爲馬鈺一系培養出來的掌教大宗師,於仁宗皇慶二年(1313)至延祐七年(1320)綱領教團,事迹見鄧文原《皇元特授神仙演道大宗師玄門掌教輔道體仁文粹開玄真人管領諸路道教所知集賢院道教事孫公道行之碑》、虞集《玄門掌教孫真人墓誌銘》。① 我們雖没能在上述碑志中找到孫氏傳戒的記載,但幸運的是,祖庭重陽萬壽宫收藏的一通聖旨碑,爲探究孫德彧傳戒活動提供了線索。兹節録聖旨如下:

> 特授神仙演道大宗師玄門掌教真人、管領諸路道教所、知集賢院道教事、輔道體仁文粹開玄真人孫德彧根底,丘神仙的道子裏委付了也。諸路裏應有的先生、女冠每根底,爲頭兒管著者。先生每根底合與的戒牒、師號、法名,教他與者。孫真人根底,宜諭執把行的聖旨與了也。②

聖旨頒發於元仁宗延祐元年(1314)七月二十八日,即孫德彧出任掌教的次年,賦予孫德彧頒發戒牒、師號、法名,管領全真宫觀廟産,與地方當局會同處理全真道士作奸犯科等權力。聖旨頒發的範圍包括中書省、樞密院、御史臺、行中書省、行御史臺、宣慰司、廉訪司、軍官、軍人、管城子達魯花赤、官人、内外大小衙門官人、各枝兒頭目、往來使臣、衆先生、百姓,也就是説包括政府官員、中外使者、道士、民衆等群體。向如此廣大的群體頒布全真掌教有權力頒發戒牒的聖旨,昭示了元代中後期統治者對全真傳戒活動一以貫之的公開、正式認可。

四、金元时期全真传戒的特点

學界對王常月以降的全真傳戒活動已經有較多的探討。金元時期的傳戒活動亦有一些相對固定的規定,王嚞關於"三人"的論述實際上是對傳戒對象的規定。丘處機、王處一、李志常一般在齋醮儀式之後傳戒,特别是丘處機的三次傳戒中有兩次是傳符授戒,體現了早期全真傳戒活動先行齋醮後傳戒律,以及如高麗杨所言的傳符與授戒並行的特點。而傳戒地點多在燕京太極宫(即後來的大

① 陳垣編纂,陳智超、曾慶瑛校補:《道家金石略》,第767、787～788頁。

② 《盩厔重陽萬壽宫聖旨碑》,陳垣編纂,陳智超、曾慶瑛校補:《道家金石略》,第742頁。

長春宫)、亳州太清宫、德興龍陽觀等大型宫觀,其中太極宫寶玄堂是丘處機講經説法之所。元太祖二十一年(1226),同塵真人李志柔曾在寶玄堂覲見丘處機,參證心印。[①]《長春真人内傳》記載,1227 年七月九日,丘處機登寶玄堂,留頌而逝,享年 80 歲。可見,丘處機在世時和辭世之際均與寶玄堂有著割捨不開的關係,於此傳戒,亦可看出寶玄堂在太極宫中的重要地位。金世宗大定八年(1168)王嚞向馬鈺傳戒、金章宗明昌五年(1194)丘處機的傳戒活動,應該是全真創教之初比較早的傳戒記録。其中,丘處機傳戒時,11 隻仙鶴翱翔壇上,一方面預示了傳戒之祥瑞,另一方面可知當時的傳戒活動要在戒壇上舉行。有明確日期記載的幾次傳戒活動,分别發生在金世宗大定八年十月一日,金章宗明昌五年九月二十八日,元太祖十五年(1220)四月十五日、七月十五日,乃馬真后三年(1244)正月,憲宗三年(1253)正月、十月,頗有不時而舉的特點。後世傳戒活動一般在每年的上、中、下三元日舉行。[②] 以上談到的 7 次傳戒,有 5 次分别發生在正月、七月和十月,或可作爲後世全真傳戒日期的一個原型。至於戒期持續的時間,諸家碑記語焉不詳。

清代以降的傳戒活動一般由十方叢林方丈(亦稱律師)主持,又有八大師輔助。金元時期主持傳戒的大師資質是很高的,上文談到的多次傳戒活動均由掌教大宗師主持。至於掌教大宗師是否得授三壇大戒則未見史籍載録,但無疑均是戒行精嚴之士。後世輔助傳戒的八大師中有一位名爲監戒大師,負責監督律壇威儀。相關碑記記載,憲宗三年李志常普度戒牒時,丘處機的另外一位弟子重玄廣德弘道真人孟志源(1187～1261)曾擔任監度師。顧名思義,其職責相當於後世的監戒大師。此人在尹志平、李志常、張志敬權教時,先後出任長春宫要職。[③]

最後,談一談有關秘傳還是公傳的問題。任繼愈主編《中國道教史》稱:“王嚞時全真道並没有公開傳戒,其根本原因是自唐宋以來道教傳戒已被政府控制,初期全真道屬民間組織,没有公開傳戒的權力。”[④]唐怡、黄信陽、袁志鴻等學界、教界同仁多沿襲此説。閔智亭、李養正主編的《中國道教大辭典》在解釋“戒律”一詞時簡要談道:“元代年間,全真道教興起後,丘處機開創傳戒制度,恢復了公

---

① (元)李道謙:《終南山樓觀宗聖宫同塵真人李尊師道行碑》,(元)李道謙集:《甘水仙源録》卷七,《道藏》第 19 册,第 781 頁。

② 黄信陽:《道教全真派的傳戒科儀》,《中國宗教》2009 年第 8 期。

③ (元)李鼎:《重玄廣德弘道真人孟公碑銘》,(元)李道謙集:《甘水仙源録》卷六,《道藏》第 19 册,第 771～772頁。

④ 任繼愈主編:《中國道教史》,第 505 頁。

開傳戒,創立了'十方叢林'制度,廣收門徒。"[①]《辭典》對全真教興起時間的界定不够嚴謹,不過肯定了早期全真教公開傳戒的特點,然未給出足够的明證。通過上文的論述可知,金興定四年(1220)、元太祖十五年(1220)四月十五日丘處機於寶玄堂傳戒時,有"數鶴自西北來,人皆仰之"。同年七月十五日,龍陽觀授戒"老幼露坐,熱甚,悉苦之"。王處一、李志常均是奉朝命傳戒度人的,王處一於太清宫傳戒時,受戒者有千人之多,諸家對李志常傳戒的記載更是使用了"普賜""普度"等彰顯公開性的詞彙。孫德彧主教時,元仁宗以頒發聖旨的形式,授予全真掌教普賜戒牒的權力。這些都説明自金末元初到元代中後期,全真教是公開傳戒的。

(本文係國家社科基金青年項目"金元全真教宗教認同的建構研究"[項目編號:14CZJ023]階段性成果)

(責任編輯:趙衛東)

① 閔智亭、李養正主編:《中國道教大辭典》,第607頁。

明代全真“樓觀三丰派”的道統與法統

□劉康樂

摘要：在明代200多年的歷史中，陝西終南盩厔縣境内的樓觀説經臺、宗聖宫、重陽宫及其衆多下院和子孫廟系統，傳承著一脈不同於其他全真道派的“樓觀三丰派”。“樓觀三丰派”開創於明初樓觀全真道士侯圓方，具有明確的傳承譜系和規模龐大的道衆群體，在明代終南山道教教團中居於主導的地位，他們主持維修宫觀、募刊道經、結緣信士等，擴大了關中全真教的社會影響力，奠定了終南山諸宫觀的基本格局。“樓觀三丰派”在道統上宗承全真一脈，而在法統上又傳緒清微、靈寶、上清等道法，呈現了明代全真道派發展的豐富性和修煉方式的多元性。

關鍵詞：明代　全真教　樓觀三丰派　道統　法統

作者簡介：劉康樂，1979年生，安徽泗縣人，長安大學哲學研究所副教授，主要從事道教歷史、宗教學理論等研究。

明清全真道派是近年來道教研究的熱點之一，學術界已經取得了比較豐碩的成果。派字譜是全真道强化教團認同的産物，也是全真道派傳承的重要證據。學術界基本上認同全真道派字譜形成於明宣宗之後[①]，而較早的全真龍門派字譜在明永樂、宣德年間已開始在北京隆陽宫傳承[②]。除了流傳廣泛的七真道派外，樊光春先生在研究明清西北地區道教時發現，“從明初永樂年間開始，在終南山還曾經傳續過‘樓觀三丰派’，至清代康熙末年消失，歷時約330年”[③]。這一論斷具有重要的學術開創價值，揭示了明清時期終南山地區的一支罕爲人知的全真

① 張廣保：《明代全真教的宗系分化與派字譜的形成》，趙衛東主編：《全真道研究》第一輯，濟南：齊魯書社，2011年，第217頁。

② 張方：《明代全真道的衰而復興——以華北地區爲中心的考察》，北京：中國社會科學出版社，2018年，第60頁。

③ 樊光春：《明清時期西北地區全真道主要宗派梳理》，趙衛東主編：《全真道研究》第一輯，第218頁。

新道派,甚至可能改寫明代全真諸派字譜形成的早期歷史。循著這一研究思路,在近年來新發現的文獻資料的基礎上,結合學界的最新研究成果,本文對這一道派的形成、命名、傳承和道法及社會活動等,作較爲系統的梳理和探索,以求教於諸位同仁。

一、馬存善、侯圓方、孔潛真與終南樓觀教團

全真道士馬存善、侯圓方和孔潛真是明初開創終南樓觀教團的核心人物,其中以侯圓方的貢獻最爲卓著。早在1993年,王士偉先生在《樓觀道源流考》一書中就注意到清雍正十三年(1735)所刻《重修樓觀説經臺記》和乾隆四年(1739)所刻《重修終南山古樓觀説經臺記》記載了侯圓方主持重修樓觀之事,但未能對侯圓方生活的年代作出準確的判斷。2007年王士偉修訂《樓觀道源流考》時仍認爲"侯圓方應爲明崇禎年間的樓觀道士"①。

實際上,在陝西重陽宫、樓觀臺和宗聖宫遺址現存的金石文獻中,記載侯圓方的材料不止上述兩通,2011年樊光春先生根據相關碑石,在文章中首次考證侯圓方應是明永樂年間的全真道士,並將侯圓方開創的全真新道派命名爲"樓觀三丰派"。2020年高葉青博士根據新發現的《終南仙境志》一書所載侯圓方傳記,基本判斷"明永樂五年(1407)全真道士侯圓方(1374～1461)追隨禮部尚書胡濙尋訪真人張三丰,至洪熙元年(1425)歸山"②。

《終南仙境志》初刊於明萬曆三年(1575),由明進士盩厔王三聘主持編修,收載了故終南縣境内許多珍貴的寺觀史料,具有重要的道教文獻價值。該書卷一"寓遊"部分載有侯圓方的傳記,可與現存碑石中侯圓方的事迹相互印證,兹録如下:

> 皇明侯圓方,字子正,本縣集賢鄉南集里人。洪武甲寅歲六月十二日,生而神異,童有夙慧,□性恬静,好儒書,常懷入道之志,父母令禮馬公存善爲師。師知爲道器,遂秘樞教之。未幾,遇至人張三丰過臺,師禮奉惟謹。真仙察其心,密有付。洪武丙子,選取天下高行之士,以充神樂觀樂舞生,師應其選。文皇緒承大統,竟遣歸。師遂棄世務,桂瓢箬笠,入龍虎山,又入武當山,南遊江浙,歷華陽、武夷諸福地。遇一中王真人、蟾宇任宗師,受清微

① 王士偉:《樓觀道源流考》,西安:三秦出版社,2007年,第178頁。

② 高葉青:《陝西明版〈道藏〉存佚考》,《中國道教》2020年第3期。

祭練之要。既而抱各師之旨歸終南,卓室建壇,混一修練,决暢其志。未幾,上意忽慕真仙張三丰,徵親供識者訪之。時禮科都給事中胡公、道録司玄儀任公,同薦師于闕下,諭賫書徧訪之。凡名山洞府,仙迹靈壇,無不周遍。適鑾輿賓天,詔還。仁宗即位,命修普度大醮,靈貺昭答,聖意悦鑒,厚賜衣帛,褒諭遣歸,命掌宗聖、重陽等宫觀事。于是,玄風日振,道友雲集。民間有水旱疫癘,有司致禮延師,禱之立應。其門徒百餘人,皆陟歷四方度人。天順五年,語諸弟子曰:“吾事畢矣。”於本月初十日昧爽,索香湯沐浴更衣,謁殿展禮,回方丈,與諸弟子曰:“死生常理,非吾獨有,汝等體道進修,勿生退墮。”言訖,執筆書偈曰:“壽年八十八,清心樂煙霞。天邊鶴一聲,蓬島是吾家。”是日,天朗氣清,忽聞香風嚮樹,震雷一鳴,瞑目端坐而化。時正炎陽,三日方斂,面容如生。訃聞,秦王遣使致祭。弟子奉葬於宫之東南仙蜕塋。是時,空中彩雲四合,靈禽異鳥,交鳴悲切,良久方去。[①]

據上述傳記基本可以梳理清楚侯圓方的主要行迹。侯圓方於明洪武七年(1374)生於陝西盩厔縣集賢鄉南集里(今周至縣集賢鎮),此地距樓觀僅十餘里。侯圓方自幼入道,父母令其拜道士馬存善爲師,授以道要。後張三丰過樓觀臺,侯圓方師事之,得受秘法,此爲侯圓方 24 歲前之事。張三丰爲元末明初的傳奇道士,行蹤隱没而不定,關中地區許多張三丰仙迹,多爲民間傳聞,故此侯圓方師事張三丰之事,恐屬此類。拋開侯圓方與張三丰之間頗具傳奇色彩的師徒關係,侯圓方最初所拜的道士馬存善應是更爲真實的師承。明正統十年(1445)所立《重陽宫住持侯圓方重修祖庭碑記》稱:“侯氏,名曰圓方,受業經臺宗聖宫,深悟全真之旨。”[②]綜上可以判斷侯圓方師事的馬存善,當是元明時期活動於樓觀説經臺和宗聖宫的全真道士,又據明嘉靖七年(1528)所立《古樓觀靈星門記》:“大明宣德癸丑,本宫住持馬存善、侯圓方、孔潛真三人復於是歲而重修”[③],可知宗聖宫住持馬存善明宣德年間仍在世。

道士“馬存善”之名最早出現在樓觀臺現存的元代道教碑石中。據元元貞二年(1296)所立《大元重修古樓觀宗聖宫記》碑陰“同塵真人門下宫觀綱首名氏”中列有“本宫下院:木則平:崇慶觀馬存善”[④],則馬存善當爲同塵真人李志柔的門人弟子。木則平崇慶觀在樓觀東側田峪,元時爲宗聖宫的下院之一,早在元至元三

① (明)王三聘修:《終南仙境志》卷一,清康熙補修明萬曆刻本,第 24～26 頁。
② 劉兆鶴、王西平編著:《重陽宫道教碑石》,西安:三秦出版社,1998 年,第 136 頁。
③ 今碑已不存,碑文見西北民族大學圖書館所藏拓片。
④ 王忠信主編:《樓觀臺道教碑石》,西安:三秦出版社,1995 年,第 122 頁。

十年(1293)《樓觀先師傳》碑陰所載宗聖宫下院的名録即有"本宫下院田峪木則平崇慶觀"[①]。木則平明時稱"木則庵",仍爲宗聖宫的下院。[②] 馬存善在元元貞中住持崇慶觀的時間,與明宣德中住持宗聖宫的時間,前後相差137年,若二者確爲同一人的話,則馬存善可能是元明時期終南山罕見的長壽道士,至明宣德年間壽齡可能超過150歲。

明洪武二十九年(1396),25歲的侯圓方被選爲南京神樂觀樂舞生,7年後至明成祖朱棣繼位之初被遣歸,遂雲遊龍虎山、武當山、茅山、武夷山等洞天福地,遇正一道士王一中、任自垣二人傳授"清微祭練之要"。清微道法形成於南宋,至元代在南方武夷、北方武當各有傳承,明初武當山的清微道士有張守清、孫碧雲、任自垣和王一中等人,來自陝西的道士孫碧雲還開創了武當山清微支派——武當本山派(又名"榔梅派")。王一中,湖廣人,從龍虎山上清宫高士遊,得清微至道,永樂十一年(1413)敕授武當山大聖南巖宫提點[③];任自垣(? ~1431),字一愚,號蟾宇,鎮江府丹陽縣(今江蘇丹陽市)人,出家於句容茅山,永樂九年(1411)授道録司右正義,永樂十一年敕授武當山玄天玉虚宫提點[④]。

明永樂五年(1407)左右,侯圓方回到樓觀,建壇修煉所得清微、靈寶等道法,並先後重建了陂頭玄真觀、重陽宫殿宇等。[⑤] 此時禮部尚書胡濙正奉成祖之命在湖北、陝西、甘肅等地尋訪張三丰的下落,侯圓方因洪武中與張三丰的奇遇,在胡濙和任自垣的推薦下被召回南京,受命隨胡濙一起尋訪張三丰,雲遊於名山洞府之間。然而多年尋隱不遇,至永樂二十二年(1424)成祖去世,侯圓方被召回京。洪熙元年(1425)奉旨行普度大醮,仁宗厚賜而還終南,賜號"圓德樂道法師",奉敕掌管樓觀宗聖宫兼重陽宫教事,遂重修宫觀,發展教團,門徒達百餘人,自此關中玄風大振。正統十三年(1448)奉旨領《道藏》一部藏於宗聖宫。[⑥] 侯圓方的這段經歷,在明正德十年(1515)所立的《重修洪妙庵記》也有相同的記述:"適有圓德樂道法師侯公諱圓方,奇表自正,承敷綸音,同禮部尚書胡,驛馳天下名山洞府,尋訪張三丰仙翁。久而復命將歸,給領道藏經,並護持住持宗聖、重陽等宫,

---

① 《樓觀臺道教碑石》未收碑陰,文字見西北民族大學圖書館所藏拓片。

② (明)王三聘修:《終南仙境志》卷一,第3頁。

③ 《大明玄天上帝瑞應圖録》,《道藏》第19册,北京:文物出版社、上海:上海書店、天津:天津古籍出版社,1988年,第633頁。

④ 《大明玄天上帝瑞應圖録》,《道藏》第19册,第633頁。

⑤ 劉兆鶴、王西平編著:《重陽宫道教碑石》,第136頁。

⑥ (明)王三聘修:《終南仙境志》卷一,第9頁。

統理道衆。”[①]天順五年(1461)侯圓方羽化於宗聖宫,壽齡88歲,秦藩王府遣官致祭,弟子將其葬於宗聖宫東南的仙蜕塋。

孔潛真(1378～?)也是元末明初享譽道林的終南全真道士,與侯圓方共同開創了終南全真道團。孔潛真,字景虚,號隱陽子、虚齋道人等,鳳翔府寶雞縣淳化鄉(在今陜西寶雞市)人,明洪武初出家於寶雞玉泉觀,禮全真道士希真子王德明爲師,永樂中“欽承奉使四方採藥回,宣德紀元,授冲虚至道長春真人擢宏文養素法師、終南山道祖説經臺玄學講師住持”[②]。孔潛真與侯圓方年齡相仿,同爲張三丰的追慕者,所謂“欽承奉使四方採藥”,實質上同樣是受命尋訪張三丰。永樂八年(1410),孔潛真受命至成縣金蓮洞拜謁三丰仙迹。甘肅成縣明弘治十一年(1498)所立《重修金蓮洞三元聖像記》載:“永樂庚寅,敕禮部尚書胡榮(濙)捧香拜謁題詩壁記後,復敕使張守恩、監生韓鵬、全真孔潛真亦齎香書拜謁,非靈應悉有此也?”[③]宣德元年(1426),孔潛真與侯圓方幾乎同時回到樓觀,分别住持説經臺和重陽宫,共同尋訪三丰真人的早年經歷,這促成了侯圓方與孔潛真此後長久的友誼。明嘉靖七年(1528)所立《古樓觀靈星門記》稱:“大明宣德癸丑,本宫住持馬存善、侯圓方、孔潛真三人復於是歲而重修。”可知在宣德八年(1433),孔潛真與馬存善、侯圓方共同重修了終南山古樓觀,當時三人分别擔任説經臺、宗聖宫和重陽宫的住持。

孔潛真有文采,善詩翰,在重陽宫和樓觀説經臺留題石刻多處。重陽宫存明正統二年(1437)《孔潛真書“天下祖庭”碑》,題爲“正一嗣漢天師張與材題額,道祖説經臺玄學弟子孔潛真重書,大明正統二年歲次丁巳孟夏粤四日重陽宫住持圓方等上石”[④];又樓觀所存明正統四年(1439)所立的《太上老君抱一説》碑末也題有“終南山古樓觀道祖説經臺住持、玄學弟子虚齋孔潛真景虚敬書上石”[⑤];重陽宫存明正統十年(1445)所立的《重陽宫住持侯圓方重修祖庭碑記》中,立石人第一位便是“説經臺宏文養素玄學講師孔潛真”[⑥];説經臺現存元代正書《道德經》碑側太上老君十四字養生訣後有題字“説經臺上石、虚齋書”[⑦],亦是孔潛真的手

① 王忠信主編:《樓觀臺道教碑石》,第163頁。
② 吴受琚編著:《寶雞道教碑石記》,北京:社會科學文獻出版社,2021年,第86頁。
③ 趙逵夫主編:《隴南金石校録》第3册,北京:社會科學文獻出版社,2018年,第1058～1059頁。
④ 劉兆鶴、王西平編著:《重陽宫道教碑石》,第48頁。
⑤ 王忠信主編:《樓觀臺道教碑石》,第161頁。
⑥ 劉兆鶴、王西平編著:《重陽宫道教碑石》,第49頁。
⑦ 王忠信主編:《樓觀臺道教碑石》,第27頁。

筆。孔潛真的徒裔似乎僅傳了"中"字輩數人[①]，而侯圓方的門徒則多達 100 多人，法裔相繼傳承十餘輩，遍布終南地區的樓觀説經臺、宗聖宮、重陽宮及其衆多下院，發展成爲明代終南山地區規模最大、影響深遠的一支全真教團。

二、"樓觀三丰派"的形成事實與傳承脈絡

馬存善、侯圓方師徒和孔潛真等人開創的全真教團，主要活動在以樓觀爲中心的終南山地區。自侯圓方始，這個全真教團已具有明確的傳承譜系，各代傳人使用統一的派字，在事實上已經形成一支相對獨立的道派。目前所見的歷史文獻尚未發現有關這一道派的派名或派字譜的記載，而且由於此派在明末清初已經中斷了傳承，清代和民國流傳的幾種《諸真宗派總簿》也未記載此道派的名稱和派字。

明宣德初年，侯圓方帶著皇室的厚賜回到終南樓觀，與宗聖宮主持馬存善、説經臺住持孔潛真共同重建了已經荒廢的樓觀説經臺和宗聖宮，後以"祖庭虛席，興舉乏人"，被衆人推舉爲重陽宮住持。宣德三年(1428)至正統元年(1436)，侯圓方先後創建重陽宮道院三間，繼修太上殿，補葺三清殿，重修蓬萊門、陂頭水磨、玉皇閣等[②]，又置辦重陽宮及下院廟產數十處[③]，爲教團的創立打下了堅實的物質基礎。

正統十年(1445)立石《重陽宮住持侯圓方重修祖庭碑記》中，詳細敘述了侯圓方在重陽宮近二十年苦心經營的歷史，碑末的題名中有來自重陽宮、説經臺和宗聖宮的門徒唐襲淳等 9 人和門孫屈繼伸等 4 人，其中門徒道名中間一字均爲"襲"而門孫道名中間一字均爲"繼"。[④] 如此整齊劃一按輩取名的方式，在明初的全真道團中並不多見，這表明自侯圓方始，這一全真道團開始有意構建自己的宗派譜系。當然此時重陽宮的常住道衆中，也有不屬於這一宗派的"尚""守""中"等字輩的道士 5 人，他們與侯圓方之間似乎並沒有師徒關係。

天順五年(1461)，侯圓方羽化於宗聖宮，此時馬存善和孔潛真可能也已羽化，重陽宮、説經臺、宗聖宮及所轄各宮觀主要由侯圓方的"襲"字輩和"繼"字輩徒裔接管。弘治九年(1496)所立《大明重建會靈觀記》載："成化改元，會靈觀住

---

① 吴受琚編著：《寶雞道教碑石記》，第 86 頁。

② 劉兆鶴、王西平編著：《重陽宮道教碑石》，第 136 頁。

③ 劉兆鶴、王西平編著：《重陽宮道教碑石》，第 137 頁。

④ 陳法永主編：《重陽宮志》第十四卷《金石》，西安：三秦出版社，2012 年，第 604 頁。

持三洞法師唐襲淳,故欲爲而羽化,門人邵繼泰字微徽者,踵老氏之芳躅,究玄元之妙旨,慨然興役。”[①]唐襲淳爲侯圓方的早期弟子之一,自正統間住持説經臺,同時擔任宗聖宫下院會靈觀的住持,欲修復會靈觀和洪妙庵廢觀,不幸於成化元年(1465)羽化,門人邵繼泰和郝繼常分别接替完成了重修會靈觀和洪妙庵的工程。《大明重建會靈觀記》碑末題名爲邵繼泰的“宗”字輩門徒共 7 人[②],而正德十年(1515)所立的《重修洪妙庵記》碑末則爲郝繼常的“宗”字輩門徒 2 人、“明”字輩門孫 9 人及“道”字輩玄孫 6 人[③]。

弘治五年(1492)《大重陽萬壽宫水塘並諸處下院事産》碑末列重陽宫下院會靈觀、成道觀、靈泉觀、玉虚觀、玄真觀、□真宫、□慶觀乃至秦府神樂壇住持道士等 10 餘人,分屬“繼”“宗”“明”“道”四代,其中就有盩厔縣道會司史繼隆和邵繼泰的弟子郝宗一等人。[④] 弘治年間(1488～1505)樓觀臺道士募資刊刻《八十一化圖説》,在卷末的募緣道士題名中,共有“繼”字輩道士 7 人、“宗”字輩道士 3 人、“明”字輩道士 2 人、“道”字輩道士 1 人和“得”字輩[⑤]道士 2 人,其中就包括邵繼泰及其弟子郝宗一、郝繼常,以及門孫郝宗進 4 人,盩厔縣道會司史繼隆還題寫了贊詞。“道”和“得”字輩道士來自盩厔縣東嶽廟,表明教團的勢力已經擴展到縣城中的宫觀。而宗聖宫現存正德七年(1512)和十一年(1516)的碑記[⑥]顯示,“繼”字輩和“宗”字輩的道士當時仍有人健在。

至嘉靖、隆慶、萬曆年間,此派獲得極大的發展,道衆人數大幅度增加。在明嘉靖七年(1528)所立的《古樓觀靈星門記》中,立石人爲“繼”字輩道士 8 人,“宗”字輩 3 人,“明”字輩 3 人[⑦],其中秦繼川還是盩厔縣道會司的道會。嘉靖三十二年(1553)宗聖宫所立的《重建五祖七真殿宇碑記》共有宗聖宫、吾老洞、説經臺、玉華觀、通仙觀、重陽宫等 70 名道士的題名。这 70 人皆爲此派道士,其中“宗”字輩 16 人、“明”字輩 38 人、“道”字輩 13 人、“德”字輩 2 人、“中”字輩 1 人。[⑧] 同年立石的《重建五祖七真殿碑記》共録來自宗聖宫、玉華觀、玄微觀、遇仙觀、通仙

---

① 王忠信主編:《樓觀臺道教碑石》,第 162 頁。引用時碑文有增補,標點有改動。

② 王忠信主編:《樓觀臺道教碑石》,第 163 頁。

③ 王忠信主編:《樓觀臺道教碑石》,第 163～164 頁。

④ 陳法永主編:《重陽宫志》第十四卷《金石》,第 606 頁。

⑤ “得”字在稍晚的金石材料中也作“德”字,此外“中”字有時亦作“忠”字,似爲通用的輩字。

⑥ 文字分别見於甘河遇仙宫明代王重陽石像底座銘文和宗聖宫羽化師柏繼安墓志,此前未見著録。

⑦ 北京圖書館金石組編:《北京圖書館藏中國歷代石刻拓本彙編》第 45 册,鄭州:中州古籍出版社,1990 年,第 161 頁。

⑧ 《樓觀臺道教碑石》未收碑陰,文字係筆者實地考察采録。

觀、重陽宫的本派道士 52 人,大部分道士亦見録於前碑,其中“宗”字輩 15 人、“明”字輩 24 人、“道”字輩 10 人、“德”字輩 1 人。[①] 隆慶六年(1572)所立《義記[祀]感格記》碑共録宗聖宫、説經臺和玉華觀本派道士 94 人,其中“宗”字輩 6 人、“明”字輩 47 人、“道”字輩 40 人、“德”字輩 1 人。[②] 此時除了個别正一派、全真華山派和龍門派道士常住外,樓觀諸宫觀道士皆爲侯圓方之徒裔。嘉靖三十二年(1553)宗聖宫道衆所立的《重建五祖七真殿碑記》還記載了迄今時間最早、最完整的七真派字譜。[③] 在當時七真派字廣泛流傳的情況下,侯圓方一系全真道士的宗派意識也得以强化,並以全真諸派的“大宗”自居,八代道士使用的派字“圓襲繼宗明道德中”也顯示了其宗派的完整性和獨立性。

至萬曆二年(1574)所立的《樓觀宗聖宫重建三清殿記》載有“繼”字輩至“中(忠)”字輩七代道士共 201 人,爲本派道士歷代規模的最高峰,主要來自宗聖宫、説經臺、會靈觀、洪妙庵和玉華觀;而重陽宫及其下院此時已爲華山派道士所掌,其中“繼”字輩道士 1 人,即秦繼川,時爲盩厔縣道會司署印官,“宗”字輩道士 14 人,“明”字輩道士 73 人,“道”字輩道士 84 人,“得(德)”字輩道士 25 人,“中(忠)”字輩道士 3 人。[④] 至萬曆三十四年(1606)所立的《説經臺創建救苦殿記》,共載説經臺道士自“明”字輩至“常”字輩 40 人,其中“明”字輩 2 人,“道”字輩 5 人,“德”字輩 13 人,“中”字輩 12 人,“和”字輩 6 人,“常”字輩 1 人(見《明代“樓觀三丰派”道士名録表》)。[⑤] 萬曆四十二年(1614)所立的《顯靈峰玄帝廟記》碑末僅署“混元羽士焚修香火弟子魏忠涣”[⑥],大概就是前述《説經臺創建救苦殿記》中的“魏中渙”。據天啓四年(1624)所立的《司理史公命建碑亭小記》,斯時住持説經臺的道士姬真合“有道術,爲其徒之老宿”[⑦]。另雍正《陝西通志》記載的明萬曆間宗聖宫道士姬東坡[⑧],很可能就是姬真合。不過據孤立的資料很難判斷姬真合所屬的道派,“真”字在全真諸派字譜中使用廣泛,因此姬真合既有可能是屬於龍門派第六

---

① 今碑已不存,碑文見國家圖書館古籍部所藏碑帖菁華各地 2615 號拓片。

② 王忠信主編:《樓觀臺道教碑石》,第 168 頁。碑陰文字見西北民族大學圖書館所藏拓片。

③ 劉康樂、高葉青:《嘉靖三十二年〈重建五祖七真殿碑記〉與明代全真派字譜的新發現》,《世界宗教研究》2020 年第 6 期。

④ 王忠信主編:《樓觀臺道教碑石》,第 169～170 頁。碑陰文字係筆者實地考察采録。

⑤ 王忠信主編:《樓觀臺道教碑石》,第 171 頁。碑陰文字係筆者實地考察采録。

⑥ 王忠信主編:《樓觀臺道教碑石》,第 174 頁。

⑦ 王忠信主編:《樓觀臺道教碑石》,第 176 頁。

⑧ (清)劉於義监修,沈青崖編纂:《陝西通志》卷二八:“明萬曆間有道士姬東坡者,善鼓琴,講《南華經》,多自悟詩,時出奇句。上嘉其恬寂,錫道經二藏、龍旂、御仗、幢旛十六及瑞蓮圖,併勞以璽書。”(《景印文淵閣四庫全書》第 552 册,臺北:臺灣商務印書館,1986 年,第 482 頁)

代,也可能屬於華山派第十代,當然也不排除侯圓方一系至此傳至了第十一代"真"字輩。稍晚的天啓七年(1627)《仰天池殘碑》中"本山開化住持徐真用、唐真祥"①的道派歸屬,也是此種情形。

當然有限的金石材料自然不能完全展現當時此派道士的傳承情況,但明末相關道教碑石和道士名録的減少可視爲教派衰落的象徵之一,尤其是萬曆後期華山派道士逐漸掌管了原屬本派道士掌管的重陽宫及其下院等。清初來自北京白雲觀的龍門派道士梁一亮接管樓觀説經臺,此時常住道士主要爲龍門派和華山派。清康熙五十八年(1719)所立的《重修吾老洞老君廟碑》,提到康熙二十二年(1683)前任住持石和鳴及其徒紀常静募緣修繕長廊,碑末有現任住持張中果的題名。② 吾老洞三位道士的道名符合侯圓方一系的傳承派字,大概是目前所見清代此派道士的最後一則資料。

從上述這些明代金石和文本的材料可以得出,在侯圓方羽化之後100多年的時光裏,這一道團已經連續傳承至第十代,並且成爲以樓觀爲中心的終南道教宫觀的主流道派。從侯圓方的弟子輩開始,每一輩道士都使用統一的派字取名,各代道士的派字連起來就是"(存)圓襲繼,宗明道德,中和常(真)",已然具有道教派字譜的典型特徵,而且這一派字譜起碼在宣德年間就已經確定了。

對這一特殊道派的命名,樊光春先生認爲,"文獻中没有關於這個教派名稱的記載,依其創始人侯圓方定居樓觀的原因分析,當與張三丰相關,或爲三丰傳人,故此暫定名爲樓觀三丰派"③。自此,"樓觀三丰派"開始爲學界所知曉和接受,田茂泉博士在《清代陝西全真道發展略説》一文中也沿用此説。④

三、"樓觀三丰派"的多元道法傳承

道教派字譜的流行,强化了道教教團的内部認同,對於維護教團利益和維繫教團穩定具有重要的意義。派字譜反映的是"道統"源流,體現出中國古代社會尊祖重道的宗法傳統和團體内部的自我歸屬。唐代禪宗即有西天二十八祖、中

---

① 王忠信主編:《樓觀臺道教碑石》,第176頁。

② 王忠信主編:《樓觀臺道教碑石》,第201～202頁。

③ 樊光春:《明清時期西北地區全真道主要宗派梳理》,趙衛東主編:《全真道研究》第一輯,第222頁。

④ 田茂泉:《清代陝西全真道發展略説》,趙衛東主編:《全真道研究》第八輯,濟南:齊魯書社,2017年,第94頁。

土六祖的“道統説”,韓愈也提出從堯舜禹到周公孔孟的儒家“道統説”。宋代各種各樣的“宗派圖”十分流行,宋徽宗初年吕本中作“江西詩社宗派圖”,這是中國文學史上第一個有明確名稱和傳承的詩文派别,對佛教和道教宗派之形成具有重要影響。周紫芝《竹坡詩話》云:“吕舍人作《江西宗派圖》,自是雲門、臨濟始分矣。”[①]南宋時各種禪宗的宗派圖還傳到了日本。金元時期的佛道教碑石上經常刊刻“宗派圖”,元代全真教七真門下的宫觀碑石,也普遍在碑陰部分刊刻“宗派之圖”。

宗派觀念的不斷强化催生了派字譜,爲了不使道統傳承紊亂,每一輩使用相同字輩的派字譜應運而生。在佛教禪宗方面,金元之際順德路開元寺萬安廣恩禪師演曹洞宗派字 32 字[②],清乾隆四十七年(1782)所立的《敕賜祖庭少林釋氏源流五家宗派世譜之碑》記載了元初少林寺福裕禪師擬定的曹洞宗派字 70 字[③],此皆爲佛教禪宗派字譜形成的早期歷史。道教派字譜的産生早於佛教,早在南宋時期,宋寧宗曾爲湖北九宫山正一道士張道清擬定 40 個字的派字譜,故其又稱“御制派”[④]。元趙孟頫所撰的《九宫山重建欽天瑞慶宫記》[⑤]中的“封太本”“羅希注”師徒二人即按照派字譜取名,爲御制派的第四代和第五代,證實了御制派字譜在宋元時代即有明確的傳承。至明清,此派依然傳承不息。劉固盛教授在《九宫山道教御制派及其傳承》一文中對此派傳承論述甚詳。[⑥]

金元時期的全真教雖有宗派圖的流傳,但尚無確定的派字譜,至明代宣德年間始見有明確派字的使用。侯圓方一系的“樓觀三丰派”也是自宣德年間開始在第一代弟子中使用派字取名。至於“樓觀三丰派”應歸於全真還是正一,據前揭明萬曆刊本《終南仙境志》卷一的記載,侯圓方在參與尋訪張三丰之前,“受業經臺宗聖宫,深悟全真之旨”[⑦],禮樓觀道士馬存善爲師[⑧],其最初的師承應屬元末明初的樓觀全真派,而且同修的孔潛真也是全真道士,故正統十年(1445)重陽宫所立的《蘇武慢詩碑》中書丹者鄭達即稱侯圓方爲“煉師”[⑨]。此外,明代樓觀説經

① (宋)周紫芝撰:《竹坡詩話》卷三,北京:中華書局,1985 年,第 37 頁。

② 藍吉富主編:《禪宗全書》第 97 册,臺北:文殊文化有限公司,1990 年,第 639 頁。

③ 唐豪:《少林拳術秘訣考證》,太原:山西科學技術出版社,2007 年,第 88 頁。

④ (清)傅燮鼎重輯:《九宫山志》卷四,《中國道觀志叢刊》第 7 册,南京:江蘇古籍出版社,2000 年,第 130 頁。

⑤ (元)趙孟頫撰:《松雪齋文集》卷七,《四部叢刊》景上海涵芬樓藏元刊本,第 144~145 頁。

⑥ 劉固盛、吴雪萌:《九宫山道教御制派及其傳承》,《華中師範大學學報》(人文社會科學版)2011 年第 4 期。

⑦ 劉兆鶴、王西平編著:《重陽宫道教碑石》,第 136 頁。

⑧ (明)王三聘修:《終南仙境志》卷一,第 24~26 頁。

⑨ 今碑已不存,碑文見西北民族大學圖書館所藏拓片。

臺、宗聖宫、重陽宫等宫觀常住道士除了侯圓方一系外，還有全真華山派、龍門派的道士。這些不同道派的全真道士能够同修一處，表明他們在道統上能够相互認可，因此"樓觀三丰派"在道統上應是宗奉全真的。

侯圓方的徒裔龐宗文等人亦認同全真教的五祖七真爲"祖師真人"，並主持重修了宗聖宫的五祖七真殿。[①] 但侯圓方一系道士的修煉方法，又與專注内丹修煉的全真道士有所不同，《終南仙境志》稱張三丰曾在説經臺傳授侯圓方秘法。《諸真宗派總簿》記載以張三丰爲開派祖師或以"三丰"命名的道派有 8 支，另張三丰弟子孫碧雲開創的武當本山派，均屬於清微派的系統。據此推測，侯圓方所受的三丰秘法極有可能也是清微道法。

張三丰爲元末明初的傳奇道士，行蹤飄忽不定，三丰仙話在秦隴之間頗多流傳，傳説陝西的太華山、終南山、長安、寶雞金臺觀等都是三丰真人寓留之處。自明成祖遣使尋訪張三丰以來，關中地區的長安西郭民人劉寡蕩及寶雞生員張恪、民人楊軌山等，均自稱見過張三丰本人，但實際上都是類似張三丰的邋遢道人。[②] 除了《終南仙境志》提到張三丰曾過樓觀説經臺，其他文獻都没有提及此事，因此三丰過樓觀可能衹是當時衆多的傳聞之一。侯圓方也因提供此線索而受命跟隨胡濙尋訪三丰多年，但終歸無果而還。

雖然張三丰經臺授法的疑點頗多，但侯圓方曾得清微等道法確是有據可查的。據《終南仙境志》卷一的侯圓方傳記，洪武年間侯圓方曾入選南京神樂觀樂舞生。朱元璋在建立明朝之前吴元年(1367)七月，就已經開始籌劃用正一道士參與國家祭祀。洪武十一年(1378)建神樂觀於郊祀壇西，選道童樂舞生參與祭祀活動。神樂觀是高道法師雲集之所，主領神樂觀者，皆爲當時擅長道教齋醮儀式的上清、靈寶、净明等正一派高道。神樂觀的樂舞生必須系統學習道教的齋醮音樂、祭祀儀式等。此時侯圓方雖然以全真道士的身份入選，但在神樂觀中必然需要修習各种正一道法，與江南正一道士有過密切的交往。

永樂初年，侯圓方被遣歸，"遂棄世務，桂瓢簮笠，入龍虎山，又入武當山，南遊江浙，歷華陽、武夷諸福地。遇一中王真人、蟾宇任宗師，受清微祭練之要。既而抱各師之旨歸終南，卓室建壇，混一修練，决暢其志"[③]。神樂觀的經歷讓侯圓方對正一道法産生了濃厚的興趣，遂雲遊名山洞府，後在武當山遇高道王一中和

---

① 王忠信主編:《樓觀臺道教碑石》，第 165 頁。

② 參見拙作《三丰真人秦隴地區仙迹考》，中國明史學會等主編:《沈萬三、張三丰學術研討會論文集》下篇，貴陽:貴州人民出版社，2017 年，第 283～285 頁。

③ (明)王三聘修:《終南仙境志》卷一，第 25 頁。

任自垣傳授清微和上清道法。

王一中,"湖廣人,從龍虎山上清宫高士遊,得清微至道,符水濟人,禦災捍患,事多靈驗,永樂初奉命遊於四方名山大洞,永樂十一年四十四代天師張真人舉薦,奉敕賜大聖南巖宫提點,永樂十四年無疾蜕去"[①]。任自垣,字一愚,號蟾宇,京口雲陽(今江蘇丹陽)人,"幼穎悟,讀書便知句讀,曉大義,出家三茅山元符萬寧宫道士,遂知名,永樂九年授道録司右玄義,永樂十一年選授太和山玉虚宫提點,宣德三年陞太常寺寺丞,提調本山"[②]。王一中是龍虎山清微法的傳人,而任自垣爲茅山上清派第四十九代宗師,侯圓方從這兩位高道學習了清微雷法、靈寶祭煉法等各種正一道法,回到終南山,建壇混一修煉。

侯圓方與孔潛真的真人之號,可能都是時掌道録司的長春真人劉淵然所請擢升的,這也表明侯圓方和孔潛真與具有正一道法背景的劉淵然有著密切的關係。侯圓方師承的多元道法,在其後輩弟子中也得以傳承,在現存的樓觀道教金石材料中有迹可循。在弘治九年(1496)《大明重建會靈觀記》和正德十年(1515)《重修洪妙庵記》中,侯圓方的弟子唐襲淳被稱爲"三洞法師",這是上清派弟子所能獲得的最高法位,這個上清法統應是茅山宗師任自垣所授。又據隆慶六年(1572)《義記[祀]感格記》所述:"宗聖住持陳明壽、郭明鑄、鞏明倉、孫□復,皆煉師圓方之後,召致風雷,驅役鬼神,邃會元道法,爲真陽主其事,□壇□□,矩度每夕設甘露施食,作法煉度。隸省之外,雖窮荒遐陬,番酋島夷,咸在所招徠而無棄者,騰章飛篆,尚賢之績尤多焉。"[③]侯圓方的後輩弟子陳明壽等人,受全真龍門派道士霍真陽的邀請而修建黄籙大齋,爲厲鬼幽魂舉辦施食煉度法會,主壇者"召致風雷,驅役鬼神,邃會元道法",又能"騰章飛篆",這是比較明顯的清微雷法和靈寶煉度法,顯示了侯圓方一系道士會元道法之非凡能力。

作爲老子説經的祖庭聖地,樓觀歷史上就流傳過多種道法,或受到各派道士的關注。樓觀宗聖宫的上清、正一等道法傳統,早在元代就有傳承。元至元十六年(1279)茅山道士朱象先自浙右朝拜祖庭,住留樓觀凡 40 餘年,歷任宗聖宫提點、説經臺住持等,賜號清真觀妙淵虚大師教門高士三洞講師,羽化後葬於宗聖宫仙蛻園。元大德年間(1297～1307)第三十八代天師廣微子張與材曾爲樓觀題額"天下祖庭"之碑並留有題刻等,明初樓觀道士孔潛真還曾"遠詣龍虎山謁四十

① (明)任自垣撰:《敕建大嶽太和山志》卷七,楊立志點校:《明代武當山志二種》,武漢:湖北人民出版社,1999 年,第 134 頁。

② (明)吴道邇纂修:《襄陽府志》卷四一,明萬曆刻本。

③ 王忠信主編:《樓觀臺道教碑石》,第 168 頁。

三代天師，親傳道法”[①]。明代樓觀還闢有專門供正一道士長期焚修居住的宮觀，宗聖宮下院玉華觀“有門殿、方丈，正一道士居之”[②]。

明代樓觀三丰派道士與符籙派道士還保持著密切的往來，如弘治年間侯圓方的第三代弟子終南山説經臺焚修道士胡宗海，曾得“同州郭下法籙弟子郭道開傳經”，同州(今陝西大荔縣)法籙道士郭道開爲胡宗海傳道經，可能也傳過符籙。萬曆以來樓觀出現了不少來自龍虎山的“題籙道士”，萬曆二年(1574)樓觀宗聖宮所立《重修三清殿記》碑陰題名中，就有一位“龍虎山題籙道士鄧南峰”[③]；隆慶六年(1572)《義记[祀]感格記》碑陰的助緣道士中也有“龍虎山題籙道人鄧太元、汪清霄”[④]。可以推測，鄧南峰、鄧太元、汪清霄等龍虎山道士，可能在樓觀進行過傳授正一法籙的活動。這都體現了樓觀三丰派道士可能依然保留著受籙的傳統。

結　語

明代以樓觀爲中心的“樓觀三丰派”，可能是一個以全真爲道統的新道派，以“大宗”自居融匯了各種道法。這個教團在二三百年的歷史中，經歷了創立、發展和衰敗，最終在清初融入了全真龍門派，我們今天僅能通過殘存的碑石和有限的文獻一窺其曾經的輝煌。通過對這一道派的考察和研究，我們能够總結出它所具有的不同於其他全真道派的特點：

第一，“樓觀三丰派”流傳於以樓觀爲中心的終南山地區，並没有爲本道派自我命名，雖然在事實上這一道派已經較早地使用派字譜傳承。

第二，“樓觀三丰派”雖然宗奉全真的道統，但其修煉方法多元，開派祖師侯圓方從南方帶來的清微、靈寶和上清等法統在其後輩弟子中代代傳承。

第三，“樓觀三丰派”尊奉道祖老子和文始真人尹喜，不僅道法上兼容併取，表現了相容併包的“大宗”氣度，其教團中還吸納了全真龍門派、華山派和正一派的道士常住，他們和諧共修，促進了樓觀祖庭道教事業的繁榮。

---

① 吴受琚編著:《寶雞道教碑石記》，第 86 頁。
② (明)王三聘修:《終南仙境志》卷一，第 2～3 頁。
③ 王忠信主編:《樓觀臺道教碑石》，第 170 頁。
④ 《樓觀臺道教碑石》未收碑陰，文字見西北民族大學圖書館所藏拓片。

明代“樓觀三丰派”道士名録表

時代	道士	派字	宮觀	文獻記載	人數
明洪武年間(1368～1398)	馬存善 侯圓方	存、圓	宗聖宮	《終南仙境志》卷一:皇明侯圓方,字子正,本縣集賢鄉南集里人。洪武甲寅歲六月十二日,生而神異,童有夙慧。□性恬静,好儒書,常懷入道之志,父母令禮馬公存善爲師。	2
明永樂乙未至正統丙辰(1415～1436)	侯圓方	圓	重陽宮 玄真觀	明正統十年《重陽宮住持侯圓方重修祖庭碑記》:侯氏,名曰圓方,受業經臺宗聖宮,深悟全真之旨。後以祖庭虚席,興舉乏人,僉議領其事。……永樂乙未,始修陂頭玄真觀;丙申修本宮三清殿;戊戌修祖師殿,易换二架□樑;己亥修靈霄門;辛丑修七真殿;甲辰補葺青龍白虎殿;宣德戊申鼎創道院三間,繼修太上殿;庚戌又補葺三清殿,重修蓬萊門;甲寅修陂頭水磨;正統丙辰,始修理玉皇閣……	1
明宣德八年(1433)	馬存善 侯圓方	存、圓	宗聖宮 重陽宮	明嘉靖七年《古樓觀靈星門記》:大明宣德癸丑本宮住持馬存善、侯圓方、孔潛真三人復於是歲而重修。	2
明正統二年(1437)	侯圓方	圓	重陽宮	明正統二年《孔潛真書“天下祖庭”碑》:大明正統二年歲次丁巳孟夏粤四日,重陽宮住持圓方等上石。	1
明正統十年(1445)	侯圓方	圓	重陽宮	明正統十年鄭達書《〈蘇武慢〉詩刻碑》:予性頗好書,兀恨不能書也,比來知盩厔,閑遇重陽宮,而煉師侯圓方者,乃好古樂道之士也。	1

续表

時代	道士	派字	宮觀	文獻記載	人數
明正統十年(1445)	侯圓方 史襲寧 甯襲成 王襲政 楊襲經 杜襲昭 劉襲風 魏襲玄 卓襲淵 唐襲淳 屈繼伸 史繼清 李繼祖 魏繼文	圓襲繼	宗聖宮 重陽宮 説經臺	明正統十年《重陽宮住持侯圓方重修祖庭碑記》:侯氏,名曰圓方,受業經臺宗聖宮,深悟全真之旨。後以祖庭虚席,興舉乏人,僉議領其事。……正統十年歲次乙丑十一月十又五日……説經臺崇文養素玄學講師孔潛真,門徒史襲寧、甯襲成、王襲政、楊襲經、杜襲昭等立石。……本縣道會杜春山、劉襲風。……本宮道士李尚用、李尚玉、古守能。門徒宗聖宮道士魏襲玄、卓襲淵;説經臺道士唐襲淳、高中厚,門孫屈繼伸、史繼清、李繼祖、魏繼文。太平宮道士田守成。	14
明天順五年(1461)	侯圓方	圓	宗聖宮	《終南仙境志》卷一《寓遊》:天順五年,語諸弟子曰:“吾事畢矣。”於本月初十日昧爽,索香湯沐浴更衣,謁殿展禮……是日,天朗氣清,忽聞香風嚮樹,震雷一鳴,瞑目端坐而化。	1
明弘治五年(1492)	史繼隆 藏繼興 朱宗誠 郝宗一 白宗□ 胡宗□ 張明□ 董道真 金道□	繼、宗、明、道	靈泉觀 □真宮 □慶觀 玄真觀 神樂壇	弘治五年《大重陽萬壽宮水塘並諸處下院事産》:道會司史繼隆,□□□郝宗一、胡宗□、道會司…… 會靈觀道士……成道觀道士……靈泉觀道士張明□,玉虚觀道士……□真宮女冠董道真、□慶觀住持金道□,鄠縣玄真觀道士白宗□……秦府神樂壇道士藏繼興、朱宗誠。弘治五年正月上旬吉日上石。	9

续表

時代	道士	派字	宫觀	文獻記載	人數
明弘治九年(1496)	唐襲淳 邵繼泰 郝宗一 邵宗清 盧宗鼎 武宗勝 司宗錦 宋宗瑭 侯宗道	襲、繼、宗		弘治九年《大明重建會靈觀記》:成化改元,會靈觀住持三洞法師唐襲淳,故欲爲而羽化,門人邵繼泰字微徽者,踵老氏之芳躅,究玄元之妙旨,慨然興役。…… 弘治九年歲次丙辰冬月吉日,會靈觀住持邵繼泰,門徒郝宗一、邵宗清、盧宗鼎、武宗勝、司宗錦、宋宗瑭、侯宗道立石。	9
明弘治九年(1496)	康繼達	繼	遇仙宫	《終南仙境志》卷四《創繼》:國朝弘治九年,道士康繼達募承奉康景德錢數千緡,因啓秦簡王、寥元妃,賜殿宇琉璃瓦眷並白金等物。	1
明弘治年間(1488～1505)	□繼宗 邵繼泰 郝繼常 李繼福 陶繼遠 魏繼整 王繼臣 史繼隆 郝宗一 郝宗進 胡宗海 張明輔 胡明月 趙道欽 陳道司 龍得善 成得正	繼、宗、明、道、得	説經臺 東嶽廟	明弘治刊本《八十一化圖説》書後道士題名:募緣道士:胡宗海,弟子張明輔、胡明月。……東嶽廟住持陳道司,道士龍得善、成得正。……説經臺道士:□繼宗、邵繼泰、郝繼常、李繼福、陶繼遠、魏繼整、王繼臣、郝宗一、郝宗進。 明弘治刊本《太上老君西升化胡經》卷五末道士題名:終南山説經臺焚修弟子胡宗海重〔刊〕。卷六末《重刊太上老君西升化胡經贊》:道在天兮善在人,人能持善見天真。明時恩澤霑遐邇,化出靈章表至仁。道會司道官史繼隆拜贊。宣尼首見謂猶龍,高重天山萬萬重。化跡畢然今日睹,不煩三島覓仙蹤。三洞弟子趙道欽拜贊。	17

续表

時代	道士	派字	宮觀	文獻記載	人數
明正德七年(1512)	康繼達	繼	甘河遇仙宮	甘河遇仙宮明代王重陽石像底座左側刻文:大明正德七年四月十七日造像,施主東嚴村楊榮張氏楊堂造真人像,西嚴村同臣李傑,本宮主持康繼達。	1
明永樂元年至正德十年(1403～1515)	侯圓方 唐襲淳 郝繼常 郝宗進 徐宗禮 馬明昌 郝明佐 馬明貴 張明深 李明本 宋明鍾 王明鶴 王明良 鄒明望 趙道璿 田道迎 郝道彝 嚴道河 劉道寅 郝道仙	圓、襲、繼、宗、明、道	宗聖宮 重陽宮 説經臺 洪妙庵	正德十年《重修洪妙庵記》:大明永樂改元以來,興隆道教,真仙出見。適有圓德樂道法師侯公諱圓方,奇表自正,承敷綸音,同禮部尚書胡,驛馳天下名山洞府,尋訪張三丰仙翁。久而復命將歸,給領道藏經,並護敕住持宗聖、重陽等宮,統理道衆。其徒三洞法師唐襲淳,自正統間住持説經臺□□洪廟庵廢址,欲修而新之,載謀於道衆徒中。克斯任者,郝繼常其人焉。天順間,繼常率衆經之營之……繼常伊徒郝宗進、徐宗禮,徒孫馬明昌等繼志述事……正德十年歲次乙亥冬月吉旦,洪妙庵住持郝宗進、徐宗禮,門徒馬明昌、郝明佐、馬明貴、張明深、李明本、宋明鍾、王明鶴、王明良、鄒明望,徒孫趙道璿、田道迎、郝道彝、嚴道河、劉道寅、郝道仙立石。	20
明正德十一年(1516)	柏繼安 李宗□	繼、宗	宗聖宮	明正德十一年《柏繼安墓碑》:宗聖宮羽化師柏繼安墓,正德十一年二月吉日李宗□立。	2
明嘉靖元年(1522)	高宗□ 張宗學 趙明聚 文明山	宗	宗聖宮下院延生觀	明嘉靖元年《重修古樓觀宗聖宮下院延生觀記》:本宮行法煉師高宗□……二世孫張宗學,徒趙明聚、文明山重修……掌宗聖宮、延生觀、吾老洞、馬召明極觀總協……	4

续表

時代	道士	派字	宫觀	文獻記載	人數
明宣德癸丑至嘉靖七年(1433～1528)	馬存善 侯圓方 馬繼江 趙繼亨 高繼濮 秦繼川 雷繼昇 趙繼熊 李繼威 李繼復 龐宗文 王宗杲 侯明清 武明林 王明□	存、圓……繼、宗、明	宗聖宫	明嘉靖七年《古樓觀靈星門記》:大明宣德癸丑,本宫住持馬存善、侯圓方、孔潛真三人復於是歲而重修焉。……本宫住持馬繼江、趙繼亨、高繼濮、秦繼川、雷繼昇、趙繼熊、李繼威、李繼復;邑庠生張琨書,父田善、師兄龐宗文立。發心重修弟子:□□□、□□□、王宗杲,徒侯明清、武明林、王明□……	15
嘉靖初年	胡宗海	宗	説經臺	《終南仙境志》卷一《創繼》:嘉靖初年,道士胡宗海於洞北鑿一大洞,列神像三級,亦傳爲吕公洞,左右後人續穿五小洞,無常居者,任雲遊全真圜居。	1
明嘉靖三十二年(1553)	龐宗文 張宗信 李宗訪 景明太 仵明宫 王明璋 馬明善 陳明秀 王道印 王道用 劉道欽 田德義 王德全 ……	宗、明、道、德、中	宗聖宫 吾老洞 説經臺 玉華觀 通仙觀 重陽宫	明嘉靖三十二年《重建五祖七真殿宇碑記》:龍飛嘉靖三十二年律中夾鐘之月中旬首日,宗聖宫道士景明太、仵明宫、王明璋,徒王道印、王道用立。 碑陰:宗聖宫住持張宗信等十人、田明重等十九人、高道真等四人,吾老洞住持李宗訪等五人、李明春等九人、沈道能、楊道桂,説經臺住持馬明善等三人、張道一、高道良,玉華觀住持陳明秀,馬明德,通仙觀住持尹明和,徒尹道福。敕賜重陽宫住持楊道□、張中甫,會靈觀住持王明□、劉道欽、田德義、王德全。	70

续表

時代	道士	派字	宮觀	文獻記載	人數
明嘉靖三十二年(1553)	張宗盤 張宗直 張宗信 趙宗表 張宗畾 李宗可 王宗攀 龐宗柔 …… 鄭明紀 景明太 任明緒 沈明玉 沈道能 劉道琴 田德聚 ……	宗、明、道、德	宗聖宮 玉華觀 玄微觀 遇仙觀 通仙觀 重陽宮	明嘉靖三十二年《重建五祖七真殿宇碑記》:大明嘉靖歲次癸丑仲冬月吉日,宗聖宮發心道士景明太、任明緒、沈明玉、陳明望、龐明之、于明朝、高明論、沈道清、沈道□、于道池、高道重、馬道鄉、□道振等立石。 碑陰:本宮化主張宗盤、張宗直、于明謙、閆明義,宗聖宮住持張宗信、趙宗表、張宗畾、李宗可、王宗攀、龐宗柔、龐宗敏、馬宗□、張宗謙、趙宗篤、李宗節、劉宗浩、李宗舟、鄭明紀、□明受、王明章、何明海、劉明永、張明良、劉明□、史明禮、吴明朗、唐明店、沈道能、王道先、唐明冲。 玉華觀住持馬明淵、段道賓。玄微觀住持李明孝、王明邦。遇仙觀住持劉道琴、田德聚。通仙觀住持田明舜、尹道福。……敕賜重陽宮署印道士楊道净。	52
明嘉靖三十三年(1554)	張道一 白道洪	道	説經臺	《終南仙境志》卷一《崇尚》:嘉靖三十三年十月初五日,典寶劉景相傳奉秦王令旨:本府筆帽園羊圈倉糧户張道一、白道洪等,原種官地,夏秋租糧八石三斗二升二合三勺,與説經臺著他收買油蠟,焚修香火,祝延聖壽。承奉司知道,承奉司給帖遵行。	2
明嘉靖三十八年(1559)	張道高 趙道成	道	説經臺	説經臺明代鐵獅子座銘文:本臺發心道士張道高、趙道成,醴泉縣金火匠人强参、强得福、强得粟。嘉靖三十八年。	2

续表

時代	道士	派字	宮觀	文獻記載	人數
明嘉靖四十年(1561)	張道一	道	説經臺	《終南仙境志》卷一《創繼》:"上善池"碑陰鐫康狀元遊山古詩。碑後嘉靖四十年道士張道一募創三官殿左門坊一座,扁今兵部尚書郭宗皋楷書"今古玄宗"四字。	1
明隆慶元年(1567)	李道安	道	説經臺	《終南仙境志》卷一《創繼》:隆慶元年,道士李道安募創救苦殿。	1
明隆慶年間(1567～1572)	康明卿 馮明交 楊道强 李道安	明、道	説經臺	明萬曆三十四年《説經臺創建救苦殿記》:隆慶間,有羽士康明卿、馮明交,目睹斯地,當建設殿宇,以侈終南之觀。遂命徒楊道强、李道安謀成之时……	4
明隆慶五年(1571)	巨明晏 何明海 劉明永 謝道俗 張明福 張道弘 王道先 劉德高	明、道、德	宗聖宫	明隆慶五年《宗聖宫銅章石獸銘》:知宫住持巨明晏、何明海,發心弟子劉明永、謝道俗、張明福、張道弘、劉德高立石。碑陰:本觀住持巨明晏、道衆王道先等。	8
明隆慶六年(1572)	劉宗浩 張宗信 高宗賢 …… 賀道微 陳明壽 郭明鑄 鞏明倉 孫明復 鄭明紀 …… 馬道廷 苗德辛	圓……宗、明、道、德	宗聖宫 道會司 説經臺 玉華觀	明隆慶六年《義記[祀]感格記》:宗聖住持陳明壽、郭明鑄、鞏明倉、孫□復,皆煉師圓方之後……隆慶六年歲次壬申春三月既朔吉日,道會司道官賀道微,信士楊天性、姜滿、姜進朝、竇邦成,住持高宗賢同建。長安卜大慶刻石。 碑陰:西安府各州縣助緣信士:宗聖宫知宫道衆劉宗浩、張宗信、高宗賢、李宗舟、王宗朝、徐宗業,鄭明紀等四十一人,王道凌等三十六人,説經臺住持趙明坤、張道益、苗德辛;玉華觀住持馬明淵、馬道廷。	94

续表

時代	道士	派字	宮觀	文獻記載	人數
明宣德至萬曆（1426～1573）	侯圓方 唐襲淳 張明玉 趙明坤 張道一	圓、襲、明、道	説經臺	《終南仙境志》卷一《創繼》：逮我國朝，本臺殿堂門廊，住持相繼募修，如侯員（圓）方、唐襲淳、張明玉、趙明坤，張道一，以次完葺。	5
明萬曆元年（1573）	張道一	道	説經臺	明萬曆元年《重修吕公洞記》：經臺住持張道一、本洞住持康演雲立石。	1
明萬曆二年（1574）	秦繼川 龐宗文 王宗朝 …… 仵明宫 …… 田道皋 王道用 楊道謐 沈德林 馬德行 苗得辛 鄭中長 王忠勉 辛忠安	繼、宗、明、道、德（得）、中（忠）	宗聖宫 道會司 説經臺 會靈觀 洪妙庵 玉華觀	明萬曆二年《古樓觀宗聖宫重建三清殿記》：嘉靖乙卯地震，三清殿壞，住持仵明宫等圖修復……化主田道皋，住持王宗朝、鞏明倉、陳明受，發心王道用、沈德林、張明朝。昔授華山郝祖道教事雲水道人五陽方演惠書陰，連峰張全安立石。碑陰：本宫弟子秦繼川道會司署印官，龐宗文、馬宗交、郭宗萬、張宗信、劉宗浩、徐宗業、田宗忍、李宗舟、高宗賢、楊道謐、趙宗表、田宗野、龐宗敏、王宗晟、嚴宗□，武明朗、鄭明紀等六十五人，王道成、高道成等七十三人，鄭德遇、□德樂、馬德行等二十一人，鄭中長。説經臺、會靈觀、洪妙庵、玉華觀馬明義、趙明坤、馬明淵、張道一、□道倉等八人，苗得辛、安得祥、張得臣、王忠勉、辛忠安。	201
明萬曆四年（1576）	趙繼亨 趙宗□	繼、宗	吾老洞	明萬曆四年《重建吾老洞殿宇記》：道士趙繼亨、徒趙宗……募於十方，苦行數載，殿院層階，復拓一新……雲遊道人五楊方演惠書，時大明萬曆四年歲次丙子仲冬上旬吉日本洞掌院□□□立。	2

续表

時代	道士	派字	宮觀	文獻記載	人數
明萬曆十二年(1584)	蕭明静	明	東華觀	明萬曆十二年《東華觀修建玉皇閣記》:大明萬曆十二年歲次癸亥冬十月住持蕭明静立。	1
明萬曆三十四年(1606)	張道乾 楊道强 李道春 嚴道安 張德本 …… 楊中鉢 張中忍 魏中滄 張中慶 鄧和德 …… 張常在	道、德、中、和、常	説經臺	明萬曆三十四年《説經臺創建救苦殿記》:隆慶間,有羽士康明卿、馮明交,目睹斯地,當建設殿宇,以侈終南之觀。遂命徒楊道强、李道安謀成之時……萬曆丙午仲春望日,楊道强、李道安、张道乾、嚴道春,徒楊德禮、李德智、張德本、李德福,徒孫楊鉢、楊中長、楊中鉢立。……本臺鄧和德書。 碑陰:本臺弟子劉道全,徒孫德權等八人,張中忍,徒梁和行、馬中純、安中南、安中夏等七人,鄧和德、魏和科、楊和順。本觀徐德山,王中勉、安中穩、金和收、張和佑、魏中滄、張中慶、張常在,吕公洞道人康全學,雪陽宫韓全申、韓真和、陳真巧。	40
明萬曆四十二年(1614)	魏中涣	中(忠)	玄帝廟	明萬曆四十二年《顯靈峰玄帝廟碑》:廟成於萬曆庚戌,碑成於甲寅,創廟者杜友義,羽士中涣,請碑者劉自浴,作碑者趙□,書碑者徐可爲也。……混元羽士焚修香火弟子魏中涣……	1
明朝(1368~1644)	任明鳳 田道興 劉道江 孫道得	明、道	説經臺	説經臺明代香爐銘文:宗聖宫化主道人任明鳳發心鑄爐一座,收緣道人田道興、劉道江、孫道得造。	4

(責任編輯:趙衛東)

明代南京全真道士尹蓬頭考

□賀晏然

摘要:尹蓬頭是明代成化至正德年間活躍在南京的著名道士,其在南京及其周邊的宗教活動顯著地影響著地方宗教文化的發展及晚明南京全真道的教派傳承。但是對其生平的記録紛雜而模糊,影響了學界對作爲歷史人物的尹蓬頭的認識。本文通過梳理尹蓬頭在成化、弘治年間的事迹,以期在充滿奇異色彩的記録中還原尹蓬頭在南都活動的真實情況,並在此基礎上,揭示尹蓬頭在明代南京道教發展中的特殊角色和地位。

關鍵詞:明代　全真道　尹蓬頭　南京

作者簡介:賀晏然,女,1985年生,江蘇南京人。新加坡國立大學博士,曾係香港中文大學道教文化研究中心副研究員,現任東南大學歷史系講師,兼香港中文大學道教文化研究中心榮譽副研究員。研究方向爲明清社會文化史、道教史。

引　言

尹蓬頭是明代成化至正德初年活躍在南京及其周邊的著名道士。嘉靖、萬曆年間,隨著江南文人求仙風氣的興起,文人所著尹蓬頭的傳記開始廣泛地流傳,尹蓬頭的宗教地位由此不斷擡升。顧起元在《客座贅語》中追溯明初高道歷史時,就以尹蓬頭爲南都的代表人物,認爲其事迹真實可信:"入我明,僅傳張邋遢、冷子敬、尹蓬頭三數公,一何寥寂也! 張、冷蹟無可稽,而南都人能歷歷道尹遺事,故論著焉。"①嘉靖、萬曆年間的文士是尹蓬頭事迹的主要記録者,他們對尹蓬頭事迹的記載和仙化,使得尹蓬頭逐漸躋身明初高道的行列。事實上,尹蓬頭在以南都爲中心的江南地區的宗教活動,也長久地影響著地方宗教文化的發展

① (明)顧起元:《客座贅語》卷八,北京:中華書局,1984年,第259~260頁。

及本地全真的教派傳承。但是有關其生平的記録紛雜而模糊,對認識作爲歷史人物的尹蓬頭阻礙重重。

南京朝天宫的明初高道群體在後世的追溯中被打上全真的烙印,惜在明初的記録較爲零散。但到了成化年間,由於南都宗教格局的演變,全真道士在南都道録司所在朝天宫内逐漸形成規模,並在朝天宫内建立了專門的修煉場所全真堂。到了萬曆年間,隨著尹蓬頭全真高道身份的進一步固化,在重建朝天宫全真堂時,禮部祠祭司官員即將尹蓬頭作爲南都全真道繼往開來的重要人物。這一傳統影響了南京從晚明到清初並不繁盛的全真道教發展,尹蓬頭也成爲此後南京某些全真宫觀祭拜和傳承的對象。

學界此前對南京明清道教的研究並不充分,一方面是南京興盛的佛教傳統造成的刻板印象,另一方面也由於道教資料較爲紛雜模糊。通過對尹蓬頭事迹的考察,可以清晰地勾勒出全真道在晚明南京緩慢而艱難的復興過程。雖然目前學界都認爲全真道從明中葉開始在南北都有較爲顯著的復興迹象,但是個案中包含了地域發展的明顯差異。雖然尹蓬頭本身很可能並不具備全真高道的身份,但是其活動爲南京全真道的發展提供了資源,對尹蓬頭全真高道身份形成過程的考察,對於並不發達的明代南都的全真道發展狀况是極爲重要的補充。

一、尹蓬頭生平考

關於尹蓬頭生平最爲重要的傳記是彭輅(1515～?)所撰《尹山人傳》。彭輅於嘉靖二十七年(1548)到嘉靖三十六年(1557)間在南京爲官,在南都任官的經歷讓其充分掌握了尹氏在南都活動的細節。在《尹山人傳》中,彭輅不厭其煩地展示了尹蓬頭高深道法的生動實例。此前的研究顯示,彭輅雖然受到晚明江南文人求仙問道風氣的影響,且與熱衷宗教的文人多有交誼,但是其修道的興趣並不濃厚;對尹山人事迹的記録也未顯示出其修習道法的强烈追求,語言平實質樸,反而使得彭輅的記録更加切實可信。[①]

根據彭輅的記録,尹蓬頭具體的姓名和出生地點在嘉靖晚期湮没不明,但是確知其爲北地人,並且是具有某朝度牒的宗教異士。關於尹蓬頭的出生時間,彭輅記載得較爲模糊,稱其在元世祖忽必烈在位期間(1260～1294)爲南京朝天宫

---

① 參見江巨榮:《〈彭比部集序〉與彭輅其人——湯顯祖佚文拾零》,《復旦大學學報》(社會科學版)2001年第2期。

前身天慶觀道士。[1] 若彭輅的記載無誤，則其出生不會晚於元世祖時期，杭淮在爲錢仁夫致仕所撰組詩中提及其在京師見尹蓬頭，稱其“秦關老人百五十”[2]，與彭輅對尹蓬頭年齡的記載略有出入。從元世祖末期到錢仁夫致仕的正德二年(1507)勉强可算爲150載。[3] 孫繼芳(1483～1541)在《磯園稗史》中記：“尹以正德丁卯、戊辰間，爲標舡商人自南都載至京師，供養東廠，刺事者目爲妖言，逮送刑部。”[4]此時尹蓬頭供述年已百二十歲，則其生年難追溯至元朝，而應在明初洪武年間。尹的卒年在《尹山人傳》中也較爲模糊，彭輅稱其因爲詆斥宦官劉瑾“潛圖不軌”而被徙戍邊，在偶過鐵鶴觀的時候，騎鶴凌空飛去。以劉瑾被楊一清密奏謀反一事的時間觀之[5]，尹蓬頭羽化的時間應在接近正德五年(1510)的正德初年間，此後的相關記録雖未必與劉瑾有關，但多以正德初年爲限。在此過程中，對尹蓬頭諸多神異事迹的記録集中在成化、弘治兩朝，其間涉及的與地方文士的互動均可證實，此一時段的記録相較於明代以前的記録更爲可信。

彭輅的傳記主要涉及三個方面：(1)尹蓬頭在道教法術方面的特異能力，包括辟穀、預言和治療疾病的能力等；(2)尹蓬頭與南都勢要之家及文士的交遊，如魏國公、王守仁等均與其有密切的交流；(3)尹蓬頭深厚的宗教理論修養，在彭輅的筆下，尹蓬頭是貫通三教之理、深精佛道二教經典的宗教師。其中，辟穀術、出陽神、治療疾病等事例在晚明尹蓬頭的傳記中都被反復述説。通過展現宗教異能、結交南都及周邊城市的文人官宦，尹蓬頭在晚明江南宗教界的地位逐步上升，以至到了萬曆年間，尹蓬頭已成爲與周顛、冷謙、張三丰等齊名的國初高道，其傳記中的仙化意味也愈發濃重。

對尹蓬頭事迹的記録在萬曆年間得到進一步發展。首先是對其姓名和籍貫的確認。署爲屠隆(1543～1605)所撰的《尹蓬頭傳》中最早提及“尹繼先”之名，並稱其爲“臨洮人”[6]，這是繼彭輅傳記之後對尹蓬頭最重要的記録。這篇傳記不僅記録了尹蓬頭的身份信息，還將尹的出生時間進一步提前，稱其“目見徽欽北狩時事”，將尹蓬頭的在世時間又前推了100多年。此外，傳記還補充了其在元

① 參見(明)葛寅亮撰，何孝榮點校：《金陵玄觀志》卷一，南京：南京出版社，2011年，第23～25頁。

② (明)杭淮：《雙溪集》卷五，《文淵閣四庫全書》第1266册，上海：上海古籍出版社，1987年，第272頁。

③ 參見《武宗毅皇帝實録》卷二三，臺北：“中央研究院”歷史語言研究所，1967年，第642頁。

④ (明)孫繼芳：《磯園稗史》卷三，《續修四庫全書》第1170册，上海：上海古籍出版社，1995年，第566頁。

⑤ 參見(清)張廷玉等：《明史》卷三四九，北京：中華書局，1974年，第7786～7792頁。

⑥ (明)屠隆：《尹蓬頭傳》，(清)黄宗羲：《明文海》卷四二〇，《文淵閣四庫全書》第1458册，第75頁。

代和明初活動的相關信息，這使得尹蓬頭成化年之前的活動情況更加詳盡。《尹蓬頭傳》所記事例，除關於劉瑾與鐵鶴觀的飛昇過程相似外，其餘事例均與彭輅《尹山人傳》有異。可知正德以後至萬曆年間，所流傳的尹蓬頭故事至少有兩個版本，兩版故事衹有出生與羽化的過程類似，相關事例則差異巨大。①

比《尹蓬頭傳》稍晚，出現了周暉(1546～?)在《金陵瑣事》中所記《尹蓬頭》。《金陵瑣事》成書於萬曆三十八年(1610)，是上元人周暉對本地掌故的記録。周暉稱"尹蓬頭，名從龍，華州人"②，與前述二傳所記又有差異。周傳中稱尹有"宋理宗時度牒"，將此前二傳授予度牒的年代又向前推進。周傳所述分别改寫了彭傳中治療疾病和屠傳中與成國公交往的事例，但描摹更加精細，對傳記中人物對話的記録尤其詳細，使得傳記史料的意味下降而小説的意味上升。周暉的傳記雖然晚出，但是對尹從龍姓名和籍貫的記載影響較大，萬曆以來的縣志若提及尹蓬頭的身份信息，幾乎都采用周暉所記，如萬曆《常州府志》、康熙《杏花村志》、雍正《敕修陝西通志》、乾隆《江寧新志》等。

綜合以上三篇傳記，關於尹蓬頭姓名，有繼先、從龍兩種不同的記載，體現了事迹流傳的多重管道。其出生地有北地、秦關、臨洮、華州、燕人等記録，較早的記録均集中在關陝一帶，其出生關陝應無可疑。尹蓬頭活躍的可信時間大約從成化至正德初年，在南京的活動集中在成化、弘治朝。但其事迹的流傳時間主要在嘉靖中晚期到萬曆之間，稍晚於其活動的時間，正是晚明江南文人求仙問道之風盛行之時③，尹蓬頭所宣導的三教匯通之理，也符合晚明文人宗教思想的發展趨勢。他的傳記出現在明人文集和筆記中，正體現了嘉靖、萬曆年間，江南文士群體對宗教異士的認同。也正是在萬曆年間的傳記中，尹蓬頭傳記的傳奇色彩開始逐漸濃厚，掩蓋了其宗教活動的真實軌迹，而上升爲與明初傳奇仙道並列的人物。

尹蓬頭宗教地位的提升與其在南京期間廣泛的社會活動關係密切。彭輅的傳記提及其與王守仁的交往，根據其所記"王文成公守仁試禮闈，卷落，卒業南雍"，可知二人相交的時間在弘治初年。此外，尹蓬頭與南京的勢要之家如魏國公、成國公或均有交往，魏、成二國公府在晚明均是南京及其周邊道教活動的重

① 另可參見(明)王同軌：《耳談類增》卷二四，《續修四庫全書》第1268册，第146頁。

② (明)周暉：《金陵瑣事》卷四，南京：南京出版社，2007年，第139～140頁。

③ 張藝曦：《飛昇出世的期待——明中晚期士人與龍沙讖》，《新史學》2011年第1期。

要資助者[①]，以尹蓬頭在南都的時間來看，其交往者很可能是魏國公徐俌父子與成國公朱儀[②]，而非某些記録所舉萬曆二十三年（1595）襲爵的徐弘基（1595～1645）[③]。除此之外，有關尹蓬頭交遊關係記載最多的是其與彭傑的交往。彭傑，字景俊，吉水瀧江人，弘治三年（1490）進士。羅洪先（1504～1564）在《湖廣左布政使彭先生傑墓志銘》中記道："往在南京，仙人尹蓬頭常來乞食，每假宿，戲語他'貴人邀之即不去'。"[④]彭傑在南京任職的時間始於弘治五年（1492），授南京刑部浙江司主事，與尹蓬頭相交的時間應亦在此前後，與前述尹蓬頭和王守仁交往的時間相似。羅洪先此後還爲彭傑《水厓集》作序，再次詳述了其與尹蓬頭交往的細節："弘治間，京師多傳尹蓬頭。尹善絶粒，每食輒又數升，不畏寒暑，或雜乞丐宿閭閻下。人無異者，而士大夫争邀致之，不去。顧時時假館於水厓彭公。公是時爲南京刑部。尹來必索食，食已，相對危坐，間出幻術相調，復試以隱語。"[⑤]羅洪先此文雖是贊揚彭傑並不以追隨尹蓬頭修仙自詡[⑥]，但也側面展現了弘治初年南京士大夫争相與尹蓬頭交往的景况。另一與尹蓬頭關係密切者爲張復（1403～1490），字復陽，號南山道人，浙江平湖人，後爲道士。[⑦] 李日華（1565～1635）《六研齋筆記》載其"止金陵朝天宫，與尹蓬頭爲侶。深譚極論，亹亹不休。旁人不解也"[⑧]。按照李日華的記録，張復後在餘杭洞簫宫居住 20 年之久，故其與尹蓬頭相交的時間可能最晚落於成化初年。這與彭輅所記尹蓬頭"成化間，遊南都"的記載一致，也是尹蓬頭交際圈中有名可查的最早人物記録。

綜上所述，尹蓬頭是明代成化至正德初年活躍於南京及其周邊的宗教異士。正德以後，亦出現有關尹蓬頭活動的記録，但均不可信。[⑨] 而明代以前的記録較爲紛雜，對其出生年月的記録從宋代到明初均有，姑且存疑。但是尹蓬頭事迹中

---

① 王崗：《明代江南士紳精英與茅山全真道的興起》，（元）劉大彬編撰，（明）江永年增補，王崗點校：《茅山志》下册附録二，上海：上海古籍出版社，2016 年，第 574～665 頁。

② 也有可能是徐俌子徐鵬舉，徐鵬舉曾積極參與茅山的道教活動。尹蓬頭也可能衹是曾居滕西江家，即後之魏國園。參見（明）王同軌：《耳談類增》卷二四，第 146 頁。

③ （清）莫祥芝、甘紹盤修，汪士鐸等纂：《上江兩縣志》卷二六，《中國方志叢書》華中地方第 41 號，臺北：成文出版社，1970 年，第 638 頁。

④ （明）焦竑：《國朝獻徵録》卷八八，《四庫全書存目叢書・史部》第 105 册，臺南：莊嚴文化事業有限公司，1996 年，第 8～10 頁。

⑤ 徐儒宗編校整理：《羅洪先集》卷十一，南京：鳳凰出版社，2007 年，第 485 頁。

⑥ 朱越利：《讀明代筆記小説及詩文中的吕洞賓資料》，《第三届中國（成都）道教文化節道教文化與當代世界國際學術研討會論文集》，成都，2010 年 9 月，第 28～39 頁。

⑦ 沈歆：《明代畫壇二張復考辨》，《南京藝術學院學報》2009 年第 1 期。

⑧ （明）李日華：《六研齋筆記》卷二，《文淵閣四庫全書》第 867 册，第 509～510 頁。

⑨ 如（明）徐應秋：《玉芝堂談薈》卷四，《文淵閣四庫全書》第 883 册，第 87 頁。

的傳奇色彩正是其吸引晚明文人反復記録的原因之一,明代嘉靖年間開始大興的江南文人求仙問道的風氣,爲尹蓬頭事迹的流傳創造了條件。同時,尹蓬頭與成化、弘治年間南都文人的交往,也爲其生平的真實性背書,尹蓬頭的事迹由此達到了晚明文人書寫仙傳信實與奇幻相結合的創作要求。

二、尹蓬頭的道教源流

作爲影響南都道教文化發展的重要人物,尹蓬頭的宗教思想來源尤爲重要。尹蓬頭的傳記均記録其擁有宋代或元代度牒,彭輅的傳記稱:"其度牒,綴之羊皮,久而尚存。"[①]但對於度牒的性質並未明言,衹能從其前所述"元世祖時,爲天慶觀道士"[②]推測,所持應爲道牒。但是稍後的記録顯示出不同的傾向,如屠隆的傳記便稱"至元,得禮部度牒爲僧"[③]。在彭輅對尹蓬頭道教思想的記載中,確實也體現出尹蓬頭深厚的佛學修養。尹在與張野毛辯論道法時稱:"尹張目朗音,爲抽廣成、壺丘延曆度紀樞奥,稍論叙柱下五千文,暨内典《華嚴》《楞伽》《姬易》、艮卦彖爻,三教渾合之旨,翩翻千百言,衆驚異悚聽,皆俗耳所未聞。於是始知山人之辯慧不群,邃於玄學也。"[④]這段描述展現出尹蓬頭對佛道二教經典的熟識,顯示了其在教理方面的深厚造詣。此外,通過王士禛(1634～1711)《香祖筆記》而廣爲流傳的"卧雪老僧"的故事也暗示了尹蓬頭可能具有的佛教家族背景。[⑤]對尹蓬頭兼通佛教的記録與晚明文人對三教匯通的思想要求相一致,爲尹作傳的屠隆即是晚明兼通三教的代表人物,他一度所處的以王世貞爲中心的江南文士圈,即是通過個人的宗教實踐,將"三教合一"思想融入佛道修煉的具體過程中的。因此,縱使尹蓬頭所持度牒爲道牒,但是從諸多傳記的細節中可以窺知其對佛教教義的諳熟,正是晚明江南文士宗教風氣的曲折展現。

不僅尹蓬頭度牒的性質不明,其師承也較爲隱晦。其來南都之前的事迹在彭輅以後的傳記中亦曾出現,其中透露出尹蓬頭學道的早期經歷。屠傳中對尹蓬頭抵達南都之前周遊軌迹有所記録:"至元,得禮部度牒爲僧,遇異人授以接命之術。元末,常乘黑驢遊燕雲間,接命于真定,遇群盗奪其驢,刀傷其身首,遂入

---

① (明)葛寅亮撰,何孝榮點校:《金陵玄觀志》卷一,第 24 頁。
② (明)葛寅亮撰,何孝榮點校:《金陵玄觀志》卷一,第 24 頁。
③ (明)屠隆:《尹蓬頭傳》,《明文海》卷四二〇,第 75 頁。
④ (明)葛寅亮撰,何孝榮點校:《金陵玄觀志》卷一,第 24～25 頁。
⑤ 參見(清)王士禛:《香祖筆記》卷一,《文淵閣四庫全書》第 870 册,第 386 頁。

滇南山中避亂。景泰中，時往來荆襄陝洛間。成化末，過江西，有宗室叩其術，不答。"[①]這些記載雖是爲了證明其自宋以來的活動軌迹，但也隱晦地反映了尹蓬頭修道的歷程很可能並非以寺觀爲中心，而受到民間道教的多重影響。崇禎《吴縣志》中有一段他與蘇州知府林世遠的問答，将自我師承描述爲無所學："知府林世遠聞而召之，問其師授，但云吾宋人也，無所學，偶遊行於此，無預人。已竟去，人又有見之天台山中。"[②]林世遠是在弘治末年擔任蘇州知府，與尹蓬頭在江南的活動時間相同，這則自述或較可信。

在道術上，尹蓬頭傾向於晚明流行的内外丹道兼修。杭淮曾親見尹蓬頭，作詩稱其"秘訣丹砂非浪傳"[③]，稱贊尹蓬頭在内外丹道方面都有一定的造詣，其功法能達到祛病延年的功效。在彭輅的傳記中，最爲詳盡的例子就是尹蓬頭爲南都一貴人子療疾之事，這一療疾的記録此後被多則尹蓬頭傳記反復改寫。尹蓬頭療疾所用的方法是："令置兩榻相附，昏夜，縛少年之足於尹足，連屬數重。尹鼓氣運轉，喉嗨嗨有聲。氣達湧泉，貫少年足，大熱，遍體流汗如雨注，臭穢畢泄。詰朝，解其縛，而少年蘇蘇有生色。"[④]這種治療的方式和道教氣功有諸多相似之處，甚至到清代還有關於尹蓬頭煉氣術的記録，如光緒《湘潭縣志》記："陳本木，字小心，幼不茹葷酒，年十七持齋戒，聞明方士尹蓬頭周天鍊氣術，行之而效。"[⑤]可知具有延年益壽之力的内丹功法是尹蓬頭道術傳承的重點。

在道術的基礎上，對尹蓬頭異行的記載則顯示了晚明文人對辟穀、出陽神等宗教異行的興趣。尹蓬頭的數篇傳記中均有對辟穀術的記録，如彭輅即言："尹得邸寓，輒閉關卧，多者踰月，少選亦五六日而後起。居常不飯，人饋之食亦不辭。"[⑥]辟穀術在晚明文人間流行一時，王世貞、徐渭等均曾嘗試，但修習較難，尹蓬頭能踐行逾月，可見其神異。出陽神是成就丹道的標誌，一般認爲已達到煉神還虚的階段。尹蓬頭在魏國府時即可在夢中往返姑蘇洞庭山，實際上正是出陽神之術。周暉在《金陵瑣事》中更是直言，尹蓬頭"能出陽神，分身數處赴齋"[⑦]。這些記録雖不能顯示尹蓬頭道教思想的來源，却符合晚明文士對宗教異士的想

---

① （明）屠隆：《尹蓬頭傳》，《明文海》卷四二〇，第 75 頁。

② （明）牛若麟等：《吴縣志》卷五四，《天一閣藏明代方志選刊續編》第 19 册，上海：上海書店，1990 年，第 696～697 頁。

③ （明）杭淮：《雙溪集》卷五，《文淵閣四庫全書》第 1266 册，第 272 頁。

④ （明）葛寅亮撰，何孝榮點校：《金陵玄觀志》卷一，第 24 頁。

⑤ （清）陳嘉榆、王闓運修纂：《湘潭縣志》卷八之五，長沙：嶽麓書社，2010 年，第 364 頁。

⑥ （明）葛寅亮撰，何孝榮點校：《金陵玄觀志》卷一，第 24 頁。

⑦ （明）周暉：《金陵瑣事》卷四，第 139 頁。

像,有助於其事迹的傳播。

雖然尹蓬頭的事迹在晚明傳唱不衰,但是衆人對其留下的著述評價不高。伍守陽(1574～1644)所撰《仙佛合宗語録》稱:"引語曰:古今來學道,必仙道大明,從仙師降授而得者,而後可以説仙話、垂仙教。不然,妄言之,罪莫大焉。若不明宗旨,唯蹈襲古人幾句糟粕舊説,惑世坑人者,元太虛陽葆真之作《直議真詮》,尹蓬頭之作《萬神圭丹》等書是也。他如盧丹亭之作《廣胎息經》,最邪妄、最淫惡,詐託旌陽爲説。"[①]可見其認爲尹蓬頭著述失却宗旨,無非是對前人舊説的抄襲,並不能闡明大道。王世貞(1526～1590)《讀書後》曾將尹蓬頭道法與李道純(1219～1296)《中和集》相比較,認爲尹蓬頭所傳無非雕蟲小技,難登大雅之堂,但是對維持身體的健康有稍許益處:"吾所聞如尹蓬頭、赤度子,所見如閻蓬頭、劉大瓢輩,遠者至數百歲,邇者亦自强力,飲噉兼人。傍門小道,行之久久亦自有益,第不能出世耳。"[②]王世貞是晚明江南最爲知名的文人之一,在文壇享有極高的地位,同時對佛道二教所研極深,並曾親自追隨曇陽子等宗教師修煉。文中提及的閻蓬頭與劉大瓢,均曾客於其家。王世貞與尹蓬頭的活動時間相去較近,他對尹蓬頭道法的評點可能代表了江南文士對尹蓬頭所傳的普遍看法。《萬神圭丹》其書目前已難以考察,按照王世貞等的記載,很可能是摘録前人道教著作而成的養生類書籍。有少數研究認爲託爲尹真人高弟子所著的《性命雙修萬神圭旨》有可能與尹蓬頭有關[③],但是以王世貞與伍守陽二人對尹蓬頭著述的消極態度觀之,尹蓬頭留下影響力巨大的著作的可能性較小。

綜上所述,由於尹蓬頭所學不明,對其道術的記載也較爲紛雜,其道教源流在其在世期間其實並不明確。總體而言,對尹蓬頭道術的記載集中於晚明文人士子較爲熱衷的祛病延年之術,而對於明代正一道官較爲精通的祈雨、驅疫等則未見記載。王同軌(1535～1615?)[④]《耳談類增》曾補叙尹蓬頭住朝天宫時逸事,"道衆方作醮事,忘進齋啖尹,尹怒"[⑤]。由此可以明顯看出,尹雖居住於朝天宫内,但其與朝天宫承擔齋醮任務的正一道士之間有所區隔。不過,這並不能證明

① (明)伍守陽:《仙佛合宗語録》卷六,(清)閻永和等:《重刊道藏輯要》畢集三,香港中文大學藏清刊本,1906年,第31頁。

② (明)王世貞:《弇州山人續稿》卷一五九,《文淵閣四庫全書》第1284册,第304頁。

③ 參見傅鳳英:《淺論〈性命圭旨〉的作者和成書年代》,《宗教與民族》第3輯,北京:宗教文化出版社,2004年,第305～315頁。關於《性命圭旨》作者的另一種説法,參見束景南、雷鳴:《〈性命圭旨〉作者"尹真人"考》,《文史》2011年第1輯。

④ 參見陳剛:《王同軌生平著述考》,《中國文學研究》,上海:復旦大學出版社,2016年,第88～99頁。

⑤ (明)王同軌:《耳談類增》卷二四,第146頁。

尹蓬頭本具有全真道士的身份，其全真道士身份的確立實際上與此後明代全真道士在南京朝天宫内的活動密切相關，本文的下一節將詳細討論。

三、尹蓬頭與晚明南京全真道的發展

尹蓬頭在南都活動期間，除了居住在信徒家中，主要居住的宫觀即南都道録司所在朝天宫。尹蓬頭住朝天宫時，是龍虎山高道及其弟子向北京遷移後的階段，官道以外的道教勢力由此得到了更多的發展空間。較爲顯著的一個例證即朝天宫全真堂的建立。成化七年(1471)至成化十二年(1476)，南京朝天宫進行了大規模的復建。商輅(1414～1486)《奉敕重建朝天宫碑》言："成化庚寅，禮部尚書鄒幹等奏舉道録司右玄義李靖觀領劄住持，圖惟興建。靖觀等奉行惟謹，因以本宫所積齋糧，并歲收蘆場諸物，變易錢貨，市材鳩工。擇明年辛卯閏九月吉日，告神蕆事，而具以實聞。上命南京工部出給黑緑琉璃磚瓦三十餘萬，及木植等料，差撥軍夫、工匠，協助斯役。"[①]在這次修繕活動中，建立了朝天宫全真道士獨立的修煉場所全真堂："山後，全真堂。"[②]正如前文所述，尹蓬頭在南京朝天宫活動期間，與朝天宫負責國家道教儀式的正一道士之間有所區隔，這種身份上的隔離爲後來其全真身份的取得打下了基礎。尹蓬頭生活的地方很有可能就在朝天宫後山的全真堂，與《耳談類增》提及的住所"後園"相一致。

隨著尹蓬頭事迹在南都社會的進一步流傳，在萬曆年間的文人傳記中，尹蓬頭已經可以與明初的朝天宫高道相提並論。如前述顧起元《客座贅語》便將尹蓬頭列爲張邋遢、冷子敬之後最爲重要的南都仙者，這是對尹蓬頭宗教地位的推崇。而萬曆三十五年(1607)前後復建南京朝天宫全真堂的禮部祠祭司官員葛寅亮(1570～1646)，在爲重建後的全真堂所作的《朝天宫重建全真堂記》中，也將尹蓬頭作爲明初高道的代表："然考之國初，聖祖膺圖，一時周顛仙、冷協律、張三丰、尹蓬頭皆以霞綃雲珮之姿，從駕臨陣，浮波立浪，測角占風，徵奇刻應。"[③]在葛寅亮的追溯中，尹蓬頭不僅代表了朝天宫的全真傳統，還以帝王徵召的姿態出現，是受到官方承認的全真高道。在朝天宫全真堂建設的過程中，葛寅亮不僅主

---

① (明)葛寅亮撰，何孝榮點校：《金陵玄觀志》卷一，第15頁。
② (明)葛寅亮撰，何孝榮點校：《金陵玄觀志》卷一，第16頁。
③ (明)葛寅亮撰，何孝榮點校：《金陵玄觀志》卷一，第17頁。

持了全部建築的重修,還專門撥朝天宫宫産給全真堂道士,以確保其可以專心從事道教修煉。在記文中,他感喟"是堂也,即未稔有繼尹而起者"[①],既承認了尹蓬頭曾住坐全真堂,又將其推爲全真堂承上啓下的關鍵人物。葛寅亮對主持新修全真堂的全真道士趙教常寄予厚望,稱:"姑無論教常能尹也,謂教常而非清净之業也耶?"[②]即希望趙教常能重興尹蓬頭當日繁盛的景象,即使不能做到,也要在個人修煉上做到"無愧兹堂"。

葛寅亮重建的全真堂不久之後即因爲經濟等狀况搬離朝天宫,於崇禎初年遷移到數里之外的清凉山虎踞關附近,重建後的全真堂稱全真鉢堂或全真道院。當時住在清凉山的文人卓發之應全真鉢堂道士之邀,爲全真鉢堂撰寫了《鉢堂修街募疏》與《全真道院募田疏》,其中記録了朝天宫全真堂搬遷的過程:"(全真堂)向在治城,今移創虎踞關畔,雖尚在都城,而仿佛洲島,平巒曲阜綿亘十餘里。"[③]在新建的全真鉢堂中,尹蓬頭不僅成爲道法追溯的對象,還與明初高道一起成爲全真道士祭拜的對象:"白錬師募田以供玄侣,而祠周顛仙以下五仙以爲主盟,此不獨衆真之旅泊,抑亦大覺之初機也。"[④]根據卓發之的記載可知,全真鉢堂由白雲煉師住持,有來自各地的全真道士住觀。全真鉢堂内有祠一座,爲全真堂的中心,内祀周顛仙以下五仙,應即《募田疏》中所列張玄玄、冷協律、尹臨洮、張鐵冠[⑤],尹蓬頭亦赫然在列。全真鉢堂傳統與明初帶有傳奇色彩的高道進行了對接,通過對明初高道的祭祀與崇拜,建立了帶有南都政治特色的新出的全真傳統,並隨著朝天宫全真堂的搬遷,被本地全真道士持續地保存了下來。

此全真鉢堂,很可能是明末清初南京重要的全真宫觀隱仙庵的前身或一部分。《石城山志》載:"(隱仙庵)旁爲明卓忠貞公敬祠,建文時殉節者也。其裔孫發之,建祴園於祠中,今不知所在矣。"[⑥]正與卓發之《全真道院募田疏》所載其住所祴園在全真堂側相一致。陳銘珪(1824～1881)《長春道教源流》對隱仙觀和全真道士的關係有所記録:"王常月,字崑陽,嘗恢復江寧虎踞關之隱仙菴。菴爲嘉

① (明)葛寅亮撰,何孝榮點校:《金陵玄觀志》卷一,第18頁。

② (明)葛寅亮撰,何孝榮點校:《金陵玄觀志》卷一,第18頁。

③ (明)卓發之:《漉籬集》卷十四,《四庫禁毁書叢刊・集部》第107册,北京:北京出版社,2000年,第542頁。

④ (明)卓發之:《漉籬集》卷十四,《四庫禁毁書叢刊・集部》第107册,第546頁。

⑤ (明)卓發之:《漉籬集》卷十四,《四庫禁毁書叢刊・集部》第107册,第545～546頁。

⑥ 陳詒紱:《石城山志》,《金陵瑣志九種》下册,南京:南京出版社,2011年,第385頁。

靖五年嶗山道人高玄禮結草，名竹林道院，崇禎三年易今名。崑陽有道行，曾寓京都白雲觀，後化於菴中，李皋爲之銘。"[①]竹林道院聲名不振，記載難尋。但是隱仙庵在崇禎初年的宗教傳統顯然不是來自嶗山，而與南京朝天宫全真堂所傳本地自明初以來的全真道教傳統關係密切。至於先有隱仙庵之名，還是先有全真堂的重建，由於資料不足尚難以判斷，但由卓發之的兩篇疏文看來，書寫疏文之時並未提及隱仙庵之名。《長春道教源流》中提及的王常月（1522～1680），一般被認爲是全真龍門派復興的關鍵人物，其選擇南京隱仙庵作爲復興道法的宫觀，與隱仙庵本身具有的全真道傳統恐怕也有關聯。清代對隱仙庵的記録中常出現"明時冷鐵脚、尹蓬頭嘗遊此庵"[②]之語，清初文人關於隱仙庵的詩文中也曾出現對尹蓬頭等的追述[③]。這類記述顯然是對隱仙庵祭祀傳統的附會，將全真堂所祀明初道士作爲曾訪道觀的真實人物，實際上隱仙庵創建的時段不會早於明末，已經大大晚於尹蓬頭等活動的時間。

全真堂，或稱隱仙庵，不僅在王常月時期成爲全真龍門派復興的基地之一，還是南京全真道統傳續的重要宫觀。繼白雲煉師之後，有全真道士陳六虚等在全真鉢堂修煉，並於不久之後在全真鉢堂左近建立了叢霄道院，叢霄道院此後發展爲清代南京較爲重要的全真道觀之一。乾隆《江寧新志》引康熙年間龔翰的記録稱："大同老師與王璞安遊，多談數百年上下事。所與遊有錢先生者，師曰即靖難時程濟也。金陵虎踞關山中有全真鉢堂，全真陳六虚栖焉。錢先生與六虚居數月而去，人不知也，以龍沙志授六虚，命於錦衣倉中建叢霄道院，指示地形，而道士萬餐雲募建，遂成道場。"[④]根據志文的描述，叢霄道院是在錢先生程濟的授意下，由全真道士陳六虚與萬餐雲所建。叢霄道院的建立很可能晚至清初，但是

---

① （清）陳銘珪：《長春道教源流》卷七，《續修四庫全書》第1295册，第459頁。

② （清）朱緒曾：《國朝金陵詩徵》卷四八，應慶義塾大學藏清光緒十三年(1887)刊本，第2頁。

③ （清）陳文述：《頤道堂詩選》卷十六，《續修四庫全書》第1505册，第101頁。關於清代隱仙庵詩文研究，參見尹志華：《清代文人與南京隱仙庵》，趙衛東主編：《全真道研究》第六輯，濟南：齊魯書社，2017年，第69～82頁。Minica曾撰文以王常月爲嶗山高玄禮之後，這種推測可能簡化了隱仙庵從明嘉靖到清康熙之間複雜的全真道士來源，但文章對了解明清全真在江南一帶的發展啓示良多。Monica Esposito, "The Longmen School and Its Controversial History during the Qing Dynasty", *Religion and Chinese Society, Volume II: Taoism and Local Religion in Modern China*, ed. by John Lagerwey, Hong Kong: Hong Kong Chinese University Press & Paris: EFEO, 2004.

④ （清）袁枚：《江寧新志》卷二四，《稀見中國地方志彙刊》第11册，北京：中國書店，1992年，第368頁。

其道士和道法的傳統受到全真堂的影響應是無疑。同治《上江兩縣志》以全真堂、叢霄道院爲南京全真道的代表宫觀應即是基於此。[①]

綜上所述,尹蓬頭的全真身份是隨著其本身宗教地位的上升與朝天宫全真堂的發展而逐漸獲得的。尹蓬頭在南都活動期間,很可能就居住在新建的朝天宫全真堂。此後,隨著全真堂的不斷復建和遷移,尹蓬頭與全真堂的關聯被全真道士乃至朝廷官員强化並固定下來。在崇禎年間的全真鉢堂中,尹蓬頭甚至成爲鉢堂祭祀和崇拜的對象,尹蓬頭與其具體的歷史活動脱離開,成爲抽象的明初全真高道的代表人物。隨著全真宫觀的持續發展,這種全真身份也進一步滲透到對尹蓬頭事迹的重構中。

結　語

通過對尹蓬頭生平的梳理和道教源流的考察,作爲道教歷史人物的尹蓬頭逐漸浮出水面。一方面,從尹蓬頭的學道經歷和道法上看,其並没有明顯的全真色彩,但是通過對其與南都文士、官宦的結交和對療疾等宗教異行的展現,尹蓬頭的事迹逐漸爲晚明文人所關注,並在嘉靖以來的文人傳記中奠定了高道的身份,成爲明代南都繼明初傳奇高道以來最爲重要的仙道人物,這種與明初高道的接續爲尹蓬頭全真身份的取得提供了基礎。另一方面,尹蓬頭"全真"身份的取得與南京官方道觀朝天宫的政治背景相關聯。他作爲與朝天宫正一道士群體相對獨立的全真道士,始終居於朝天宫後山的全真堂中,全真堂的位置和規模都説明其在朝天宫的活動備受冷落。萬曆年間,雖然得到禮部祠祭司官員的支持而得以恢復,但是不久之後,全真堂就徹底搬離朝天宫。跟隨全真堂搬遷的,還有以尹蓬頭爲代表的宗教傳統,尹蓬頭等非正一派的明初道士成爲南京朝天宫全真道士追溯自身宗教傳統、建立身份認同的重要載體。尹蓬頭的全真身份由此進一步確立,並成爲南京全真道今後教派發展的重要思想資源。

從尹蓬頭的例子可見,全真傳統的建立和全真道士的生存在明代南京都經

① (清)莫祥芝、甘紹盤修,汪士鐸等纂:《上江兩縣志》卷二六,《中國方志叢書》華中地方第41號,第638頁。

歷了長期的艱難的過程。作爲南方政治權力最爲濃厚的地區，南京朝天宫的道教勢力明顯地呈現出以正一統合全真的姿態。但是在如此艱難的狀況下，萬曆年間趙教常等全真道士依然堅持清苦、純粹的修煉生活，葛寅亮《朝天宫重建全真堂記》載："近有趙教常其人，實先斯堂三年，結茆閒地，四面甃壁，止開隙牖通飲食。客至，稍稍問，答無多語，藉非心無所持。即飲食，亦且爲四體病，其何能枯坐且三年哉？"[①]所記正體現出晚明全真道士的身份認同不僅體現在名稱上，而且體現在具體的修煉方式和精神追求中。

（本文爲東南大學"中央高校基本科研業務費專項資金資助"的部分研究成果）

（責任編輯：秦國帥）

① （明）葛寅亮撰，何孝榮點校：《金陵玄觀志》卷一，第 18 頁。

論道教女丹在明清時期的發展

□耿瓊珂

摘要：道教内丹是以人體爲爐鼎，精氣神爲藥物，在體内凝結成丹。道教女丹也是基於此原則，根據女性生理結構和心理特徵給予相應的修行指導。明清時期是道教女丹發展的興盛期，興盛的表現在於女丹經的大量出現和修習道教女丹的女性增多，此外，明清時期的一些文學作品和民間寶卷等也有女丹的相關記載；興盛的主要原因則是内丹在此時成爲道教煉養的主要方式，此一時期出版業的發展也使女丹經得以在社會上流通，促進了女丹思想的廣泛傳播，女性本身也有對於煉養女丹的需求。明清時期道教女丹的煉養特點，表現在道教女丹對女性倫理道德的要求、借用佛教煉養思想來説明女丹功法以及對西王母、孫不二等女性神仙的崇拜。

關鍵詞：道教女丹　道教内丹　女性煉養　兩性平等

作者簡介：耿瓊珂，女，1994 年生，河南太康人，四川大學道教與宗教文化研究所 2017 級博士研究生，主要從事道教研究。

道教女丹是道教内丹的重要内容之一，伴隨著道教内丹的發展，其也有獨特的演變歷程。目前學界對道教女丹的研究多側重於對女丹功法的研究以及與女丹相關的人物思想的探討，如胡碧玲在《簡論女丹修煉的特殊機理》一文中，從傳統中醫學的有關原理闡釋了女丹修煉程式及“斬赤龍”的特殊機理和意義。[①] 吴大振的《陳攖寧的女丹修仙思想初探》一文，簡述了陳攖寧對女性的修仙方法與女丹派别、女子修仙各年齡階段差别的看法。[②] 對明清時期的道教女丹，學界也多有涉及，如白蘭静的碩士學位論文《明清時期道教女丹學研究》在“明清時期道教女丹學的發展”一章中指出，這一時期道教女丹學的主要特徵爲三教合一和世

① 胡碧玲：《簡論女丹修煉的特殊機理》，《遼寧醫學院學報》（社會科學版）2007 年第 2 期。

② 吴大振：《陳攖寧的女丹修仙思想初探》，《湖南科技學院學報》2006 年第 4 期。

俗化。[①] 陸麗麗的碩士學位論文《清代女丹研究》,對清代出現的幾種女丹經進行了對比。[②] 吕燁在《醫療與修德:早期女丹文本的兩種面向》一文中,從女丹傳承譜系的視角,探討了明清時期女丹文本興起的原因及其傳播方式,以及明清時期扶鸞文本、婦科醫學、提倡婦德等對女丹文本的影響。[③] 賴慧玲在《〈男女丹工異同辨〉之丹法觀念論析》一文中,對道教女丹經《男女丹工異同辨》進行了詳細的考察,對其中的實修原理、男女先天體質的差别、處階功夫異同及功成之徵驗、進階功夫及成功之徵驗作了細緻探討,還對該丹經中的矛盾之處以及女修态度的問題有所論述。[④] 蕭登福在《女丹溯源——兼論清代女丹修煉法門的興起》一文中認爲,唐代内丹相關文獻中已有因兩性生理不同而修煉方法各異的記載,女丹應肇始於此時期,並對清代中葉女丹道書及其修煉法門、託名孫不二的女丹道書等進行了細緻的探討,還對清代内丹學著作的編輯和當代學人對女丹的研究現狀作了梳理。[⑤] 國外學者如 Elena Valussi 在其"Blood, Tigers, Dragons: The Physiology of Transcendence for Women"一文中,比較了中醫與道教女丹對女性身體持有的不同觀點,指出二者對女性身體描述的方式大致相似,但其所達到的目的却有明顯的差異:醫學是讓女性身體健康、生育子嗣等,而道教女丹則是通過逆轉女性生理的自然過程來實現其宗教目的——與道合真。[⑥] 作者在"Men and Women in He Longxiang's Nüdanhebian"一文中,對《女丹合編》的編撰歷史、内容以及序言等進行了詳細的介紹,對當時社會關於宗教和文化領域中不斷變化的性别觀念給予了一定程度的揭示,並認爲賀龍驤編撰《女丹合編》作爲標誌性的歷史事件,是女丹歷史上的一個里程碑,不同於之前内丹不分性别的修煉原則,《女丹合編》以更加明確的方式定義了傳統女丹。[⑦] Catherine Despeux 和 Livia Kohn 在 *Women in Daoism* 一書中,從傳統醫學的觀點出發,對在丹道煉養中兩性練功所要關注的生理不同之處進行了比較分析,並且對斬赤龍、結聖胎、

① 白蘭静:《明清時期道教女丹學研究》,碩士學位論文,四川社會科學院,2010 年,第 16～17 頁。

② 陸麗麗:《清代女丹研究》,碩士學位論文,浙江大學,2014 年。

③ 吕燁:《醫療與修德:早期女丹文本的兩種面向》,趙衛東主編:《全真道研究》第五輯,濟南:齊魯書社,2016 年,第 59～81 頁。

④ 賴慧玲:《〈男女丹工異同辨〉之丹法觀念論析》,陳偉强主編:《道教修煉與科儀的文學體驗》,南京:鳳凰出版社,2018 年,第 626～652 頁。

⑤ 蕭登福:《女丹溯源——兼論清代女丹修煉法門的興起》,詹石窗主編:《老子學刊》2019 年第 2 期。

⑥ Elena Valussi, "Blood, Tigers, Dragons: The Physiology of Transcendence for Women", *Asian Medicine* 4(2009), pp. 46-85.

⑦ Elena Valussi, "Men and Women in He Longxiang's Nüdanhebian", *Nan Nü* 10(2008), pp. 242-278.

出陽神等女丹功法有詳細的闡述。[①]

可以看到,目前有關道教女丹的研究成果較爲豐富,學界從多種研究視角出發,對道教女丹功法、道教女丹文本、道教女丹與醫療的關係等進行了細緻論述。但是將道教女丹放置在明清的歷史背景下,全面審視其在此一時期的歷史發展的研究則較少。以下筆者試對其進行分析,以期明晰道教女丹在明清時期的發展軌迹。

一、明清時期道教女丹興盛的具体表現

(一)道教女丹經的大量出現

明清時期道教女丹經的來源可分爲以下幾種:第一,道教内丹煉養家著作中涉及的女性内丹修習方法。如劉一明在《道書十二種》中談及"女丹法";劉明瑞《道源精微歌·女真修》一文載有調理女性月經不調的方劑、女性在不同年齡階段所習的女丹功法,並在文末附有"太陰煉形歌";汪東亭《道統大成》中載有"坤道丹訣"。第二,女丹結集。如賀龍驤《女丹合編》收録有《坤訣》《壺天性果女丹十則》《女金丹》《西池集》《女丹詩集》等。第三,針對女性内丹修煉的鸞書,如《坤元經》《大女金丹訣》《西王母女修正途十則》等。

(二)修習道教女丹的女性增多

道教是尊崇女性的宗教,具體體現在道教神仙譜系中存在大量的女性神仙,女性也可在道教中擔任教職,同男性一樣得道成仙。道教爲女性擺脱現實苦惱、獲得永恒安樂打開了一扇大門,能滿足其宗教訴求與情感慰藉,成爲她們心靈的寄託。中國古代女性對女丹煉養有很高的熱情,明清時期特别是有清一代,女性修煉女丹達到了一個高潮。《女金丹》一書作者在其序言中寫到:因有坤女問道而感於丹經中所言女修甚少,將女性修行次第皆付諸筆墨,使女性明其女丹煉養程式。[②] 汪東亭在《道統大成·女丹訣》文末寫到:光緒年間因與廣東曹姑會面,以丹書問答,贊歎其廣博多識,所以作此《女丹訣》以贈之。[③] 賀龍驤在其《女丹合編序》中談及男子較女子成仙者多是有其現實原因的:與男性相比,女性難以出

---

① Catherine Despeux & Livia Kohn, *Women in Daoism*, Cambridge, Mass.: Three Pines Press, 2003, pp. 198-243.

② 陶秉福主編:《女丹集萃》,北京:北京師範大學出版社,1989年,第53～55頁。

③ 陳毓照、張利民主編:《丹道養生道家西派集成》Ⅰ卷,北京:中國時代經濟出版社,2010年,第250頁。

門和訪道求師,女丹經無有專書,女性識字解義者也寥寥無幾,如果滿足了以上三方面因素,那麽女性成仙数量未必不如男子多。[①] 作者又談及當時社會中女性修道的弊端,並列舉了40餘條,其中對女性修習女丹而不得其要有詳細的記載,具體有:不明女子丹法與男子丹法的區别,衹知男丹經而不知有女丹經;皈依佛教,專心念佛修養心性,却不知女丹訣竅而修命;皈依道教,誤以爲男性臍下一寸三分中之炁穴爲女性之玄關;衹知做些吃齋念佛趨吉避凶等善事,而不明女性真正修行之急務在於斷赤龍;女性由於過去不良習氣的熏染,雖心地善良,但自恃聰明而不求明師關於修持性命的口訣,遂妄自斬斷赤龍;執著玄關而積氣成疾,反而促死;誤信三姑六婆降仙扛神走陰之説,從而瘋癲失性;爲女鼎而自敗名節;朝山入廟而對男性師父暗種情根;誤入旁門左道,導致重病而無藥可救;等等。[②] 這雖説明了當時女性對習練女丹的熱情,但字裏行間也流露出女性不得明師、不得其法而身心受損,甚至付出生命代價的悲涼。

此外,賀龍驤也在《女丹合編序》中道出編寫此書的緣由,因其母言:"女修一事,少女行之可以化氣,老婦行之可以卻病,孀婦行之而守節之心更見堅固。若成仙成佛,又在女流功德之大小,功夫之淺深,不可同年而語也。"[③]其家中女性也樂於此道,但對於如何修習命功則惘然無知,所以奉其母之命,凡是遇到三教修行人,即尋覓女丹經,並問其女修訣竅,後廣搜道典,凡有言女丹者皆摘抄,名曰《女丹合編》。竹陽女史顔澤寰《男女丹工異同辨》的成書因緣也與賀龍驤的情况極爲相似,顔澤寰奉養寡居的母親而立志守貞,因她們羨慕善書中所言修行之美、仙佛之貴,而遺憾無明師指點,後奉母之命將道經所言男女丹道功法異同之處摘抄成册,名爲《男女丹工異同辨》。[④]可以看出,賀龍驤與顔澤寰二人編寫女丹經皆是受母親的影響,其本身也對宗教修行之事有濃厚的興趣,二人尋找女丹經歷程也大致相同。

(三)明清文學中出現道教女丹思想

内丹修煉思想大致通過修仙題材的文學作品而得到廣泛的傳播,其表現手法一方面是神仙下凡向修仙者傳授内丹之術,如内丹修煉過程中的具體步驟;另一方面,通過引用道教内丹經典來解説作品中記載的相應内丹煉養思想,增加其

① 陶秉福主編:《女丹集萃》,第3頁。

② 陶秉福主編:《女丹集萃》,第3～9頁。

③ 陶秉福主編:《女丹集萃》,第12～13頁。

④ 董沛文主編,盛克琦編校:《女丹仙道:道教女子内丹養生修煉秘籍》上册,北京:宗教文化出版社,2012年,第56頁。

文本權威性。[①] 文學作品中道教女丹的相關記載,以女性修道者的求道故事,或通過男仙或女仙向女性修道者講述女丹煉養程式而得以體現,如《韓湘子全傳》中仙子在麻姑庵向韓夫人、林蘆英傳授女丹之道:"蓋男子修仙曰煉氣,女子修仙曰煉形。先積氣於乳房,然後安爐立鼎,行太陰煉形之法。"[②]又如《女仙外史》中神仙鮑母對唐賽兒講述女子月經和修仙的關係:

就是女子之經,也與男子之精一般,若一漏泄,便虧元體。學神仙者,也要使之不行,所謂斬斷赤龍。你服我之乳,乃是仙液,所以至今尚無月事。我今教你修煉真炁之法,俾元陰永無泄漏。元陰不漏,月事不行,便成堅固子,佛家所謂舍利是也。[③]

女性要想學道求仙需要斬赤龍,即斬斷月經,使其不再來。道教女丹認爲,女性月經爲體内元炁所化,每月行月經便會使體内有限之元炁消耗,斬赤龍可保元炁不再泄露,元陰堅固,則可進行下一步的丹道煉養程式。

(四)明清民間寶卷中出現女丹思想

道教内丹煉養成爲明清風尚影響至民間社會,明清出現的各種民間宗教如羅教、圓頓教、八卦教、黄天教等,其宗教創始人在創制宗教煉養體系時吸收了内丹煉養思想,在與其宗教教義相結合的同時又對其加以修改,並充分體現在民間宗教的具體修行實踐中,以利於其傳教活動。内丹煉養在民間宗教的修行實踐中占有重要的地位,這些修行實踐又通過作爲其宗教教義載體的寶卷體現出來,如羅教《銷釋真空掃心寶卷》,長生教《古佛當來下生彌勒出西寶卷》《衆喜粗言寶卷》,八卦教《五女傳道寶卷》,黄天教《普明如來無爲了義寶卷》等。民間寶卷中對於女丹有程度不一的相關記載,清代長生教《衆喜粗言寶卷》卷五不僅對内丹煉養程式進行了詳細説明,而且對婦女修習女丹有較爲深刻的論述:

養足神氣心煉死,先守乳房氣化神。煉血化氣斷赤龍,癸水不洩七寶成。煉神成虚至寂滅,静極杳冥靈機生。此後信到可提採,心目照住下田門。意引氣提用收攝,海底輕提臍下存。小腹急脹經水到,再用武火重提升。提而復提用火煉,經少年老輕提行。經净即止文火照,少停輕運往後昇。再後用工照男法,切莫懈怠懶修行。[④]

---

① 苟波:《道教與明清文學》,成都:巴蜀書社,2010 年,第 344~352 頁。

② (明)楊爾曾編撰,佘德餘標點:《韓湘子全傳》,上海:上海古籍出版社,1990 年,第 316 頁。

③ (清)吕熊著,劉遠遊、黄蓓薇標點:《女仙外史》,上海:上海古籍出版社,1991 年,第 41 頁。

④ 濮文起主编:《民間寶卷》第 6 册,《中國宗教歷史文獻集成》(106),合肥:黄山書社,2005 年,第 650 頁。

女性要養足神氣，煉死心意，人心死，道心活，識神讓位於本位元神。其下手功夫應意守乳房，因乳房乃生氣之所，所以要煉血化氣，斬斷赤龍，即月經不再來，赤龍不斷，女性欲念難以消除。癸水不息，七寶難全，所以女性要煉血化氣、煉氣化神、煉神還虛，煉到虛無寂滅，虛極静篤時，恍惚陽動，然後可采。經期信到之時，用心目照住下丹田，以意引氣提，一呼一吸，往海底輕輕提上，臍下凝住，又到經水將至，小腹下急脹之時，再用武火重提，提而復提，若經少年老者，宜輕提，經凈即止，仍用心目緊照丹田，而可運行。

對比道教與民間寶卷中的女丹思想，二者有異同之處，其差異處有以下幾點：

第一，根本目的不同。道教女丹以"形神俱妙，與道合真"爲根本目的，女性通過自身修習而成仙，是對道教"我命在我不在天"主觀能動性的充分踐行。而民間寶卷中的女丹思想則以回歸真空家鄉、見無生老母爲根本目的，這也是大多數民間教派信仰的根本目的。民間教派認爲修煉内丹可以救世避劫，迷失在塵世中的皇胎兒女通過金丹大道最終可以收圓還鄉，歸家認母。

第二，民間寶卷中的女丹功法較少有晦澀難懂的隱喻，修煉方法上更是簡明化與通俗化。與道教内丹相比，民間寶卷在闡述丹道煉養程式時多與底層人民的生活經驗和實踐相聯繫，内丹修煉更加大衆化，對丹道的闡釋也富有靈活性。

第三，對孝道有不同程度的强調。道教女丹强調在家修道女性要遵循傳統儒家女教思想，女性未出嫁前要孝敬父母，出嫁後要敬養翁姑。如《坤寧妙經》"誠孝章"説，孝敬父母是百行之原和五倫之要，念及少時父母辛勤撫育孩子的艱辛，又體丈夫之志，公姑朝暮賴爾扶持，所以應當"孝思不匱"[①]。道教女丹强調女性修道者遵從孝道的思想，屬於丹道中的"性功"部分。而民間寶卷中的女丹思想同其内丹思想一樣，將孝養父母的世俗孝道思想升華，對孝道的實踐不再是對人道的奉行，而是將這種孝行導向對最高神靈無生老母的信仰崇拜，因此民間寶卷中個體對於内丹修煉的過程也就是回歸真空家鄉，歸家認母，從而母子團圓，恪守奉行孝道的過程，這也是民間宗教丹道思想的鮮明特色之一。[②] 如《衆喜粗言寶卷》言："先修人道後修真，人道不修佛難成。三綱五常修理好，四聖六凡亦端正。要學慈悲行仁德，賢良方正做善人。忠臣良路也歸天，孝子節婦亦上

① 董沛文主编，盛克琦編校：《女丹仙道：道教女子内丹養生修煉秘籍》上册，第 14 頁。

② 參見梁景之：《清代民間宗教與鄉土社會》，北京：社會科學文獻出版社，2004 年，第 234 頁。

升……三才之内難缺一，天上最喜忠孝人。”[①]

道教與民間寶卷中女丹思想的相同處有以下幾點：

第一，主張性命雙修，先性後命。道教内丹各派皆主性命雙修，這種思想同樣在女丹經中有所體現。如《西池集》認爲女性修道者開始行功時要收心養氣以固其性根和命蒂，如此纔能性命雙修而全坤道："總以收心養氣爲下手初功，心不收，則性根昧，氣不養，則命蒂失，性命雙修，坤道乃全。”[②]曹文逸在《靈源大道歌》中認爲性命即是神氣，“神是性兮氣是命，神不外馳氣自定。本來二物更誰親，失却將何爲本柄”[③]。性命同等重要，但是如果不能做到形神兩全，衹好先修性功而後再修命功：“形神雖曰兩難全，了命未能先了性。”[④]同樣，民間寶卷中有關内丹修煉也多是遵循道教内丹“性命雙修，先性後命”的基本原則。如《衆喜粗言寶卷》認爲身是藏仙藏佛的器皿，心是成仙成佛的根苗，强調性命雙修，但又把修心放在首要位置：“凡人務要心净得神清，神清得氣凝，氣凝得精固，精固即是仙佛。故謂修心是第一等工夫。又言心是發福增壽、成仙成佛的根苗，身是盛福盛壽、囥仙囥佛的器皿。若把根苗培殖得好，自然爲生枝發葉，開花結果。若把器皿修補得好，自然可盛黄金白玉，奇珍異寶。故無論修福修壽，成仙成佛，總要先把身心修好。”[⑤]梁景之在《清代民間宗教與鄉土社會》一書中考察了《九蓮經》《皇極收原寶卷》《龍華經》《目連卷全集》《衆喜寶卷》等民間寶卷之後，認爲這些寶卷貫穿了性命雙修、陰陽和合的丹道修煉思想，並且指出“在性命雙修這一基本思想指導下，至於是先修性後修命，抑或先修命後修性，往往取决於教派或修行者個人的不同理解。但總體而言，似乎更加傾向於先性後命這一思路”[⑥]。

第二，修持次序大致相同。如清代賀龍驤《女丹合編》記載女丹程式爲：“煉血化炁，煉氣化神，煉神還虚，煉虚還無，果證金仙，億劫不壞，上朝王母，下度衆生。”[⑦]民間宗教長生教《衆喜粗言寶卷》也有類似記載：“煉血化氣斷赤龍，癸水不洩七寶成。煉神成虚至寂滅，静極杳冥靈機生。”[⑧]另外，道教女丹和民間寶卷中的女丹思想也都記載了女性丹道煉養與男性的不同特點，如女性以乳房爲炁穴，

① 濮文起主編：《民間寶卷》第 6 册，第 641 頁。
② 陶秉福主編：《女丹集萃》，第 158 頁。
③ (宋)曹文逸：《靈源大道歌》，《藏外道書》第 6 册，成都：巴蜀書社，1992 年，第 182 頁。
④ (宋)曹文逸：《靈源大道歌》，《藏外道書》第 6 册，第 183 頁。
⑤ 濮文起主編：《民間寶卷》第 6 册，第 619 頁。
⑥ 梁景之：《清代民間宗教與鄉土社會》，第 221 頁。
⑦ 陶秉福主編：《女丹集萃》，第 15 頁。
⑧ 濮文起主編：《民間寶卷》第 6 册，第 650 頁。

赤龍不斬築基難成等。

第三，主張女性修行的平等性。道教女丹認爲，女性同男性一樣可以成仙證真，女丹經中援引《周易》陰陽之道和道教宇宙本體論的思想來論證修行在性别上的無差異性："天陽地陰，天動地静，乾行坤順，元亨利貞。乾道成男，坤道成女。獨陰不長，獨陽不生。剛柔得其中庸，水火始能既濟。孕生萬物，蓋載蒼生，慈忍無争，敬順輔相。"①同樣，民間宗教也强調修行的平等性，這種宗教修行的平等性不僅表現在性别關係上，而且表現爲個體不同身份地位在修行上的無差别性，如《救苦忠孝藥王寶卷》載："或是男或是女，本來不二，都仗著無生母，一氣先天。"②

可以看出，道教與民間寶卷中的女丹思想信仰目的有所不同，有關女丹煉養原則和煉養程式則没有較大的差異。此外，二者的女丹思想也並非截然衝突，"内丹修煉與民間宗教的結合，不僅改變著内丹修煉及丹道思想本身，同時也在改造著民間宗教本身的面貌。對兩者而言，這是一種雙向的改造。由於這種原因，决定了民間宗教的内丹修煉、丹道思想與傳統内丹術、丹道思想既有關聯，又有差異的特點"③。

二、明清時期道教女丹興盛的主要原因

（一）内丹成爲明清時期道教煉養的主要方式

道教作爲中國傳統宗教，自産生以來便與封建統治者有著密切聯繫，在其自身發展過程中也會受到上層統治者的權力制約，他們會對道教采取利用和限制的宗教態度。至明朝中葉，統治者們一方面肯定道教的治世作用而對其加以利用，另一方面又因道教的過度發展而不斷對其進行打壓抑制，如限制其組織活動，降低道教首領的地位等。④ 道教雖在上層社會的地位日趨衰落，但以更加通俗化的表現方式活躍於下層社會，從而對明清時期的民間宗教、小説戲劇、醫藥養生等産生深遠影響。

另外，明清時期的道教教理教義、齋醮科儀、教規制度等都是沿襲前代，没有較大的發展。相比之下，道教内丹學在當時各種道教煉養術中占據重要地位，

---

① （唐）吕洞賓：《吕祖全書》卷二〇《清静元君坤元經》，《藏外道書》第 7 册，第 357 頁。

② 中國社會科學院歷史研究所清史研究室編：《清史資料》（三），北京：中華書局，1982 年，第 75 頁。

③ 梁景之：《清代民間宗教與鄉土社會》，第 196 頁。

④ 參見卿希泰主編：《中國道教史》（修订本）第四卷，成都：四川人民出版社，1996 年，第 2～3 頁。

“内丹學成爲這一時期道教理論的主流”[①]。内丹學認爲金丹大道纔是個體得道成仙的唯一修煉方式,“學仙須是學天仙,惟有金丹最的端”[②],並且“成道者皆因錬金丹而得”[③]。當時衆多高道在内丹學方面有所建樹,如伍守陽、柳華陽宣導“仙佛合宗”,“龍門中興之祖”王常月提出以戒律爲修道核心,劉一明將易學與丹道理論相結合,等等。明清時期也出現了許多内丹道派,如内丹東派、内丹西派等。此外,當時道教學者也從道教戒律、倫理道德、修煉理論等角度宣導“三教合一”,如閔一得認爲三教同爲一道:“三教宗旨,學重立命,而正所以安命,故皆夭壽不貳,修身以俟之。”[④]道教女丹也認爲三教本一源,“三教同此修齊之本”[⑤]。另外,道教女丹在修道女性心性煉養方面突出其對儒家女教原則的遵守,在命功煉養方面則對佛教煉養方法多有吸收。

(二)明清時期出版業的發展使道教女丹煉養思想的廣泛流通成爲可能

我國出版業在明清時期發展至高峰,隨著商業化和城市化的發展,從明代後期開始,印刷術得到了一系列的改進,如造紙成本不斷降低、雕版刻製的簡化等等。人們對書籍的需求量不斷加大,印刷量增加,流通量也就越大,書籍流通途徑也越來越呈現出多樣化的發展趨勢,因此各式書籍流入社會不同階層。由於官刻的壟斷性質以及偏重於刊刻儒家文化書籍和官方書籍,其銷售途徑並不像其他形式的印刷産業如坊刻和家刻那樣廣。家刻在清代較爲發達,受“三不朽”之一的“立言”觀念以及文化傳承等儒家思想的影響,當時的文人、學者多刊刻自己的詩文集和叢書,家刻本的詩文集數量衆多,但流傳和受衆範圍有限,除了刻印好後送與親朋好友外,偶爾也會在書鋪銷售。家刻者多爲官僚、地主等階層,他們刊刻書籍的目的不在於獲取經濟利益,而是希望提高其名譽與地位。[⑥] 不同於官刻與家刻,坊刻具有明顯的商業化特徵。一些地方如北京、揚州、蘇州、浙江等坊刻普遍,坊刻堂鋪數量多且規模較大,所刊刻書目品種繁多,涉及經史子集、醫學養生、佛道典籍、科舉用書、小説戲曲、啓蒙讀物等。清代刻印的詩文集中多有女性作品,家刻助推了女性作家兼讀者的出現。相對於官刻來説,家刻書籍意味著知識生産地的一種擴散,女性作品也不再被視爲没有出版價值的東西;即使

---

① 唐大潮:《明清之際道教“三教合一”思想論》,北京:宗教文化出版社,2000 年,第 23 頁。

② (宋)張伯端撰,王沐淺解:《悟真篇淺解(外三種)》,北京:中華書局,1990 年,第 3 頁。

③ (宋)張伯端撰,王沐淺解:《悟真篇淺解(外三種)》,《自序》第 2 頁。

④ (清)劉一明:《棲雲山悟元子修真辯難參証》,《藏外道書》第 10 册,第 251 頁。

⑤ 董沛文主編,盛克琦編校:《女丹仙道:道教女子内丹養生修煉秘籍》上册,第 8 頁。

⑥ 參見樂梅健、張霞:《近代出版與文學的現代化》,上海:復旦大學出版社,2015 年,第 24～29 頁。

女性外出活動受到限制，但是對於士大夫等階層之女來説，閲讀家中的藏書也可以增長見識。有才華的女性通常被視爲家庭的驕傲，家人們也願意資助出版她們的作品集。這不僅促成了女性接受教育，而且使地方志開始推助女作家等。[①]

正如前文所叙，明清時期刊刻了大量的道教女丹經和女丹經書合集，正是由於明清出版業的繁榮，女丹思想纔得以廣泛流通和傳播，女丹煉養思想也被各個階層的女性認知。此外，女性出版書籍也可以達到"立言"之不朽，"在明清歷史中婦女試圖以結集出版、頌揚母道、宗教修行等爲渠道流芳百世。她們對於著作、理想人格以及靈魂的思考明顯受到了當時的社會性别制度的影響"[②]。顔澤寰搜集了當時社會上流通的女丹經，並且針對男女兩性煉養差異之處而專門摘抄成册。顔澤寰爲竹陽女史，可以推斷她是一位知識女性，由於資料匱乏，我們雖然無法找到顔澤寰生平事迹的相關記載，但是仍可以看出作爲精英階層的女性，顔澤寰《男女丹工異同辨》一書的編輯、成功出版和流通，與明清時期女性有著較多受教育機會、家庭對女性成員的支持、女性可以外出旅行、出版業的興盛等有密切的聯繫。此外，明代内丹煉養家傅金銓也凭藉四川當地蓬勃發展的印刷業文化，出版了其丹道全集，其中收録有道教女丹經。傅金銓正是利用印刷作爲傳播丹道思想的工具，將四川宗教信息的傳播與印刷業的興盛發展有力地聯繫了起來。[③]

(三)明清時期女性對道教女丹煉養的渴求

在中國傳統社會中，民衆信仰往往帶有濃厚的功利性目的，在信仰需求方面有著相應的具體表現。内丹在明清時期的盛行説明了民衆對内丹的需求——個體對其有精神層面和祛疾治病、身心康泰等現實層面的需求。正如賀龍驤之母所言，女丹修煉對女性的身心健康皆有益處，雖然道教内丹諸派别對性命雙修各有側重，即先性後命抑或先命後性，但總的原則是性命雙修。個體在内丹修煉的過程中身體會發生變化，如果煉養得當，很多頑疾往往會不治而愈，賀龍驤的女性家人們對女丹修煉的渴望，也從側面反映出女性希冀煉養女丹治癒身體隱疾。顔澤寰的母親是守節女性，其心中的悲苦可想而知。一方面大齡女性對宗教懷有强烈的信仰，曼素恩在《綴珍録——十八世紀及其前後的中國婦女》一書中指

① ［美］高彦頤：《閨塾師：明末清初江南的才女文化》，李志生譯，南京：江蘇人民出版社，2005年，第40～41頁。

② 李國彤：《女子之不朽：明清時期的女教觀念》，桂林：廣西師範大學出版社，2014年，第3頁。

③ Elena Valussi, "Printing and Religion in the Life of Fu Jinquan: Alchemical Writer, Religious Leader, and Publisher in Sichuan", *Daoism: Religion, History and Society* 4(2012), pp. 1-52.

出,老年階段的女性會轉而進行獨處内省的宗教修煉,延長生命的企望會隨著年齡的增長而愈來愈强烈,而道教女仙對女性來説則是永生的化身,女性也渴望借助内丹修煉而延長生命,“不過,若説觀音許諾的是死後可以脱離苦海,道教追求不朽的途徑却是邀請生者掌握修煉内丹的法術,從而延長生命。修煉内丹的秘笈指引女性遵循刻苦節制和專心内守的嚴格過程,逐漸使精神和身體都達到脱胎换骨的境地”①。另一方面,孀婦修習女丹,守節之心堅固,其中也隱含了守貞女性通過女丹修煉而化解自身情欲的問題。

三、明清時期道教女丹的煉養特點

(一)對女性倫理道德的要求

由於明清時期“宗教倫理道德問題成爲此時内丹學的重要内容,表現出世俗化的特徵”②。道教女丹經中對女性倫理道德的要求也以儒家倫理道德爲核心内容,將儒家的女教觀與道教倫理思想相結合,既要求在家修道女性做到符合傳統社會對女性理想角色的期待,如相夫教子、孝養翁姑、和睦妯娌以及持家等,又要求女性遵守道教中的相應戒律。由於女丹經中有借仙佛之口申言女性要遵守的戒規,其對女性的道德要求又帶有濃厚的神學色彩。此外,道教女丹要在家修道女性遵守相應的戒律也有現實層面的考慮,我們可以從閔一得對龍門派進行一系列改革以適應時代的發展看出來。閔一得一方面從信衆中吸收俗家全真龍門弟子,另一方面在煉養方法上以儒釋思想爲方便法門來推行其内丹煉養方法,以利在家弟子在修煉内丹的情况下又不遠離俗世生活。③

道教女丹針對女性心性修養吸收了明清時期社會中的女教思想,對婦女在家怎樣修道的記載也很多,但没有特别要求女性需出家纔能修道,强調在家也能修行,這從側面説明了當時有很多修習女丹的在家女衆。如《女丹詩集》勸告在家婦女宜急修行:“莫謂家事紛難絶,坤維正氣修即得。從無入有養神胎,下田不結中田結。”④旁有小注曰:“婦女皆有坤維正氣,莫因家事紛紜遂耽誤一生也。結

① [美]曼素恩:《綴珍録——十八世紀及其前後的中國婦女》,定宜莊、顏宜葳譯,南京:江蘇人民出版社,2005年,第88頁。

② 唐大潮:《明清之際道教“三教合一”思想論》,第33頁。

③ 陳耀庭:《清代全真道派適應低潮時期的三項歷史經驗——全真三大師王常月、劉一明、閔小艮的啓示》,趙衛東主編:《全真道研究》第二輯,濟南:齊魯書社,2011年,第162頁。

④ 董沛文主編,盛克琦編校:《女丹仙道:道教女子内丹養生修煉秘籍》上册,第143頁。

於下田者是凡胎，結於中田者是神胎。神胎是自己神炁所凝不因外來，故謂之從無入有，此言在家婦女宜急修。”[①]

道教女丹對女性倫理道德方面的要求，主要體現在如下幾個方面：

第一，女性應以柔順謙卑爲美。道教女丹認爲，女性秉持坤德，告誡修道女性要性情柔順，舉止莊重、謙卑等，如：“太上之道，一於用柔……柔生於順，能用前正。善歸於柔，慈祥和遜”[②]，“(女性)性本陰柔”[③]等等；而女性最忌的是剛暴殘刻，因爲“剛暴則失坤陰柔順之德，殘刻又無坤厚廣生之量”[④]。這些内容也符合儒家規定的女性審美特徵，“内在的‘賢良、恭順’和外在的‘柔弱、嫺静’相統一的美是儒家最爲理想的女性美”[⑤]。

女子當以柔順、謙卑爲本，這種思想在《女四書》中皆有所體現。《女四書》作爲明清時期女性教育的載體，對女子修身提出了一定的規範要求，旨在培養女性的道德素養，樹立女性良好的道德觀、貞操觀、家庭觀、育兒觀等，認爲真正的好女子必然有端莊、幽嫺、貞静等品格。另外，《女四書》也從宇宙論的角度出發論述兩性的關係，認爲女性秉持著大地的德行，應效法大地的厚德載物，學習其謙卑的品德。如班昭《女誡》强調女子以卑弱爲第一義，所以便把卑弱放在開篇，並且指出女性卑弱的表現在於謙讓恭敬、先人後己、忍辱含垢、常懷畏懼等。王相對“卑弱”二字有著如下注解：“天尊地卑，陽剛陰柔。卑弱，女子之正義也，苟不甘于卑而欲自尊，不伏于弱而欲自强，則犯義而非正矣，雖有他能，何足尚乎。”[⑥]在“敬順第三”中，班昭又從陰陽論的角度出發，指出兩性分别有其相應的屬性：“陰陽殊性，男女異行。陽以剛爲德，陰以柔爲用，男以强爲貴，女以弱爲美。”[⑦]謙、順是女子美好的品德，“謙則德之柄，順則婦之行”[⑧]。

天乾地坤，男剛女柔，坤爲陰道，所以女性應當以柔順爲本，以温柔卑順爲美。道家經典《道德經》中也有以柔弱謙卑爲美的思想，它用大自然中廣泛存在的水來比附個體具有的智慧和圓融的處世之道，認爲水能够卑下且處衆人之所惡，柔而不剛，却有滴水穿石的力量。柔弱纔能戰勝剛强，天下之至柔，馳騁天下

---

① 董沛文主編，盛克琦編校：《女丹仙道：道教女子内丹養生修煉秘籍》上册，第143頁。
② 董沛文主編，盛克琦編校：《女丹仙道：道教女子内丹養生修煉秘籍》上册，第12頁。
③ 董沛文主編，盛克琦編校：《女丹仙道：道教女子内丹養生修煉秘籍》上册，第78頁。
④ 董沛文主編，盛克琦編校：《女丹仙道：道教女子内丹養生修煉秘籍》上册，第81頁。
⑤ 彭華：《儒家女性觀研究》，北京：中國社會科學出版社，2010年，第319頁。
⑥ (清)王相注：《女四書集注》(上)，北京：團結出版社，2015年，第3頁。
⑦ (清)王相注：《女四書集注》(上)，第5頁。
⑧ (清)王相注：《女四書集注》(上)，第12頁。

之至堅。做人也應如水一樣,隨方就圓,擁有如水一般的柔弱之德,方能自由自在。其實,儒家針對兩性在社會中的角色有著具體的指導,其主要是爲了培養兩性心中的道義。男女各有其道,一個法天,一個效地,男性主陽主剛,女性則主陰主柔,女子應效法大地厚德載物的品德以及心静性稳的德行,成就其謙卑處順的品格。

第二,對女性處家之法的要求。相比其他女丹經,《坤寧妙經》中有著濃厚的女教思想,目的是"説女人法,垂女人教,本庸近之倫常,修百行之旨趣"①,"永揚女教"②,"毋失儒教本原,永作女流懿範"③。如其中"誠孝章第七"强調女性要行孝道、重親恩,描述了父母養育孩子的辛苦,要女性"少能竭事父母,長可孝養舅姑,終其一身,孝無二念"④。女性要處理好與父母的關係,出嫁後還要仔細經營與丈夫、翁姑、妯娌的關係,以及做好子女教育等事宜。如《增演坤寧妙經》認爲有志修煉的女性應該先做到:遵父母訓,奉翁姑命,相夫之賢,成子之器。

女性處家之道也在女教典籍中有所體現,如《女論語》認爲女性言談舉止等外在行爲要以端正爲本,女子工作以紡織養蠶等爲主,學習待客之禮儀,以早起爲榮,侍奉父母舅姑丈夫。此外,對處家之法、守節清貞等也有相關描述,如其"和柔章"認爲"處家之法,婦女須能以和爲貴,孝順爲尊"⑤,强調女性處家之法是以柔和爲貴,奉養孝敬雙親,和睦妯娌等。《女範捷録》認爲孝爲百行的源頭,也是女德之首。其"孝行篇"列舉了歷代女子的孝行,如楊香扼虎救父、緹縈贖親、曹娥捨身救父、木蘭代父從軍等,説明孝行可以感動天地神明,行孝道可播芳名於千載。⑥《女論語》"事父母章第五"記載了女性奉養父母的日常生活,對於父母的寒熱、飢渴、言語、疾病以及服喪等事項可謂敍述備至。"事舅姑章第六"指出侍奉翁姑應如同從前在家孝敬父母一般。如果女性在夫家落得個不孝順翁姑、不和睦叔妹的罪名,那麽不僅會禍及自身,人們也會責其娘家父母教育無方,甚至其歷代祖先皆會蒙受耻辱。如《女誡》認爲女性在夫家能與叔妹和睦,與她們搞好關係,不可失心於叔妹,得其歡心而又不失於舅姑,公婆、丈夫便會有所稱贊,名聲亦會傳於鄉鄰之間,父母臉上也會有光彩。但是如果自恃在娘家的優寵

① 董沛文主編,盛克琦編校:《女丹仙道:道教女子内丹養生修煉秘籍》上册,第7頁。
② 董沛文主編,盛克琦編校:《女丹仙道:道教女子内丹養生修煉秘籍》上册,第8頁。
③ 董沛文主編,盛克琦編校:《女丹仙道:道教女子内丹養生修煉秘籍》上册,第9頁。
④ 董沛文主編,盛克琦編校:《女丹仙道:道教女子内丹養生修煉秘籍》上册,第14頁。
⑤ (清)王相注:《女四書集注》(下),第17頁。
⑥ (清)王相注:《女四書集注》(下),第25~28頁。

而自傲，與公婆丈夫不和，那麽"美隱而過宣，姑忿而夫愠，毁訾布於中外，恥辱集於厥身；進增父母之羞，退益君子之累"[①]。女丹經《坤寧妙經》"思過章"指出修道女性首先要反省自身，懺悔己過，"修道謂教，必先寡過，日新其德，庶幾夙夜"[②]。其過包括不孝養舅姑、不和睦妯娌、傲慢妒悍、損子墮胎等。

這裏需要指出的是，道教女丹要求在家修道女性處理好人際關係等仍具有出世性質。道教女丹"在煉性問題上，雖然也涉及一些修行者當時所處社會的公德問題，如處理好妯娌關係、敬夫愛子等，但在强調内心觀照時則輸入了忘我、忘私、離世的靈魂。因爲在這方面，道教把一切情欲、憂患、得失意識的干擾，看成是己身在世俗污濁情海中的沉淪結果"[③]。

第三，注重女性德性方面的涵養。古人認爲女子應重德而輕才，德爲本，才爲末，女教典籍也强調了女子培養德行的重要性，如《女範捷録》認爲子女幼年時如果没有受到良好的教育，那麽長而失禮，男子猶有師友，以成其德行，但是女子從小生活在閨閫中，如何能够長養自己的德行，更改其過失呢？所以對女子的教育比對男子更加重視。[④] 班昭在《女誡序》中認爲："但傷諸女方當適人，而不漸加訓誨，不聞婦禮，懼失容他門，取辱宗族。"[⑤]《内訓》把德性放在首章，説明其對女子之德的强調，指出女子的德性爲貞静、幽嫺、端莊、誠一。女子的德性本有，但仍要以仁義禮智信培養之。[⑥]《女範捷録》"后德篇"列舉了各個朝代賢后之德行，如文王后妃爲其選妃、姜后善諫其夫周宣王等歷史典故，説明古代的興國君王背後一定有位賢明的后妃："稽古興王之君，必有賢明之后，不亦信哉！"[⑦]"才德篇"認爲"女子無才便是德"是錯誤的觀念，並對其予以否定，强調德爲本、才爲末，指出女性有才華必然是以其德行爲基本，而且古來女子德才兼備者也不在少數。[⑧]王相對此篇有注釋，並對女子才和德的關係進行了具體論述，認爲德爲人之本，人貴有德而不貴有才，才是德之用，有德之才爲正用，可爲齊家治國之道，無德之才爲邪用，衹能博取聲名、謀取財富、害人害己而已。兩性雖有不同，但皆以德行爲其根本，女子尚德不尚才，是符合道理的，如果説女子無才便是德，則是錯誤

① (清)王相注:《女四書集注》(上)，第12頁。
② 董沛文主編，盛克琦編校:《女丹仙道:道教女子内丹養生修煉秘籍》上册，第11頁。
③ 詹石窗:《道教與女性》，北京:宗教文化出版社，2010年，第117～118頁。
④ (清)王相注:《女四書集注》(下)，第21頁。
⑤ (清)王相注:《女四書集注》(上)，第2頁。
⑥ (清)王相注:《女四書集注》(上)，第16～18頁。
⑦ (清)王相注:《女四書集注》(下)，第23頁。
⑧ (清)王相注:《女四書集注》(下)，第46～49頁。

的。又指出女子以德爲最大,所以對於有才無才皆可不論。[①] 以上皆説明了女子涵養德行的重要性。女丹經《坤寧妙經》"崇德章"認爲"蘭幃秀質,惟德是基"[②]。"婦道章"認爲,"婦德至微,操修有道,敵配於乾,母儀攸好"[③],其中援引古代傑出女性的經典事迹,如鹿車共挽、孟母擇鄰、熊丸教子等等。值得一提的是,道教女丹强調女性德行修養的最終目的,並不是同儒家女教一般落實在指導女性學習並踐行其處家之道,而是要女性"戒貪癡以化悍妒,消嗔憾以杜荒淫,苟婦德之無忝,斯人道之有成。善慶則宜男享壽,福報則受誥增榮。果懿美克臻,乃玄修可勤。既乃爾以人事,自誨爾以真經。俾三綱之不缺,後五炁以上升。猶必究本溯源,於是論性談心。金丹無事外求,坤基可望成功"[④]。可見,道教女丹對女性制定的種種規範始終是爲女性的丹道煉養服務的。

從明清時期的社會背景來看,一方面,"對於'婦德'的提倡,是晚清文人對於當時女性修煉環境的反思……'修德'作爲功法的關鍵,將女性限制於儒家倫理和居家環境之中,既滿足了當時女性參與宗教活動的願望,又能提供給她們安全的修煉環境,所以在行文之中一再加以注釋和强調"[⑤]。另一方面,道教秉著先修人道後修仙道的準則,勢必將儒家婦德思想納入女丹文本之中,"復念人道即仙道之根,修身是修真之始,必德行無虧,方仙階有分。苟婦德懷慚,節孝有忝,大本已失,雖則刻志勤修,終成妄想"[⑥]。此外,從醫學的角度來看,女性的心性以及婦德等操守也關乎女性自身的身體健康:"婦人之病,有可治有不可治者,皆由其心性善惡所關也。聞有德性柔良,舉止端重,克盡婦道,孝敬翁姑,相夫教子,凡内助理家,女工、井臼、桑麻之事,無不盡善者,必無災病。雖或有之,亦易爲治也。有等逆妬險惡,罔尊凌卑,惟其衣食自私,全無宗祀之念,犯有七去,助無一能,天教病入膏肓,雖盧扁亦難治療。"[⑦]

此外,道教女丹强調女性要遵守倫理道德,也反映了明清時期女丹對女性道德倫理的期望,這種期望在相關文學作品中也有所體現,如《七真祖師列仙傳》有對孫不二修道歷程的描寫。孫不二起初對子嗣問題並不看重,馬鈺向孫不二訴

---

① (清)王相注:《女四書集注》(下),第46～49頁。

② 董沛文主編,盛克琦編校:《女丹仙道:道教女子内丹養生修煉秘籍》上册,第14頁。

③ 董沛文主編,盛克琦編校:《女丹仙道:道教女子内丹養生修煉秘籍》上册,第16頁。

④ 原文爲"戒贪癡以化焊,妒淯嗔憾以杜荒淫",據其意改爲"戒贪癡以化悍妒,消嗔憾以杜荒淫"。董沛文主編,盛克琦編校:《女丹仙道:道教女子内丹養生修煉秘籍》上册,第17頁。

⑤ 吕燁:《醫療與修德:早期女丹文本的兩種面向》,趙衛東主編:《全真道研究》第五輯,第77頁。

⑥ 董沛文主編,盛克琦編校:《女丹仙道:道教女子内丹養生修煉秘籍》上册,第2頁。

⑦ (明)龔廷賢撰,魯兆麟主校:《壽世保元》,北京:人民衛生出版社,1993年,第273頁。

説兩人年近四十無子嗣的問題，孫不二以歷代名人死後不論有無萬代子孫，無非留下荒臺古墓，萬事歸於一場空而已爲例，勸説馬鈺要於空無所空處求得一個長生之法，認爲内丹即爲長生之道："妾常看道書，有煉精化氣、煉氣化神、煉神還虚，使真性常存，靈光不滅，即是長生之道。若學得此道，比那有兒女的人更强百倍！"[①]孫不二於洛陽成道後回山東寧海家中度化丈夫馬鈺，二人經一番道術的比試，孫不二的道術在馬鈺之上，便勸告馬鈺外出苦行訪道。馬鈺走後，孫不二處理家中有關事宜，如散盡錢財用來做善事，過繼馬銘之子接起馬鈺宗枝等，然後遁入泰山玉女峰，修養數年後飛昇。[②] 這則故事從側面反映出修道女性既要成仙道又無違人道，盡到自身的責任與義務而後纔能更好地修行。

總之，道教女丹一方面要求在家女性的行爲符合儒家禮節，以利於家庭和睦，人際關係等外在環境的和諧有利於其宗教修行；另一方面無論女性出家或者在家，以"柔順"爲本，身心柔和，其目的也是修養心性。

(二)借佛教煉養思想明道教女丹功法

明清時期道教内丹家們宣導"三教合一"思想，在丹道煉養中也多吸收儒家道德倫理觀以及佛教的修持方法，如伍守陽論述其丹道煉養思想時多援引佛教義理，用内丹進程和佛教中的四禪八定等修行方法作比較，認爲仙佛二教"同一工夫，同一景象，同一陽神證果"[③]。全真道王重陽以佛教三界説來説明"心"的超越性："心忘慮念，即超欲界。心忘諸境，即超色界。不著空見，即超無色界。"[④]同内丹一樣，道教女丹對佛教煉養思想也有著或多或少的吸收，主要表現在以下幾個方面。

第一，借佛教煉養思想使女丹修煉方法更加淺顯易懂，如《金華直指》女功十八則之"現光"：

玉液還丹，只可陰神出現，南海得珠，方能陽神出現，即如普門大士，乃苦行修持之菩薩，現觀世上音者，先有紅孩兒(心也)，五十三參之皈依，後得龍女(腎也)獻自在之寶珠(真種子也)，將紫竹林(肝也)隔住，用白鸚鵡飛舞上下(肺也)，以清净瓶(肺之液也)插住楊柳枝兒(肺之尾也)，採取自然甘露水(華池水也)，穩坐普陀頂上(腦也)，用"哆啰"之法。以一"唵"字，放入真息之地(子宫也)，收得至寶，安於魚籃之中(臍也)，口中念"伽啰伐哆"(以意

① 林世田等編校：《全真七子傳記》，北京：宗教文化出版社，1999年，第87～88頁。
② 林世田等編校：《全真七子傳記》，第153頁。
③ (明)伍冲虚：《仙佛合宗語録》，《藏外道書》第5册，第690頁。
④ 《重陽立教十五論》，《道藏》第32册，第154頁。

念也），將一切婆娑盡得（一切世界盡知，乃大開之候也），任他南海波浪滾滾（腎水大起），俺只自在觀自在也（心不動，自觀一心）。此一部大法妙用，雖不離斷龍之功夫，如此九轉，即得七返（退而歸臍位），陽神出現，寶光上昇，何愁丹詔之不降乎！①

這裏作者將出神的具體煉養功法用佛教煉養思想和用語表述出來，並用了比喻的方式，如將紅孩兒比爲心、将龍女喻爲腎等，頗具形象性與趣味性。

第二，用佛教煉養思想來説明道教女丹的煉養程式。如《女丹彙解》："白蓮真人曰：'節爲修行之階級，貞静無虚即初禪。更加修煉養真炁，陰降陽升露玄關。玄關不在身外求，即在寸地覓大丹。'"②

第三，對佛教煉養思想的借鑒。如《金華直指》女功十八則之"煉神"記載了六字真言的用咒方法：

男子以精氣神爲主，女子以血氣神爲主。前言調息，即固氣之謂也。前言斷龍，即化血之謂也。到此地位，神不煉，形不著，只有陰神，而無陽神，必須細細煉透，方陰陽合一也。静坐下，或先用斷龍之功，或不用斷龍之功，俱無關要，惟在先誦六字真言。用意誦"唵"字，從臍下起，到下丹田，左右各旋，三十六次。用意誦"嘛"字，到東送肝，左右各旋，三十六次。用意誦"彌"字，到南入心，左右各旋，三十六次。用意誦"叭"字，到西入肺，左右各旋，三十六次。用意誦"咪"字，到北入腎，左右各旋，三十六次。用意誦"吽"字，到泥丸宫，左右各旋，三十六次。然後陽神聚於頂内，陰陽降於大鼎守胎。陰陽雖分上下，而隨後將"唵"字，在中間丹田，一誦九遍，則陰陽二神，皆聚中鼎矣，即觀音坐山，觀一世音也。③

與此相似，《性命圭旨》記載了觀音呪法④，並附有"觀音密呪圖"：

---

① 董沛文主编，盛克琦编校：《女子叢書集校：女丹仙道》下册，北京：華夏出版社，2019年，第290頁。

② 《女丹彙解》，《藏外道書》第26册，第437頁。

③ 董沛文主编，盛克琦编校：《女子叢書集校：女丹仙道》下册，第289～290頁。

④ 《性命圭旨》載"念觀音呪説"："此呪是觀音菩薩微妙心印。若人書寫六字大明呪者，即同書寫三藏法寶；若人得念六字大明呪者，即同諷誦七軸靈文。又能開智慧門，能救百難苦，三世業冤，悉皆清净，一切罪障，盡得消除，解脱生死，安樂法身。然而念呪亦有密訣。故第一聲中而唵之，乃以呼吾身毘盧遮那佛也。第二聲東而嘛之，乃以呼吾身不動尊佛也。第三聲南而呢之，乃以呼吾身寶生佛也。第四聲西而叭之，乃以呼吾身無量壽佛也。第五聲北而𠺕之，乃以呼吾身不空成就佛也。第六聲復上返於喉而作吽音者，乃以呼吾身大勢至金剛也。久則五炁歸元，即成就不思議功德，而證圓通也。"（《藏外道書》第9册，第528頁）

圖 1 《性命圭旨》觀音密呪[①]

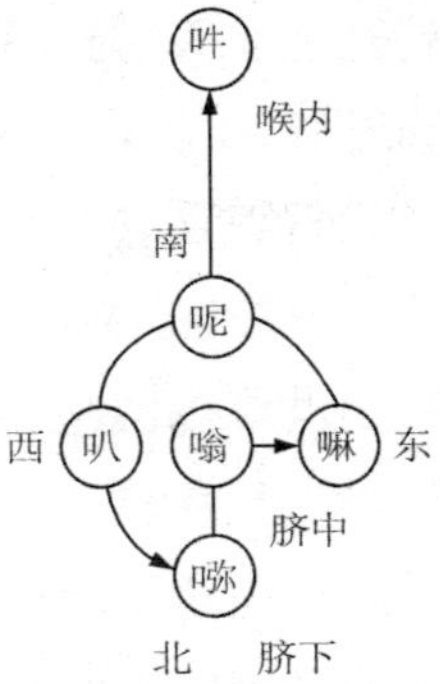

圖 2 觀音密呪[②]

對此陳兵先生指出:"觀音咒法,乃采用佛教的觀音六字大明咒,一面默誦,一面意想咒音引氣在身内運轉,久久自然五氣歸元。"[③]

可以看出,道教女丹對佛教煉養思想的借鑒和吸收與道教内丹對佛教義理的融攝是分不開的,道教内丹融合了儒、釋煉養思想,宣導三教合一,但終極目的仍是用儒釋相關思想來補充和證明其内丹修煉理論。早期全真高道們不僅在著作中援引佛教人物和禪宗的公案,而且對佛教義理有所吸收,如王重陽對《心經》《金剛經》等佛教典籍相當重視,並且勸人吟誦《般若心經》《清静經》《孝經》等。全真道對佛教"緣起論""業報輪回説""形體虚假""識心見性""本性清凈"等皆有借鑒與吸收。如關於"形體虚假",全真道認爲個體的生命是由地、水、火、風四大元素構成,此等無常爲幻,衹有"真性"纔是真實的:"火風地水合爲肌,只是愚迷走骨屍。"[④]"萬形至其百年則身死,其性不死也。"[⑤]由此,全真道放棄了傳統道教對肉身成仙的執著,認爲肉體是虚幻不真的,應通過澄心遣欲等方法追求真性的永存,通過對心性方面的煉養而達到最終的精神解脱。"全真道追求超越生死的精神解脱,實際上是借鑒了佛教人生皆苦的思想,將傳統道教對肉身的執著轉變爲對老莊道家超越精神的復歸——全真而仙。"[⑥]伍柳派在吸收佛教義理的基礎上又對其加以重新詮釋,並且對佛教予以一定程度的批判。在《仙佛合宗語録》《慧命經》等内丹典籍中,伍守陽與柳華陽認爲佛教和道教的煉養都是相同的,即

① 《性命圭旨》,《藏外道書》第 9 册,第 527 頁。

② 陳兵:《道教修煉養生學》,西安:陝西師範大學出版總社有限公司,2015 年,第 90 頁。

③ 陳兵:《道教修煉養生學》,第 90 頁。

④ (金)王喆:《重陽教化集》卷二,《道藏》第 25 册,第 782 頁。

⑤ 《無爲清静長生真人至真語録》,《道藏》第 23 册,第 709 頁。

⑥ 孫亦平:《論全真道對佛教的借鑒與吸收》,趙衛東主編:《全真道研究》第一輯,濟南:齊魯書社,2011 年,第51 頁。

有著同樣的證驗、神通等，對内丹煉養程式中出現的一些證驗如“漏盡通”“馬陰藏相”等，也重新進行了界定。“漏盡通”本是佛教用語，指的是内心不再有煩惱，他們吸收這一術語，認爲它是指個體在内丹煉養中陽精不再有泄露。他們還用内丹的方式對一些佛教故事加以闡釋，認爲諸佛所證悟的最高境界也是内丹修行的最高境界，如世尊從白毫相中放大光明也是内丹中的“出陽神”。基於以上的認識，他們認爲當時社會中的多數佛教徒不修内丹，並且否認佛教和道教二者之間存在統一性，自達摩至慧能的佛教教法已經失去了原本佛教的真正修持思想，其最終强調的是佛教修習的是與全真道龍門派相同的内丹功法，並據此認爲否認龍門派的内丹煉養思想的佛教徒没有繼承佛教的真正教法，可以判定其爲外道。[①]

（三）對西王母、孫不二等女性神仙的崇拜

西王母在道教中地位尊貴，如陶弘景在《真靈位業圖》中將西王母排在第二層級女真人的第一位，杜光庭在《墉城集仙録》中也認爲女仙中以西王母爲尊。道教對西王母的信仰也在符籙、齋醮、煉養等領域有所體現，如《上清天寶齋初夜儀》齋法過程中奉請的神靈包括西王母。道教有關外丹、内丹、服氣、胎息、存思等煉養方式的經書中也有西王母的相關記載，如《洞真太上青牙始生經》：“青牙始生，西王母所修。”[②]《修真十書・雜著捷徑》載有“太上傳西王母握固法”。以西王母命名的經書，如《上清三真旨要玉訣》載有《西王母寶神起居玉經》《西王母保生無死玉經》等。源自西王母的經書，如《靈寶無量度人上經大法》言：“西王母奉元始之命，説靈寶三十六部尊經。於武帝時下降人間，授帝无上洞真洞玄洞神之教，至于桓帝永壽元年，又下降人間，演正一太清洞神之道，方成三洞，皆因靈寶大法化生一切聖人也。”[③]

道教女丹以赴瑶池之會並朝拜西王母（金母）的美好願景來勉勵女性勇猛修行，如《坤元經》：“修到功成上九重，蟠桃會裹女英雄。因多傳度皆同座，金母恩頒無上宫。”[④]道教女丹對西王母的崇拜主要體現在以下幾點：

第一，成道女仙隸屬西王母管轄。據《墉城集仙録》記載，西王母“體柔順之本，爲極陰之元，位配西方，母養群品，天上天下，三界十方，女子之登仙得道者，

① 蘇德樸：《伍守陽、伍真陽和柳華陽的佛經解釋與佛教批評》，趙衛東主編：《全真道研究》第二輯，第120～143頁。

② 《洞真太上青牙始生經》，《道藏》第33册，第637頁。

③ 《靈寶無量度人上經大法》卷一，《道藏》第3册，第615頁。

④ 陶秉福主編：《女丹集萃》，第383頁。

咸所隸焉”[①]。中貞一子在《女金丹序》中勉勵女子:“以成無上至道,而方諸瑤池之會,不難與男仙同謁木公、共拜金母矣。”[②]木公即東王公,金母即西王母,而瑤池爲西王母所居之地,《女丹合編通俗序》:“果證金仙,億劫不壞,上朝王母,下度衆生,吾想蟠桃會上當不讓男仙,獨出其右。”[③]這種得道男仙和女仙各自拜謁東王公和西王母是道教陰陽和諧觀念在道教神仙信仰思想中的體現。《元始上真衆仙記》載:“元始君經一劫,乃一施太元母,生天皇十三頭,治三萬六千歲,書爲扶桑大帝東王公,號曰元陽父;又生九光玄女,號曰太真西王母……故曰木公、金母,天地之尊神,元氣鍊精,生育萬物,調和陰陽,光明日月,莫不由之。”[④]由此可見,作爲元始陰陽之氣的木公和金母本身也具有調和陰陽、化生萬物的功能。正是因爲陰陽的和諧,萬物纔得以生長。

第二,以西王母作爲丹經經名的起始。賀龍驤在《女丹合編》中告誡修道女性要多讀丹經:“按:此編皆女子金煉也,若玉煉之要,詳《西王母寶神起居經》。”[⑤]《大女金丹訣》謂純陽子以《九皇經注》爲女性修煉的津梁,不忍坐視女修不得真傳,遂乩臨煥彩樓:“將西王母之真傳,以繼魏元君,何、鳳、孫、麻諸大仙姑之派一一傳示,則本末昭然。使立念學道者有路可尋,栽植福田者得就正果。如是各各女子成真,處處善姑了道。自西王母以至衆大仙姑之後,仙緣螽起矣。”[⑥]《西王母女修正途十則》載:“敬以録册,申改女修正途九則,上仍冠以‘西王母’三字,並請頒示《女真九戒》,以肅道風,共成十則,統沐慈准受授,亦遵玉清神母懿旨也。”[⑦]

第三,西王母傳授女丹功法。一些女丹經或者記載女丹功的經文認爲,女丹功法是西王母傳授的,如劉明瑞《道源精微歌》載:“蓋最上一乘之妙道,先天大覺之金仙,自西王母嫡傳與離山老母,離又嫡指崔道姑,崔又授與李道姑,李又授與陳仙姑,陳又授與楊賽花,楊又授與黄花姑,黄又授與麻姑,麻又授與王金蓮,王又授與楊仙姑,以上皆係口口相傳。”[⑧]

孫不二(1119～1182),原名孫富春,法名不二,號清净散人,山東寧海人。孫不二出身寧海豪族,自幼受到良好的家庭教育,《金蓮正宗記》稱“其性聰慧,在閨

① (唐)杜光庭集:《墉城集仙録》卷一,《道藏》第18册,第168頁。
② 陶秉福主編:《女丹集萃》,第54～55頁。
③ 陶秉福主編:《女丹集萃》,第15頁。
④ 《元始上真衆仙記》,《道藏》第3册,第269～270頁。
⑤ 董沛文主編,盛克琦編校:《女丹仙道:道教女子内丹養生修煉秘籍》上册,第55頁。
⑥ 《大女金丹訣》,《藏外道書》第22册,第700頁。
⑦ 《西王母女修正途十則》,《藏外道書》第10册,第533頁。
⑧ 董沛文主編,盛克琦編校:《女丹仙道:道教女子内丹養生修煉秘籍》上册,第293頁。

中禮法嚴謹。素善翰墨,尤工吟詠”[①]。後奉父命與馬丹陽結爲夫婦,婚後育有三子。王重陽至山東傳教居住在馬丹陽家,以“分梨十化”、出遊地獄幻境等方式勸誘馬氏夫婦出家修道。大定九年(1169),在其夫君馬鈺出家之後,孫不二也相繼出家,爲全真道清静派的創始人,元世祖至元六年(1269)被賜封爲“清净淵真順德真人”,後元武宗加封其爲“清净淵貞玄虛順化元君”。孫不二不僅受到歷代修道女性的推崇,而且一些女丹經也傳承孫不二北宗清修法體系,如《女丹合編》《女修正途》《女宗雙修寶筏》等。[②] 道教女丹對孫不二的崇拜具體表現在以下幾點:首先,《孫不二元君法語》被奉爲女丹經中的經典。其次,託名孫不二所著或者作序的女丹經大多由扶乩而來,如《泥丸李祖師女宗雙修寶筏》曾提及孫不二;清嘉慶四年(1799)出現的扶乩作品《西王母女修正途十則》當中有孫不二之序,二至九皆附會爲孫不二所輯訂;清光緒年間重刊的《道藏輯要》收録有賀龍驤所輯的《女丹合編》,其中《坤訣》《女修程途》《坤元經》皆載爲孫不二所纂。

道教女丹經中還以斗母、王母、麻姑等女性神仙爲例,勉勵女性要精進修行。[③]

總之,明清時期道教女丹發展興盛,此一時期關於道教女丹經以及論述道教女丹功法的經書在社會中大量出現,文學作品和民間寶卷中也有對道教女丹功法的記載,女性習練女丹功熱情高漲,但也存在著不得明師傳授、盲修瞎練、誤入旁門左道的情況。透過這些紛繁的外在表現,道教女丹興盛的原因則是道教内丹成爲明清時期道教煉養的主要方式,道教女丹亦是如此;明清時期印刷術的改革使得道教女丹經在社會上的廣泛流通成爲可能;對於生活在明清時期不同年齡層次的女性來説,習練道教女丹功不僅可以療疾却病,而且守孀婦女也可以化解自身情欲問題。明清時期道教女丹的煉養特點表現在道教女丹對女性倫理道德的要求、道教女丹也借用佛教煉養思想來説明其女丹功法,並通過西王母、孫不二等女性神仙勉勵女性精勤修道。

(責任編輯:張琰)

---

① 林世田等編校:《全真七子傳記》,第 384 頁。

② 郝勤:《龍虎丹道——道教内丹術》,成都:四川人民出版社,1994 年,第 310 頁。

③ 如《清静元君坤元經》載:“自闢乾闔坤以來,有聖母、有后土、有天姆、有女媧、有斗母、有佛姆、有元君、有王母、有仙姑、有玉女,至於麻姑、天妃、天女、佉女、無極女仙、女菩薩、比坵尼、那延溪女、紫姑、湘妃、洛神、巫女、雹母、青娥、素女、織女,皆以坤元柔順,修真得道,證明高果,是與天元同氣不二。今善女人,各具坤元,咸能入道,俱以修力,可證極樂妙果,萬劫常存。”(《清静元君坤元經》,《藏外道書》第 7 册,第 357 頁)

新中國成立初期陝西全真道狀况研究

——以檔案和口述資料爲基礎

□潘存娟

摘要：本文以陝西省檔案館民宗委228-1號檔案中收存的161位道長的簡歷表爲線索，以口述史料爲補充，力圖通過陝西全真道士以及相關宫觀的基本情况，描述新中國成立初期陝西全真道的整體樣貌，以便進行陝西全真道不同歷史時期的對比研究，彌補特定歷史時期造成的歷史斷層。

關鍵詞：民宗委228-1號檔案　陝西全真道　口述資料

作者簡介：潘存娟，陝西省社會科學院宗教所副研究員，主要從事道教研究。

本文所説的新中國成立初期特指20世紀50年代。

陝西省檔案館現存的民宗委228-1號檔案中收存了161位道長的簡歷表，這些簡歷表是1958～1962年陝西省數次道教學習會登記的，編號爲172～332。[①]這些道長的生活、活動對新中國成立初期陝西全真道樣貌有一個基本反映。

筆者近年以這些簡歷内容爲線索，盡可能地做了相關的口述訪談工作，一方面使所記載的道士個體的簡歷内容得到補充，另一方面對該時期陝西全真道的狀况逐漸形成初步的認識。對於道士個體經歷的充實，筆者已陸續發表具體的訪談録以饗讀者，本文則分享對這一時期陝西全真道整體狀况的分析研究。

一、民宗委228-1號檔案的代表性

本檔案收存的161名道長能否代表新中國成立初期陝西全真道士這一群體的整體情况？筆者的回答是肯定的。

首先，從檔案登記的性質來看，這161位道長是當時集中教育的對象，應該

① 樊光春先生曾抄録了這些簡歷表的主要内容，並有所補充，以《當年道長今何在》爲題發表在《三秦道教》。

是具有代表性的。

新中國成立初期,出於穩定社會主義制度的目的,進行了反右派鬥争,從中國共産黨提出整風、民主人士提出意見,到極少數資産階級右派分子乘機攻擊、中國共産黨因反擊而産生"左"傾錯誤,再到最終進行復查甄别和糾正。在這一系列過程中,宗教界也毫不例外地受到影響,全國各地都組織了宗教界的社會主義學習、教育、改革活動。陝西省也積極組織道教界進行愛國主義學習和教育,開展宗教改革運動。民宗委 228-1 號檔案保存的正是這一時期參加學習教育活動的道士登記表。鑒於這些活動不是個别教育而是全面改造,針對的道士必然是在當時道教界有一定影響力的人物,所以筆者認爲這些登記表的主人能代表當時的陝西道士;又因其中絶大多數屬於全真道,所以該檔案可以作爲陝西全真道研究的重要史料。

其次,從當時道士數量來看,161 位具有抽樣的有效性。

新中國成立初期陝西道士總數統計有以下幾種資料①:

1. 陝西省宗教事務處 1982 年 3 月 15 日填報的《陝西省宗教基本情况統計表》顯示,解放初全省有道士 1075 人,其中乾道 934 人,坤道 141 人。

2. 陝西省宗教事務局 1988 年 5 月 5 日填報的《陝西省宗教基本情况統計表》也顯示,解放初全省有道士 1075 人。

3.《宗教問題參考材料》(1959 年)記載 1958 年春季的統計,全省有乾道 1253 人,坤道 121 人,共計 1374 人。

4. 陝西省宗教事務處 1958 年上半年統計,全省有道士 1287 人,其中乾道 1216 人,坤道 71 人,另有住廟居士 52 人。

5. 張軍《陝西道教現狀》②一文記載,20 世紀 50 年代全省有道士 1345 人。

6. 陝西省民族事務委員會 1960 年 5 月統計,全省有道士 749 人。

7. 陝西省民族事務委員會 1962 年年底統計,全省有道士 750 多人。

如果把 161 人作爲抽樣,在册道士人數最少時是 749 人,161 人是其中的 21%;在册道士人數最多時是 1374 人,161 人占比是 12%,這説明其可作爲具有代表性和説服力的資料。因此,從定量的意義上説,161 人在這一時期具有抽樣調查的有效性,從而可作爲陝西全省道士群體的代表。

① 樊光春:《西北道教史》,北京:商務印書館,2010 年,第 590～594 頁。

② 張軍:《陝西道教現狀》,《三秦道教》1992 年創刊號。

二、新中國成立初期陝西全真道士情况分析

通過對民宗委 228-1 號檔案分析，新中國成立初期陝西全真道士的基本信息如下：

1. 161 位道長的年齡、性别情况

檔案 161 人中，1899 年前出生的道長有 50 人，出生於 1900～1909 年的有 40 人，出生於 1910～1919 年的有 37 人，出生於 1920～1929 年的有 27 人，出生於 1930～1940 年的衹有 7 人。

其中年齡最長的是岳至心，檔案載其 1844 年出生，渭南人，1932 年因病出家翠華山三聖庵，1958 年爲三聖庵住持，特長是針灸。但其出生年份記録可能有誤，此處存疑。年齡最小的是張宗玉，出生於 1940 年。

從以上資料可以看出，新中國成立初期，60 歲以上的老年道長約占 1/3，40～60 歲的中年道長將近占 48%，而 40 歲以下的青年道長衹占 21%。

161 位道士中坤道 5 位，占比衹有 3%，但坤道的真實人數占比應該不止如此，因爲通常來説，比較活躍和有影響力的坤道總是極少數。

2. 161 位道長的出生地及活動地區情况

根據出生地，陝西省本地道長 71 人，河北 20 人，甘肅 18 人，河南 16 人，遼寧 8 人，山東 7 人，吉林 2 人，北京 2 人，山西 2 人，天津 1 人，四川 2 人，湖北 2 人，湖南 2 人，浙江 1 人，安徽 3 人，有 4 人未填出生地。

就陝西來説，陝北地區衹登記了綏德 1 人。據張明貴道長口述，陝北道教重地榆林佳縣的白雲山道觀自 1918～1957 年被民國初期興起的混元教把控，至新中國成立初期雖有少量道士從事本地的宗教服務活動，但未有代表參加學習。

陝南地區的道長除了安康、漢中各 2 人外，主要來自商洛，有 19 人，其中 11 人來自山陽。據余宗來道長口述，這一時期的山陽道教在張至正道長的領導下，恢復了歷史上長期以來在商洛地區的中心地位，道士集中在山陽天竺山道觀。[①]張道長的記録如下：

> 張至正，1899 年出生，陝西商南縣竹林關人。1914 年出家天竺山鐵鐘坪，師從吴明慧，龍門派。1922 年住大天竺山，1925 年繼其父任監院。1946 年，王震、徐月亭等在天竺山一帶打遊擊，張至正供其飲食，並掩護徐治病。

① 另見潘存娟：《爲而不争，教而不言——余宗來道長訪談記》，《中國道教》2018 年第 6 期。

1955 年自願報名加入農業社,並動員扁頭溪 39 名道士入社。還在上山道路旁設置防火標誌,向群衆進行防火護林宣傳。1956 年選爲縣人大代表。

關中地區的情況是,道长們比較均匀地分布於西安、寶雞、渭南三個區域,這一情况與當前道士分布情況大體一致。

從道長們的活動場所看,其中住過八仙宫的有 55 人,住過樓觀臺的有 46 人,住過華山各道觀的有 45 人,其餘提到的道觀有 200 餘處,多數現已不存。

3. 161 位道長文化程度及道術專長

填寫文化程度一欄的道長有 123 位,其中 101 人爲小學文化程度,文盲 15 人,初中僅 6 人,大專僅 1 人,普遍文化程度較低。

登記表還有專長一欄,其中填寫了這一欄内容的有以下道長:

周興真,擅長針灸。

岳至心,擅長針灸治病。

門誠海,擅長中醫外科。

方高瑞,擅長治療癲癇。

王宗仁,中醫。

馬至誠,中醫。

朱宗興,學習中醫,學成後對窮人廣施藥丸,1956 年在漢中市第四聯合診所任醫生。

陳崇桂,中醫。

張明揚,太白山挖藥行醫,1956 年在太白山組織道衆爲生産隊種藥材。

王明理,以抽籤畫符方式爲人治病。

劉智久,掐訣念咒爲人治病。

孫崇林,行醫,隨龔浩然扎針治病。

何宗海,隨龔浩然學針灸。

金理雲,爲人治病、看風水。

金圓真,以畫符念咒爲人治病。

龔浩然,以"隔衣扎針治病"維持生活,每天 200 餘人求醫。

可見,道教界最爲常見的特長就是行醫,正合"醫道不分家"之説。筆者通過走訪,曾於重陽宫住持陳法永道長處借得龔浩然 1952 年撰寫的《天罡針法修養普濟録》,這是他針灸治病近 40 年的經驗總結,他曾希望當時寶雞衛生局推廣此法爲人民健康服務。

檔案記録:

龔信禄(浩然),一作信陸。1889年出生,北京市人,小學。1911年出家河北豐寧縣八寶洞。後至東北、山東行醫。1937年住西安八仙宫,1938年住寶雞店子街八卦洞,以"隔衣扎針治病"維持生活。1953年以後,每天有工人、農民、干部200餘人求醫,1955年最多時每天達1600餘人。1953年赴京白雲觀,聯絡道教界人士組織全國道教會未果。1956年成立中國道教協會未被邀請参加。師父韓誠壽,龍門派。

根據訪談搜集的資料,龔浩然出生於北京,家境殷實,曾娶妻生子。但因時局動蕩,他不滿時事,於熱河豐寧縣青雲山八寶洞出家,師從韓誠壽,後外出參訪,遇胡誠明授以天罡針訣。此後一心治病救人,抗戰時輾轉各地,皆以救死扶傷爲己任,傾力爲抗日戰士及難民服務。1937年以後主要在寶雞地區行醫,1959年被錯定爲"反革命罪",1964年病逝於獄中。1987年平反。他的經歷可以反映出同時代道士命運的一些共同特徵,亦反映出全真道濟世救人、積功纍行的入世精神。寶雞地區多有關於他治病救人的故事,有的不乏神異傳説。

4.161位道長受戒情況

登記表中有三位道長填寫了在八仙宫受戒的信息:

張誠德,1930年在西安八仙宫受戒。

蘇亨祥,1921年在西安八仙宫受戒。

雷清致,1927年在八仙宫受戒。

關於八仙宫傳戒的信息,筆者查閲八仙宫的碑石文獻以及目前學界的相關研究成果,並未發現檔案中提到的這三次。八仙宫歷史上在任天然開闢叢林、董清奇復爲開修之後,能够明證的傳戒包括嘉慶年間的韓合義、嘉慶十三年(1808)劉合侖、此後朱教先先後五次[①]、同治初年張宗璿(耕雲)、光緒六年(1880)劉永鎮(定中)[②]、光緒三十四年(1908)李宗陽[③]、民國四年(1915)封圓智[④]等,目前無法確定是登記者記憶錯誤還是史料損毁,還有待進一步發現佐證。

檔案中孫高苑道長也填寫了受戒信息:

---

① 《八仙庵十方叢林碑記》:"康熙初年,任天然募化重修,棲止大衆,厥後忽墜叢林而爲私守。嘉慶丙寅,赤脚董清奇復爲開修,大振仙宫,留參霞士。繼而有華山韓合義,又繼而有律師劉合侖,開壇演教。後遂傳戒於朱教先,而教先卒無異志。"此碑現立於八仙宫内。

② 見《劉定中方丈重修八仙庵并繼張耕雲律師放戒記》,此碑現存八仙宫内,已殘。

③ 見民國四年八仙宫印製的《登真箓》,主壇傳戒律師爲李宗陽,其印題爲"李涵弎摶虚"。

④ 見民國四年八仙宫印製的《登真箓》,受戒弟子穆宗仁"今在陝西省萬壽八仙宫全真律壇嗣天仙正宗第二十二代上理下智封大律師門下拜受初真妙戒玄都律文一部","上理下智封大律師"即爲封圓智,"理智"爲其戒名。

孫高苑,1914年出生,遼寧北鎮縣人,初中。1931年出家北鎮縣海雲觀,後住瀋陽太清宫,在吉林雙城無量觀受戒。1940年赴日本京都瑞山學院學習一年。1947～1948年住武漢長春觀。1949～1951年任八仙宫、樓觀臺知客。1952年10月後任八仙宫總理。碑林區人大代表。

記録中的"吉林"應爲"黑龍江",雙城無量觀則有1943年的傳戒①。而據此條記録推測,孫道長受戒大概是在1931～1940年,這又與史料不符,仍有待考證。

5.161位道長的宗派情況

登記表内填寫了所屬宗派的道長有159位,絶大多數屬於全真派。其中填寫了師父姓名的有63位,共計222位道長。

其中龍門派175位,涵蓋字譜:合、教、永、圓、明、至、理、宗、誠、信、崇、高、嗣、法、興、世、景,自十六代至三十二代。張明貴道長回憶改革開放前,白雲山道士字輩自"永"至"明";筆者訪談余宗來道長瞭解到商洛天柱山道士改革開放前的字輩在"至"與"宗"之間。據《華山道教》記載,新中國成立初期,華山居住的龍門派道士的字譜則更早一些,有真、清、一、陽、來、復,然後至"興"字輩。

華山派38位,涵蓋字譜:禮、智、信、嘉、祥、宗、泰、元、亨、清、静,其中"泰"和"元"之間缺少"寧、萬、里、復"四代字譜。

金山派2人,涵蓋字譜:自、全,分别爲十六代和十九代。

遇山派2人,涵蓋字譜:本、恒。登記者是田恒意,師父劉本清。經查,確切地説屬於"馬祖遇山岔派分支"的"清微派"。

大毛派2人,應爲"大茅派",登記者董龍河,師父晁照明,但字譜不符,疑爲本名而非道名。

吕祖雲山派2人,登記者王德三,師從王恩奎。

净明忠孝派1人,登記者安來緒。

全真諸真宗派衆所周知,此不贅述。

登記表中還有雙香門1人。據筆者瞭解,雙香門是會道門的一支,其開山祖師爲雷天真,出生於清道光六年(1826),祖籍陝西省合陽縣北黨村雷家堡。他所創的雙香門道徒甚衆,主要集中在陝西關中地區,民國時期鼎盛一時。雷天真83歲時逝於興平縣,據説這裏曾經殿宇林立,建有通天宫,是雙香門總堂。雙香門號稱不信佛不通道,國民黨元老于右任還爲通天宫題過詞,香火一直綿延到新中國成立後,20世紀50年代被取締。檔案中存有雙香門道徒的登記表,這一份登

---

① 尹志華:《民國時期的全真道傳戒活動考述》,《中國道教》2016年第5期。

記表説明在雙香門被取締之前,仍然被當作道教來管理。

三、新中國成立初期陝西全真道宫觀情況

新中國成立初期,陝西道觀統計資料有4個:陝西省宗教事務處1982年3月15日填報的《陝西省宗教基本情况統計表》顯示,新中國成立初全省有道觀696處;張軍《陝西道教現狀》一文記載,20世紀50年代全省有宫觀543處;陝西省民族事務委員會1960年5月統計,全省道教廟宇250處;陝西省民族事務委員會1962年年底統計,陝西全省有道觀290餘處。

這一時期,道士和道觀的數量變化均呈現減少的趨勢,原因主要在於,雖然各級黨政部門仍然宣傳落實宗教信仰自由政策,但由於"左"的思想影響,各地被拆毁、占用、合併的道觀也爲數不少。陝西省衹是保留了"在國内外影響較大、有歷史文物價值的"道觀,並對其宗教活動進行適當安排,"使之保持必要的宗教氣氛"。①

但凡是保留下來的道觀,基本保持著舊的傳統,同時新的社會氣息也很明顯。本文在此主要以八仙宫爲例還原新中國成立初期陝西全真道觀的基本狀况。八仙宫是陝西全真道的代表性宫觀之一,它的基本情况可以作爲典型爲我們提供相關認識。

八仙宫在新中國成立初期還保留著較大規模,其具體情况,筆者主要依據薛至傑老道長遺留的一份物品清單和謝興仁老道長保存遺留的一張平面圖,作了整理和研究。

根據民宗委228-1號檔案:

薛至傑,1913年出生,河北宣化縣人,初小文化程度。1924年因病出家河北張家口大王廟,1931年冠巾。1932年後住北京白雲觀,山東嶗山,西安八仙宫、湘子洞、三角坡,1937年任八仙宫行堂、樓觀臺巡林,1938年住三角坡,1939年住八仙宫,1958年任知客。龍門派。

謝興仁,1922年出生,安徽阜陽縣人,初小。1943年因脚傷由軍隊開小差出家陝西興平縣解村大廟,師從龐法三,龍門派。後住華山王母宫、西安八仙宫、樓觀臺、龍門洞等地。1950年後在咸陽御書宫参加土改,又在西安

① 陝西省民族事務委員會:《關於對宗教界進行社會主義教育的總結及今後工作意見的報告》,1959年5月23日,轉引自樊光春:《西北道教史》,第594頁。

會真庵當小販。1952 年返回華山王母宮當家。

“文化大革命”後,薛至傑道長常住八仙宮,卒年不詳。謝興仁道長先常住八仙宮,後遷至華山玉泉院,2012 年秋羽化於華山。

薛至傑老道長曾在 1979 年回憶 30 年前(即 1949 年)八仙宮基本情況時書寫了一份物品清單,這份清單共 12 頁,反映的情況主要有:

1. 殿堂及其他建築

清單中提到的殿堂有斗姆殿、八仙殿、邱祖殿、吕祖殿、太白殿、娘娘殿、張仙殿、藥王殿、瘟神殿、城隍殿、雷神殿、靈官殿等,其他建築主要有鐘樓、鼓樓、兩道牌樓、照壁、祖堂、庫房、賬房院、廚房院、馬房院、工具房等。清單文字不能充分表明建築位置與廟院格局,但總之,“整個八仙庵以斗姆殿爲主,左右都有跨院”①,總的格局與建築應該還是 1938 年唐旭庵重修後的樣貌。

再根據謝興仁道長收藏的“文化大革命”前的八仙宮平面圖可以看出,與薛道長記録相比較,廟内少了財神殿、城隍殿、瘟神殿、娘娘殿、張仙殿等殿堂建築,大概是在 20 世紀五六十年代逐漸拆除的,而西北角的古代建築應該是任由廢棄的一部分。

平面圖與現在相比較,在靈官殿與八仙殿之間,還有一座雷神殿。在後院西北角除了古代建築,還有八卦廳、劉公祠(據説是紀念劉鏞的祠堂)、華佗殿,但東跨院没有藥王殿,説明當時供奉的藥王不是孫思邈。八仙宮東西兩側都有出入的門,西側還有馬門。總的建築比現在還多一點,但是空間可能更緊湊一些。廂房 57 間,人員容納能力還不錯。

2. 各種物品

清單記録了各殿堂、房間裏存放的物品,非常詳細。以斗姆殿爲例,記録如下:

> 斗姆殿有:長條供桌六個,木頭大神閣五個,黄緞帳子五個,長條桌圍五個,鋪經布一長塊,中間長方供桌一個帶桌裙,供器一堂,兩邊瓷香爐十二個,地上大葦席一張,地毯一塊,當中跪墩一個,兩邊跪墊八個,下邊有跪凳兩個。另有楠木“犀牛望月”銅圓鏡子兩面,大明宣德薰爐一個,木頭方桌兩張,板凳四條,茶盤兩個,瓷茶壺兩個,平碗八個。另有上供茶壺一個,供杯三個。殿外有木匾五塊,一塊是“斗姆殿”,一塊是“寶籙仙傳”,題額是“文淵閣大學士榮禄”,此匾很有歷史價值。有對聯兩副,其字不詳。栅欄六扇左

① 見薛至傑道長書寫的清單。

> 右,有石碑兩通。殿前有名花樹兩株,一名玉蘭,一名辛夷,一個開白花,一個開粉色花。殿上有斗經、斗懺各四部,皇經八部。法器一堂全套,大鼓一個,手鼓一個。殿門口有雲牌一面。有黄緞子法衣八件,高功衣一件,上清冠一頂,單人跪墊八個,象牙朝笥一個,燒供榮穿壺一個。五間窗子都是玻璃,墻内立石碑兩個。原門前有鐵鼎爐一個,六棱室燈四個,四方斗燈兩個,紅紗燈兩個。又有一張關公畫像帶神龕,下邊兩個方桌,清油海燈一架。大立櫃兩個,裏邊放著《道藏輯要》《斗經》《皇經》《水懺》《旱懺》。銅磬一口,皇經板,功課經板。

其他各殿清單也如此詳細。其中,方丈室有多部道教典籍,包括《道德經》《文始經》《南華經》《冲虚經》《素書》《易經》《參同契》《悟真篇》《本草綱目》《譚子化書》《吕祖全書》《三丰全集》《盤山語録》《清和語録》等。對這些典籍,筆者也整理過原物,原物爲謝興仁老道長保存,多數書籍的封皮上寫有"六骰堂公用"字樣。因謝道長 20 世紀 80 年代遷單至華山玉泉院並羽化於此,現在這些典籍部分保存於華山玉泉院。

僅從字面判斷,清單中包括一些有文物價值的物品,如西客堂懸掛的中堂即是慈禧御筆的富貴牡丹,監院室懸掛的"玉清至道"匾額以及珍藏的聖旨,賬房裏懸掛存放有工筆畫神軸,八仙殿前的銅香爐爲明宣德年間鑄造,靈官殿前六塊石碑以及"長安酒肆"半截殘碑,其他如古琴、山水畫、烏木桌椅、核桃木傢具等爲數不少。

薛道長寫道:"寫此原有之物是三十年前吾所知之,後來變更,損失毀壞,我不知其詳也。至於地畝房屋更不明白。"①

3. 園林樣貌

薛至傑道長的清單中還涉及對八仙宫内樹木園林的記録。"殿與殿之間,距離相當寬暢,種有松柏和花草,兩邊盡是厢房,是各職事辦事之處。"②其中,都管寮前有大柏樹兩株,石竹兩墩;獨立的賬房院内有臘梅一株、榆葉梅一株、爬山虎滿牆;八仙殿前有大槐樹兩株、龍爪槐兩株;靈官殿前有大槐樹兩株;西花園有黑色和緑色兩株珍稀牡丹,每年花開時形成牡丹盛會;後院有大片樹林和茶園。這些記録雖然不完全,但足以展示當時八仙宫内的緑化環境。

謝道長的平面圖後院標記有 50 畝地,與薛道長記録的 30 畝相比多出的部

① 見薛至傑道長書寫的清單。

② 見薛至傑道長書寫的清單。

分應該就是原有建築廢棄後空出來的。到了薛道長寫回憶記録的 1979 年,後院已經是“局面如舊,但内容變更異様”①。

4. 叢林制度的具體表現

(八仙殿)右邊是十方堂,道友初來必須在此住幾天,然後安排任務。堂主管理,最守規矩的地方。每日在配殿受齋,觀察舉動。

(八仙殿)東邊,寮房三間,巡照一人糾察,巡寮八人。此房主管本庵内務,一切調動人耕種地、交接手續,置買一切,執行清規戒律,查道衆的行爲和文化程度,量才取用。……戒尺一個,以禁道衆犯錯,上寫著“威以戒其過,尺以量其罪”。

兩邊是迎賓房……方桌一個帶抽屜,裏邊放著掛號簿,全庵所有人員名字、年齡、某年某月某日來此,記載三代是誰,在哪裏出家。每逢有新來的道衆,這是第一道關口。首先看行動,其次背誦功課經,然後盤問來因。②

其中涉及堂主、巡照、巡寮、迎賓等執事及其職責,還有掛單的規定、常住的規矩等,説明新中國成立初八仙宫的叢林制度依然井然有序。

民宗委 228-1 號檔案還顯示,在新中國成立至“文化大革命”期間,有 37 名道士曾住過八仙宫或其下院會真庵、長春堂、三角坡等,比較知名的有喬清心、薛至傑、王理仙、孫高苑、曾教風、吴宗乾、孫明瑞、謝興仁等,其中龍門派 23 人,華山派 3 人,遇山派 1 人,派系不詳者 9 人。所提到的執事包括總理、知客、巡寮、行堂、經師等,其中,喬清心道長在 1949～1966 年一直擔任監院,王理仙、曾教風在改革開放後分别任過監院及廟管會領導小組組長和副組長。

另陝西省檔案館民宗委檔案 228-2-30 顯示,1957 年國務院宗教事務局陝西省人民委員會宗教事務處調查統計各地僧道廟觀及佛道教團體時,長安縣的彙報中填寫到,長安縣有道教宫觀 15 處,還有一處西安八仙宫的下院,也叫八仙庵,屬全真派。這説明八仙宫的叢林制度至少延續到“教改”之前。

5. 道衆生産生活狀況

薛道長的清單還透露出八仙宫道衆農耕自養的生産生活常態。

東跨院有廚房院、馬房院、大東門,此院有碾磨,膠輪大車二輛,騾子十匹,大牛二頭,東頭屋裏存放小型農具幾百件,有業務一人,是有農業常識的道友,大家聽他指揮耕種收割,庵内農用傢具齊全。

① 見薛至傑道長書寫的清單。
② 見薛至傑道長書寫的清單。

工具房十間，放大型農具，收割機……①

到土地改革時，人民政府按照實有道士人數，留給八仙宫126畝地，供其耕作自養。1955年，我國開始了農業合作化運動。八仙宫也組建了農業生産合作社，1956年改爲高級農業生産合作社，喬清心監院兼任主任。1957年，八仙宫糧食産量達到2.86萬公斤，人均260餘公斤，除道士口糧外，還完成了向國家繳納公糧和出售餘糧的任務。當年，八仙宫農業社被評爲西安市農業生産紅旗單位。

50年代後期，道教受到衝擊。1958年因部分道士去世、遷走或還俗，八仙宫道士人數下降。八仙宫高級農業生産合作社改爲興慶宫人民公社下屬的一個生産大隊。但當年糧食繼續穩産，經濟收入總額達到2.6萬餘元，其中農業收入18015元、房租4200元、香火4000元，人均400餘元，基本上達到自養水平。到1962年，道士人數降至50人，各項收入總額近2.2萬元，各項支出之外，年餘8000餘元。道士生活費收入每月平均最低7元、最高21元。薛道長寫道："八仙宫道衆那種終生衹講奉獻、不圖享受、輕物質、重精神、自食其力的儉樸恬淡生活，全部繼承的是全真風貌。"②

根據清單，八仙宫當時還聘有裁縫，用一臺縫紉機，負責日常縫補。這也是宫觀自養的一種體現。

6.道長學習修養狀況

筆者因點校了寶雞龍門洞道院保存的《六骰堂初稿》一書，瞭解到八仙宫在民國時期有一間叫作"六骰堂"的道教講堂，後又根據謝興仁道長保存的部分新中國成立前刊行的道教經籍上的標記，印證了六骰堂的存在，並且可以推測當時講堂授課的内容。

《六骰堂初稿》爲1930年前後任八仙宫監院的馬理效所輯。據馬理效的序言，"我商先生在庵設講堂，用六骰子排解《河洛》《周易》，曰'統萬數之始'也。假此起一至六爻，自道生一、一生二、二生三、三又萬物，變互錯綜，妙化無窮。推此前往，貫徹初終。自《老》《莊》《學》《庸》及各教之哲義，無不容其内者也"③。可見，六骰堂是都講商明修（1877～1945，字滌齋）所創，因他用六個骰子排解《河洛》《周易》並融匯道教教義而得名。

因有六骰堂的影響，八仙宫長期以來學習風氣蔚然。到新中國成立初期，按

① 見薛至傑道長書寫的清單。
② 見薛至傑道長書寫的清單。
③ 馬理效輯：《六骰堂初稿》，民國庚午（1930）奉天同仁山房排印。

薛道長的記録,八仙殿左邊是齋堂,白天這裏作爲用餐的地方,而晚上就是講堂。東客堂即圖書館,裏面除了道教經籍和以上清單中提到的七弦琴、圍棋、鼓樂、書法字帖、各種傳統文化經籍,還有如科學、醫書、化學方面的新時代書籍以及畫報月刊,有世界地圖、全國地圖,並陳列主席像及其他首長像,馬列書籍、毛澤東著作等應有盡有,並且外面的群衆可以來此閱讀。可以看出當時道衆不僅注重學習,注重提升文化修養,而且學習内容也與時俱進,充滿時代氣息。

根據筆者這幾年的口述訪談,陝北榆林佳縣白雲山、陝南商洛天竺山、安康紫陽及關中地區寶雞的龍門洞、藥王洞、渭南華山等地,道教宫觀的情况大體類似,無論經歷如何,住廟的道衆都是這樣一面從事正常宗教活動,一面進行生産勞動自養。

白雲山老道長張明貴回憶那時的住廟生活説:“我自己對自己要求非常嚴格,每天給自己定有課程表。早晨太陽没有出來以前,我就把身手净了,把一本經念完了。後來提倡自力更生,我就安了一個織布機子,織布維持生活,趕早飯時就把兩張布織下來了,吃完早飯抄經書,寫毛筆小字;再上織布機,又兩張,吃完中午飯在殿堂的磚地上練寫大字,練罷大字以後再織兩張布,這一天六張一匹布就織好了;晚上再上廟念經,念完經吃晚飯,晚飯後練道教音樂。白雲山道教音樂是非物質文化遺産,我是傳承人。那陣就練這功夫,每天生活就這樣。我從11歲就這樣堅持兩三年,把所有的經典,有白雲山特點的道教音樂,剪紙、舞蹈都學到手了。”①白雲山在1918～1957年被混元教把控,山上衹有少量的道士,但他們依然和張道長一樣,就這樣學習、生産、生活,自食其力、自力更生,一直堅持全真道的傳統和精神。

任法玖老道長1953年在龍門洞出家,同樣地,他回憶,那時候龍門洞道院在山上有土地,有30多位道長,大家躬耕自養,道院有好幾頭牛,他那時年輕力壯,師父就叫他負責放牛。勞作之餘,任道長跟師父學習經典,學習道教基本知識。1957年,任道長到樓觀臺參訪,跟隨師伯王嗣琳道長學習經韻科儀,並參與生産勞動。他説:“1952年土改後,樓觀臺有120多名道士,留有300多畝土地,大家就靠種地生活,但吃飯是大鍋飯,要憑糧票。1958年,廟裏是不讓燒香敬神了,也動員我回家,我不回。我歷史清白,也就讓留下了。修行是自己的事情,晚上干完活兒,打坐、念經,自己做就對了。”②

---

① 張明貴道長口述實録。

② 潘存娟:《任法玖老道長訪談記》,《中國道教》2017年第6期。

綜上所述,檔案和口述資料並不一定能够反映新中國成立初期陝西全真道的全貌,但是其中包含著有價值的線索和信息,在其他文獻資料缺乏的情况下,以檔案人物資料爲線索,進行口述史料的搜集補充,是很有意思也很有意義的研究。筆者對登記表中的張至順、李静甫、吴宗乾、曹祥貞等道長親自做過訪談,也對其中十幾位道長的資料進行了較爲充分的搜集,還對登記表之外的30多位道長進行了訪談。當每個個體的故事逐漸連接起來時,我們會看到這一時期陝西全真道士活動的鮮活内容。基於這種歷史還原,一方面可以完善對該時期道教發展狀况的研究,另一方面可以與前後發展階段相銜接、相比較,逐漸彌補特定歷史時期造成的陝西全真道的歷史斷層,以期完善對陝西全真道近當代發展狀况的研究。

（責任編輯：張琰）

匡常修《嶗山道教金山派丹法存抄》修行觀詮解

□梁淑芳

摘要:自古以來嶗山素有“九宫八觀七十二庵”之稱,金代丘處機曾經幾次到嶗山修行,開創了全真聖地的新局面。嶗山的道觀分别屬於全真道七大門派,包括遇仙派、南無派、隨山派、龍門派、華山派、嵛山派、清静派,還有龍門後裔所創的金山派、鶴山派、金輝派。其中尤以金山派影響最大。到了 20 世紀,匡常修(1904～1993)爲金山派的傳播作出了重要的貢獻。本文基於詮釋學觀點,以匡常修《嶗山道教金山派丹法存抄》爲藍本,輔以全真道創教祖師王重陽作品、丘處機作品,還有與匡常修年代相近的鄭觀應修習北派心得之文字,針對“以習静入手”“聚性與止念”“周天法輪轉”三項關鍵,探究匡常修所傳金山派之修行觀。

關鍵詞:詮釋學　匡常修　《嶗山道教金山派丹法存抄》　修行觀

作者簡介:梁淑芳,臺灣體育大學通識教育中心教授,主要從事經學與道教研究。

前　言

嶗山是中國東部沿海第一高山,聳立於黄海之濱,氣勢雄偉。登山觀海,海天一色;由海看山,仙雲嬝繞,實乃“山海奇觀”[1]。嶗山爲中國道教名山,然僻於

① 清惠齡三度出任山東巡撫,嶗山號稱“山海奇觀”即出自此君之贊譽。惠齡親書“山海奇觀”於砥柱石上,至今完好無損,字徑 2 米有餘,爲古代嶗山最大的一塊刻石。參見高明見:《碧海仙居——嶗山太清宫》,北京:宗教文化出版社,2018 年,第 24～25 頁。

海曲,舉世鮮聞其名。[①] 據《勞山太清宫志》記載,五代時劉若拙曾經到嶗山修行,被趙匡胤封爲"華蓋真人",並主持興建太清宫。[②] 歷代皆有著名道者在此修真傳教,至明代已成爲"道教全真天下第二叢林"[③]。

嶗山素有"九宫八觀七十二庵"之稱[④],金代丘處機在中年之後,幾次到嶗山修行,留下多首詩歌[⑤]。丘處機的到來,是嶗山道教史上的大事件,他揭開了嶗山神秘的面紗,全面開創了嶗山作爲全真聖地的局面。[⑥] 自丘祖之後,全真七子的門人紛至沓來,在嶗山建宫立院弘揚全真,使得嶗山取代崑嵛山,成爲全真道在山東的第二個傳教基地。[⑦] 學者劉懷榮的研究,將嶗山道教的發展分爲五個時期,即發端期(從唐末至金代後期)、興盛期(從金末到元末的100餘年)、中衰期(從元末到明代後期的200餘年)、中興期(從明代後期到清代康熙年間的百餘

---

① 關於嶗山之地理環境,金丘處機《閑吟二十首》言:"東萊即墨之牢山,三圍大海,背俯平川,巨石巍峨。群峰峭拔,真洞天福地,一方之勝境也。然僻於海曲,舉世鮮聞其名。"[(金)丘處機:《磻溪集》卷二,《道藏》第25册,北京:文物出版社、上海:上海書店、天津:天津古籍出版社,1988年,第819頁]明顧炎武曰:"三面環海,其斗入海處南勞而北盛,則盡乎齊東境矣。其山高大深阻,磅礴二三百里,以其僻在海隅,故人跡罕至。凡人之情以罕爲貴,則從而夸之,以爲神仙之宅,靈異之府。"[(明)顧炎武:《序》,(清)黄宗昌:《嶗山志》,揚州:江蘇古籍出版社,2000年,第9頁]

② 李偉剛、郭清禮:《民國周宗頤〈勞山太清宫志〉校注》,北京:宗教文化出版社,2017年,第7～8頁。

③ "道教全真天下第二叢林"石刻,位於"東海雄風"刻石略北山谷中,由青島市王蘊華書,1980年5月1日鐫刻竣工。全真道龍門派丘處機建立了道教的叢林制度,北京白雲觀爲第一叢林,明清以來嶗山太清宫又有道教全真天下第二叢林之稱。後來根據《太清宫志》有關七真降臨該宫之記載,增刻了一段文字:"宋慶元元年乙卯,真人邱長春、劉長生,同他道侶五人,號曰'七真',由寧海之崑嵛山來遊勞山,止於本宫。講道傳玄,宏闡教義,道衆大悦,各受戒律。"(李偉剛、郭清禮:《民國周宗頤〈勞山太清宫志〉校注》,第8頁)

④ 根據鍾昭群的研究:"'九宫八觀七十二庵'分布範圍不僅僅指嶗山區四個街道的轄區範圍,而是指整個的嶗山山脈,即嶗山四大支脈(巨峰支脈、三標山支脈、石門山支脈、午山支脈)及其餘脈,北至即墨市,西抵膠州灣畔,西南延伸到青島市區。這些道教廟宇散落在嶗山山脈的峰谷崖豁之間,形成了規模宏大的道教建築群。到清康熙年間,人們便把這些道教建築群對外稱之爲'九宫八觀七十二庵'。……它已成爲嶗山道教廟宇建築的代稱,無論時代變遷、名稱更易、數量增減,'九宫八觀七十二庵'在人們心目中已約定俗成、根深蒂固,不可移易。"("青島市情網",青島市地方史志研究院,2011年6月13日)

⑤ "關於丘處機到訪嶗山的次數,在現當代學者之間有二次説和三次説。'二次説'的情形,如近人藍水在《嶗山古今談・名勝》'明霞宫'條説:'丘長春於金泰和戊辰始遊勞,次歲己巳又題詩太清宫後。'……'三次説'的情形,如苑秀麗、劉懷榮《嶗山道教與〈嶗山志〉研究》認爲:'丘處機曾三次到嶗山説法闡教',但未明確指出丘處機到訪的具體時間。"(孫立濤:《丘處機及其嶗山題刻》,《嶗山道教題刻研究》,北京:中國社會科學出版社,2020年,第116～124頁)

⑥ 參見梁淑芳:《嶗山道始——由空間需求與道德實踐觀點論述金代全真教傳道嶗山之因》,《師大學報》(臺北)2020年第2期。

⑦ 高明見:《碧海仙居——嶗山太清宫》,第15頁。"全真教早期在嶗山的活動,有力地促進了嶗山道教的發展,使嶗山道教進入了歷史上第一個興盛期。"(劉懷榮:《嶗山道教及其在中國道教史上的地位》,《東方論壇》1995年第3期)

年)、衰落期(清代康熙以後)。[1] 嶗山的百餘座道觀分别屬於全真道七大門派,包括馬鈺所創的遇仙派、譚處端所創的南無派、劉處玄所創的隨山派、丘處機所創的龍門派、郝大通所創的華山派、王玉陽所創的嵛山派、孫不二所創的清静派,還有龍門弟子孫玄清所創的金山派、徐復陽所創的鶴山派[2]、齊本守所創的金輝派[3]。其中後三者的創立,是嶗山道教在明嘉靖萬曆前後呈現中興現象的主要原因,尤以金山派始祖孫玄清的影響最大。[4]

嶗山道士孫玄清(1517～1569),字金山,號海嶽山人[5],乃龍門派丘處機第四代徒孫。係山東青州府壽光縣孫家巷人。在嶗山明霞洞出家,初拜李顯陀爲師,後至鐵查山雲光洞得遇通源子指點五行,又至即墨縣得遇太和真人引至黄石宫修行,20餘年後遇斗篷張真人,共談修真,秘傳内藥諸口訣,一旦豁然貫通,復回明霞洞修行。至嘉靖三十七年(1558)到北京白雲觀坐鉢堂一載,封護國天師左

① 劉懷榮:《嶗山道教及其在中國道教史上的地位》,《東方論壇》1995年第3期。

② "徐祖諱復陽,字光明,號太和子,又號通靈,萊州府掖縣人,明成化十二年丙申二月十四日誕生。幼年失目,精巫卜,遊食各方。至即墨縣,遇李真人,諱來先,字靈仙,號凝真子,昌邑縣人,係邱祖門下,早成道果。遂引徐公至鶴山遇真庵,苦行工作數年,後求道於李真人,蒙授秘訣。……掬水洗面,雙目頓明。……遂住本山仙鶴洞,面壁九載。後遇張三丰師,得其真傳,而道行益進。繼則潛修明霞洞及本宫,後仍歸鶴山仙鶴洞。道成遺留法派曰'鶴山派'。"(李偉剛、郭清禮:《民國周宗頤〈勞山太清宫志〉校注》,第20頁)

③ "齊祖諱本守,字養真,號金輝,又號逍遥子,浙江省杭州府錢塘縣人。性静然,厭世俗,於明萬曆間,同師閻不夜由壽邑東來。盡覽二勞之勝,及至本宫西北山名'天門後'者,愛其兩峰高峙,並有邱長春真人仙筆題刻及邱真人所建之'先天庵',留住於此,不復他往。多事勞苦,廣行方便,自食糠秕,供人米糧,同居道衆莫不欽感,始終如一,凡二十年,增修殿宇三間及兩廊配房,此皆真人之苦勞功行,人所不能及者。……壬戌春正月二十一日,真人忽謂其師曰:'三清且至,吾等當恭迓。'乃共薰沐,致須羅拜於地。禮畢,對衆忽作别曰:'我功圓滿,塵緣已盡,將去矣。'言甫畢,匆匆行去,瞬息不見。衆急尾跡之,至八仙墩,見衲履在焉,墩下則汪洋東溟也。疑慮間,巡山傭工至,告曰:'適憩石巔,望見一道人飄然至此,擲物於海面上,若蒲團。齊道人躍登其上,向東南風馳電掣而去,故急來察其行蹤。方滯步,撿得一書,今請公閱之。'衆視其書,乃真人致道衆者書,云:'道名齊本守,工夫自來有。打坐二十年,勞山下苦修。待到天啓年,白雲赴瀛洲。若問歸何處,仙臺閬苑遊。'據遞相傳,真人向未習讀,一旦了悟,竟能如此,道理之妙,豈可測哉!嗣蒙敕封:'上元普濟宏道真君。'遺留法派曰'金輝派'。"(李偉剛、郭清禮:《民國周宗頤〈勞山太清宫志〉校注》,第22～23頁)

④ 趙偉:"孫玄清的存在,使得全真教在明代中期能够繼續與朝廷保持著關係,不至於使全真教完全被正一道所壓制。但在明中期之後,影響全真教發展的,還有民間對全真教的認同。"(《嶗山道教與佛教研究》,北京:人民出版社,2015年,第127頁)高明見:"孫玄清在嶗山上清宫、明霞洞苦修五十餘載,大悟千百遍,小悟不計其數。……在他身後,形成了以他爲始祖的龍門支派金山派,又稱'嶗山派'。該派是較早融合齋醮祈禳等正一符籙法術的全真龍門道派之一,又是誕生於嶗山的三個龍門支派中唯一傳留到今天的道派,目前在嶗山、泰山和遼寧千山等地仍有傳承。"(《碧海仙居——嶗山太清宫》,第116頁)

⑤ 任繼愈主編:《中國道教史》,上海:上海人民出版社,1990年,第650頁。

贊教主紫陽真人。法派曰金山派，因在嶗山修真，亦曰嶗山派。[①]

在嶗山百餘座道觀裏，最爲特别的是太清宫，它不僅是劉處玄所創的隨山派之祖庭，還是金山派、鶴山派、金輝派共居之道場。到了20世紀，金山派第二十一代玄裔匡常修(1904～1993)爲金山派的傳播作出了重要的貢獻。

匡常修，字和陽，道號圓覺子，别號一炁道人。[②] 1932年在嶗山白雲洞出家，拜其叔父匡真覺道長爲師。擔任過嶗山太清宫住持，精通丹道、武學和醫術。[③]著有《玄真篇註解》《乾元丹指》《先天炁功基礎要訣》《吕祖百字碑》《武當别傳》和抄録的《180種丹藥方集》等，除《先天炁功基礎要訣》《吕祖百字碑》流傳至今，其他著作已佚失。匡常修曾經以《栽種生命長青樹——先天炁功築基要訣》爲題發表金山派的修行方式。[④] 胡孚琛在《丹道法訣十二講》第6册提及1982年4月14日在青島嶗山太清宫得匡常修道長金山派丹法之傳，名爲《嶗山道教金山派丹法存抄》，内容與匡常修前文類似。[⑤] 此《存抄》即金山派第二十三代弟子郭清禮收於《全真道金山派史略》的《先天炁功基礎要訣》[⑥]，也是金山派内丹修行法重要的文本。筆者此文之論述以收載於學者胡孚琛書中的《嶗山道教金山派丹法存抄》爲研究藍本。

---

① (清)梁教無:《玄門必讀》，蕭天石:《道藏精華》第9集，臺北:自由出版社，1980年，第250～251頁。"孫玄清，壽光人，號紫陽。幼係瞽僧，嘉靖至明霞洞，棄釋入道。修養二十餘年，目復明。赴京都白雲觀，注《靈寶秘訣》《太上清净》等經。敕封護國天師。隆慶三年羽化。"(周至元:《嶗山志》，濟南:齊魯書社，1993年，第165頁)

② 苑秀麗、劉懷榮:《嶗山道教與〈嶗山志〉研究》，北京:中國社會科學出版社，2011年，第144頁。

③ 郭清禮:《全真道金山派史略》，《民國周宗頤〈勞山太清宫志〉校注》，第207頁。"匡常修是個虔誠的道教徒，將自己的畢生精力都奉獻給了道教事業……其武術不但在膠縣一帶負有盛名，在全國道教界也是首屈一指的，素有'南郭(武當派郭高一)北匡'之稱。他的武術以腿法見長，故得'匡北腿'之美譽，遠近慕名來訪者絡繹不絶。"(高明見:《道教海上名山——東海嶗山》，北京:宗教文化出版社，2007年，第85頁)

④ 匡常修:《栽種生命長青樹——先天炁功築基要訣》，《中華養生保健》2003年第7期。此文亦收於任穎巵:《嶗山道教史》，北京:中央編譯出版社，2009年，第220～224頁。1992年冬，"匡道長羽化後，丹田却温熱長達36小時。匡道長神奇的羽化，無疑是修持上的最好見證。……試問世人能有幾個預知自己的生死，控制自己的生死？匡道長就已經把握了生死的真諦，並用道教内丹的功法來顯現給世人看。他在用事實告訴我們修行的可貴，人人皆有道性，皆可修成神仙，益壽延年"(郭清禮:《憶嶗山匡常修道長》，《中國道教》2006年第5期)。

⑤ 胡孚琛言:"余至嶗山時，道教組織尚未恢復，太清宫屬園林局管理，余於此小住三日，後到北京工作，每年都有一月時間到嶗山隨匡師研習丹道。此段功法在氣功大潮時曾名'先天炁功'，乃匡師手撰。今余據其口述稍作整理，以留存世間，僅供學者參考云。"文末寫著"圓覺子匡常修作於1981年1月24日"。(《丹道法訣十二講》第6册，北京:社會科學文獻出版社，2013年，第1437～1445頁)郭清禮在《全真道金山派史略》所寫之《先天炁功基礎要訣》即録自胡孚琛所寫。另苑秀麗、劉懷榮云:"匡道長對先天氣功的修煉有不少獨到的見解和方法，比如煉精化炁之法等，這些方法至今仍被很多氣功練習者所使用。"(《嶗山道教與〈嶗山志〉研究》，第144頁)

⑥ 郭清禮:《全真道金山派史略》，《民國周宗頤〈勞山太清宫志〉校注》，第208～211頁。

清末民初與匡常修年代相近的丹道修行者鄭觀應(1842～1921)①,曾經修行丹道數種派别。他在《致劉和毅真人書》述及:"官應夙慕神仙事業,曾讀南派、北派、東派祖師丹經數十種,遍求丹訣已五十餘年。"②關於北派的學道經驗,他在羅浮山獲天外散人授内丹口訣之後,於山上静室静修,寫下體驗:"余於丙戌年,在羅浮得聞北派真傳,曾試行於萬籟俱寂之室,静極而動,身中暢快,莫可名言。"③天外散人即彭凌虚,曾經將北派的煉精化氣、煉氣化神、煉神還虚三步口訣一併傳授給鄭觀應。④

鄭觀應集一生的精力,持之以恒地搜集、整理、出資翻刻與刊行超過 50 種道教經籍,對於保存近代道教經籍文化,貢獻不可謂不大。特别是,在晚清民初建制性道教宫觀缺乏人才與資金的歷史環境中,鄭觀應以一己之力推動並成就如此成果豐碩的重刊道經工作,確是不容易。衹要一看《道術》所收的 34 篇鄭觀應重刊各種道經時撰成的序文,便知所言非虚。根據這些序文,鄭觀應總共重刊了 107 種道經。⑤ 值得注意的是,在這所費不貲重刊的道經裹,專屬丘處機所創的龍門派者爲《龍門秘旨》。鄭觀應依照自己實際修行北派的經驗,在《龍門秘旨序》裹直言:"北派《龍門秘旨》一書,七章中惟小周天火候口訣最真,字斟句酌,真泄天機。其餘六章,如煉氣化神爲十月懷胎内事,煉神還虚爲三年乳哺中事,煉虚合道爲九年面壁内事,篇中次序不合,且文詞亦不簡凈,恐非邱祖所作,是後人託名耳。"⑥鄭觀應斬釘截鐵地指出:"小周天火候口訣最真。"因此,筆者嘗試從全真道創教祖師王重陽作品、丘處機較無争議的作品與言論,如《磻溪集》《長春真人西遊記》《清和真人北遊語録》《真仙直指語録》等⑦,輔以《龍門秘旨・小周天火候口訣》,還有鄭觀應作品中有關北派修行心得之文字,針對"以習静入手""聚性與止念""周天法輪轉"三項關鍵,探究匡常修所傳金山派之修行觀。

---

① 鄭觀應(1842～1921),原名官應,字應鈞,號羅浮山人、待鶴山人。參見易惠莉:《鄭觀應評傳》,南京:南京大學出版社,1998 年。其道號有"虚空"(吕純陽祖師賜)、"通濟"(張三丰祖師賜)、"一濟"(陳抱一祖師賜)。參見鄧景濱:《鄭觀應道號及學道始年考》,《學術研究》1996 年第 5 期。

② 夏東元編:《鄭觀應集・盛世危言後編》第 1 册,北京:中華書局,2013 年,第 109 頁。

③ 鄭觀應:《中外衛生要旨》卷一,廣州:廣東科技出版社,2014 年,第 692 頁。

④ 夏東元編:《鄭觀應集・盛世危言後編》第 1 册,第 211 頁。

⑤ 黎志添:《鄭觀應"仙道"與"救世"的思想和實踐:兼評其對清末民初道教發展的影響及意義》,《中國文化研究所學報》2018 年第 67 期。

⑥ 夏東元編:《鄭觀應集・盛世危言後編》第 1 册,第 105 頁。

⑦ 對於丘處機作品考證之整理,參見梁淑芳:《全真七子修行之道》,臺北:文津出版社,2019 年,第 209～211頁。

一、《嶗山道教金山派丹法存抄》之修行觀

1. 以習静入手

《老子》第二十六章云："重爲輕根，静爲躁君。"這裏的"重"是以身爲主體，"輕"指身外之名聲、權勢、地位、財貨等，過分追求身外之物，就是捨本逐末，丢了根本；這裏的"静"指人的自性，"躁"指妄念或者欲望，所有起心動念的欲望，都會使人躁動不安。因此，保持自性之本來清静，需要後天之存養與修煉。

全真道祖師王重陽在創教之初，要求會衆誦讀《孝經》《般若心經》《道德經》《清静經》等儒、釋、道三教經典，且在《三州五會化緣榜》中，標示全真道的基本修行法則：

> 諸公如要修行，飢來喫飯，睡來合眼，也莫打坐、也莫學道。只要塵凡事屏除，只用心中清静兩箇字，其餘都不是修行。……功行乃别有真功真行。晋真人云："若要真功者，須是澄心定意，打疊神情，無動無作，真清真静，抱元守一，存神固氣，乃真功也；若要真行者，須是修仁蘊德，濟貧救苦，見人患難，常行拯救之心，或化誘善人入道修行，所行之事，先人後己，與萬物無私，乃真行也。"伏願諸公早垂照鑒。①

可見王重陽對於學道修行，不談深奥的丹經玄理，衹强調"清静"二字，外加真功真行，便是修行，頗適合中國人的思維模式與動亂頻仍的時代背景。早期馬鈺拜入王重陽門下的入道誓詞曰：

> 專燒誓狀，謹發盟言。遵依國法爲先。但見男兒女子，父母如然。永除氣財酒色，棄榮華、戒斷腥羶。常清静，更謙和恭謹，無黨無偏。　布素婪躭度日，飢寒後，須憑展手街前。不得貪財誑語，詐做高賢。常懷慎終如始，遇危難、轉要心堅。如退道，願分身萬段，永鎮黄泉。②

誓詞中提到在遵依國家法令的基礎上，常保清静，捨弃外緣，慎終如始，道心堅定，建立了具有全真道特色的戒律。

金大定十四年(1174)中秋，丘處機與馬鈺、譚處端、劉處玄於秦渡鎮真武廟共聚，各言其志。丘處機以"鬪閑"爲志向，選擇至磻溪、龍門偏遠之地潛心修行。丘處機未弱冠即棄俗入山，與世無争的閑淡氣質，源自内心的真清静。段志堅編

① (金)王喆:《重陽教化集》卷三,《道藏》第 25 册,第 788 頁。

② (金)馬鈺:《丹陽神光燦》,《道藏》第 25 册,第 623 頁。

《清和真人北遊語録》中有一段文字説明丘處機所言之“清静”：

> 獻州一縣令，從師父左右，未嘗輒離。一日，乘間有問云：“某潛心在道，已静居十五年，人皆謂之清静，然自知其未也。”師父笑不答。既久，曰：“清静非一，有内有外，有無爲有有爲。公之所行，外也，有爲也。一男一女，世事之常，如公之行亦未易得。然則非真清静也，無爲自得是謂真清静。”[①]

外在形軀獨處静室，雖屬難得，但不算真清静，衹是有爲法。要從内在心性下功夫，凡事無爲且無入而不自得，纔是真清静。

《嶗山道教金山派丹法存抄》一開始解釋先天三寶（元神、元氣、元精）與後天三寶（思慮神、呼吸氣、交感精），功夫到最深處，純用先天，修煉過程必從後天入手，以後天返先天；接著强調“金山派丹法以習静入手，心若不静則氣無所歸，在行功時不免心意昏迷，萬念叢生，以至神弛氣散”[②]。可知“習静”是金山派修行入手之關鍵，這與重陽祖師所立的“先性後命”修行原則中以“性功”爲鍛煉下手處相符合。

與匡常修時代相近的鄭觀應，在《致青城養玄子潘公書録寄羅人楷世兄》中云：“待鶴因護南派，未遇真傳，迭無效果，何敢希冀黄白。現究心北派，以真息爲本，下手工夫：先静心，次緘口，次調鼻息平和，閉目内觀，神注腎根之下。”[③]以鄭觀應實修北派的經驗，確實是以“静心”爲入門基本功。

金山派如何“習静”？匡常修具體提出：“習静必須言、聽、視、動等都要保持安静，在行、住、坐、卧之間，也要養其浩然之氣，方不滯其動静之機。”[④]鄭觀應在《盛世危言後編》裏所留下的寶貴的《全真教入室譜》云：

> 修道者須先調養氣、體，煉己却魔。夫欲先煉玉液還丹，須覓一静室。入室之初仍要寒暖得宜，戒食葷腥膻（燥）〔臊〕之物及五辛煎炒燒炙之品。每日十二時，意所到皆可爲。初學者按子、午、卯、酉之時静坐一二時。静坐時必須立其體、空其心、實其念，使氣得以上下輸灌而流行，再以舌抵上腭，唇齒相黏，積氣不泄，亦易通津。目但微開，肩莫高聳，使不得昏睡招魔，亦可使長久操持。務令呼吸調匀，五臟冲和，行、住、坐、卧不離這個。造次必於是，顛沛必於是，自然知止而後能定，定而後能静。能定、静方可下手調藥。[⑤]

---

① （元）段志堅編：《清和真人北遊語録》卷二，《道藏》第 33 册，第 164 頁。
② 《嶗山道教金山派丹法存抄》，胡孚琛：《丹道法訣十二講》第 6 册，第 1439 頁。
③ 夏東元編：《鄭觀應集·盛世危言後編》第 1 册，第 55 頁。
④ 《嶗山道教金山派丹法存抄》，胡孚琛：《丹道法訣十二講》第 6 册，第 1439 頁。
⑤ 夏東元編：《鄭觀應集·盛世危言後編》第 1 册，第 209～210 頁。

初學道者必須先調體養氣和煉己却魔，找一個安静的地方，按照子、午、卯、酉四個時辰打坐煉功，在此亦强調行、住、坐、卧不離這些概念，由定而生静，方可調藥。

2. 聚性與止念

匡常修認爲"人心初入静，就會雜念叢生，亂思紛陳，心息不能相依，必先用法制住，以收其散性而爲光"[①]。一個人爲什麽會讓外景住於心？主要是定力不足，心緒纔會飛奔。王重陽祖師有詩云：

心猿緊縛無邪染，意馬牢擒不夜巡。[②]

馬子休令川撥棹，猿兒莫似浪淘沙。[③]

捉住心猿治住神，自無夢惱内中真。[④]

"馴心猿，鎖意馬"就是一種煉心功夫，亦如佛教之"止念"，衹滅動心，不滅照心，虚寂恒誠，自可明心見性。對於人心念涣散的原因，鄭觀應在《致月嚴四弟書并寄示次兒潤潮》中寫道：

或問：有術乎？張真人曰：人之所以憔悴枯槁者，心使之也，百事集心，一念未已，一念續之，盡日之中，全無暇刻，宵之寐也，心無少寧而禪不存矣。吾無他術，爲能定心。夫鬼神之所測度者，吾心有念耳。心無念則神之靈不可得而知也。豈惟神不知，吾亦不自知，其爲心乃定之根，所謂"知止而後能定，定而後能静"也。[⑤]

心中百事集之，一念未完，一念接續，心神自然涣散，外形自然同枯木。唯有放下與止念，方可强化定静功夫。爲什麽修持金丹之道必須静心？鄭觀應引用張真人的説法：

能静則金丹可坐致也。夫人神好清而情撓之，人心好静而欲牽之。欲念者氣質之性所爲也，此性役真性，常切於耳目。次之，修道之士心既無事，則彼固無由而役矣。其所以役神者，外物誘之耳。定中覺目有所睹，則神役於目矣，急收而返視；耳有所聽，神役於耳矣，急收而内聽。其他皆然。[⑥]

凡夫俗子總是被情欲牽絆，面對誘惑如果能够"視之不見，聽之不聞"，切斷視聽，

① 《嶗山道教金山派丹法存抄》，胡孚琛：《丹道法訣十二講》第 6 册，第 1440 頁。
② （金）王嚞：《重陽全真集》卷一，《道藏》第 25 册，第 694 頁。
③ （金）王嚞：《重陽全真集》卷一，《道藏》第 25 册，第 691 頁。
④ （金）王嚞：《重陽全真集》卷十，《道藏》第 25 册，第 741 頁。
⑤ 夏東元編：《鄭觀應集・盛世危言後編》第 1 册，第 135 頁。
⑥ 夏東元編：《鄭觀應集・盛世危言後編》第 1 册，第 136 頁。

返觀自照，心不爲外物所役，纔可以學習丹道。[①] 匡常修提出的方法是“一面守静聚性，一面觀光止念”，二者互相進行，久而久之眼前出現虚白。“心”與“性”是一組既矛盾又統一的哲學範疇，《重陽真人授丹陽二十四訣》云：“心生則性滅，心滅則性現也。”[②]這裏的“心”是指具有意識、情緒的“妄心”“人心”；“性”則指人與生俱來之本性，或曰“本心”“真心”“天心”“元神”，即“父母未生前的本來面目”。因此，匡常修所言的“止念”與“聚性”似互爲表裏。金山派“止念”的功夫乃透過“觀光”之徑，“初觀時則如白雪片片，由外飛來。繼則觀似波浪之翻動，由外聚內。久則虚白一片，不見波動，這時方知性不亂矣”[③]。“觀光”之法尤爲獨特，因爲光爲性之外應[④]，可以止後天之起心動念，亦可凝練先天之性。其實，在王重陽的作品裏，論及内丹修證與本體心性處，經常以光來形容，譬如：

五般彩色於身見，一點靈光只自知。[⑤]

户别開玄妙，做人同和天尊。光一點永無昏。輝月照，水出崑崙。[⑥]

認得祖宗醒復醒，紅紅赫赫如金定。漸漸圓明光又瑩，通賢聖，無生路上長端正。[⑦]

悟得“五行不到處，父母未生時”之元初本性，透過修行回歸生命之本源，此光不生不滅，永遠圓明瑩亮。在王重陽的體證中，宇宙、生命的本源、本體、終極實在，即是一種永恒、純净、璀璨的無限明光，那麽修丹、修道的目的，顯然即在自己生命當中，找尋到此明光，並與此明光達到完全的融合與統一。由是，在此存有論思維以及道家所强調的“逆反”“復歸”或“顛倒”思想的指導下，融之以道家獨特的人體生理觀，便有所謂“回光”“返照”之説。[⑧] 對於“回光返照”之法，王重陽並未具體傳授給弟子們。《重陽全真集》有詞云：

要行行，如卧卧。只把心頭，一點須猜破。返照迴光親看過，五色霞光，

① 《老子》第十二章：“五色令人目盲，五音令人耳聾，五味令人口爽，馳騁畋獵令人心發狂，難得之貨，令人行妨。是以聖人爲腹不爲目，故去彼去此。”按：此觀念與張真人所言相近，皆是要人放下外在享受與誘惑。

② （金）王喆：《重陽真人授丹陽二十四訣》，《道藏》第 25 册，第 808 頁。

③ 《嶗山道教金山派丹法存抄》，胡孚琛：《丹道法訣十二講》第 6 册，第 1440 頁。

④ “光者性之反映，性散光即散，性聚光即聚，性定光即定，性滿光即圓。由此觀之，觀光即能知自性之聚散矣。”（《嶗山道教金山派丹法存抄》，胡孚琛：《丹道法訣十二講》第 6 册，第 1440 頁）

⑤ （金）王嚞：《重陽全真集》卷一，《道藏》第 25 册，第 691 頁。

⑥ （金）王嚞：《重陽全真集》卷六，《道藏》第 25 册，第 725 頁。

⑦ （金）王嚞：《重陽全真集》卷七，《道藏》第 25 册，第 729 頁。

⑧ 蕭進銘：《丘處機回光説的内涵、淵源及發展——兼比較禪宗的“回光返照”説》（上），《丹道文化》2003 年第 28 期。

覆燾珠明顆。①

萬顆明珠戴玉冠，無窮彩豔衣金縷。這元元，迴光覩，五五不離二十五。依此行持依此修，姓名預録長生簿。②

上述兩闕詞提到回光、返照並未提及操作法則，但是由"親看過"和"覩"字可知，此法必定與視覺功能的轉化有關。到了丘處機，在回答道衆的提問時，留下文字記録：

或問曰："回光與金丹工夫是一是二？"師曰："回光不止金丹，即宗門真訣也。"③

師示衆曰："學人但能回光，即了生死，此光超日月，透三界。若無此光，天地亦冥頑不靈矣，萬物何處發生。此光即元始威音也。衆生輪迴者，因此光順出，作種種妄想，故幻出皮囊，積骸如山，積血如海。今一句説破，人自兩目外皆死物也。一目中，元精、元氣、元神皆在，可不重歟？眼光落地，萬古長夜。"④

丘處機明確地點出"回光"之法是全真道宗門之要訣，如果能學此功法，可以出生了死，其機在"目"。到了金山派，匡常修提出"觀光"之法：

觀光時，先静坐片刻，待心定，方將微意止於目前，似照似定，若有若無，不久即有白雪現於目前，一走即收回，又意照於白光中，從微而至大，從光小而至光潔白一片，從波動而至波静光定，從虚白而出現圓光，現圓光必須入大定纔有。此步功法切忌用意太急，更不可用意念追求，造成假象。⑤

顯然，這是一種有爲法，借此將一顆凡心、躁心安定下來。真能入静，白光由小至大，一片皎潔，深入大定時，甚至現出圓光。但是匡常修認爲勿强求，必須順其自然運化。鄭觀應有痰喘之疾，因此遍尋丹道養生之理。在《致劉君宣甫書并録寄孫君仲英》中有言：

俗士以性、命分宗，而不知道器相乘、有無相因，有不可歧而二者。故性即神也，命即精與氣也；性則無極也，命則太極也。二者不可偏廢，前聖已詳言之。惟旁門日多，似是實非之詞，淆人聽聞。論性功，則有回光返照、閉息

① （金）王嚞：《重陽全真集》卷四，《道藏》第 25 册，第 716 頁。
② （金）王嚞：《重陽全真集》卷九，《道藏》第 25 册，第 736 頁。
③ 《邱祖語録》，《藏外道書》第 11 册，成都：巴蜀書社，1992 年，第 286 頁。
④ 《邱祖語録》，《藏外道書》第 11 册，第 286 頁。
⑤ 《嶗山道教金山派丹法存抄》，胡孚琛：《丹道法訣十二講》第 6 册，第 1440～1441 頁。

存神之法;論命功,則有閨丹禦女、採陰補陽之術。①

鄭觀應以60餘年的學道經驗,更加體悟北派王重陽祖師的"性若見命,如禽得風"②與"根者是性,命者是蒂也"③之主張,認爲"回光返照"偏向性功鍛煉。鄭觀應若有所悟地説:"修性者,所謂能知收其放心,回光返照於至善之地,復我本來面目,如嬰兒之心不識不知是也。"④"内丹以服吾身之全精,外丹以服太虚中全精之性。然内(單)[丹]未成,外丹未就,則當内以養己,安静虚無,隱藏其明。回光内照,須塞兑口,使上下不泄,築固靈株。"⑤對於初學丹道者,其内丹未成,外丹未就,第一要務就是"煉心"之功夫,如《老子》第五十二章"塞其兑,閉其門,終生不勤。開其兑,濟其事,終生不救",關閉與外應物之通道,行回光返照之功,纔能守住己身之元精、元氣、元神。

3. 周天法輪轉

金山派修行法透過聚性止念,觀光有成,接著必須凝神入氣穴:"當光感不動時,即將微意移於丹田(臍下一吋三分),心守太虚,意照氣穴。如此不即不離,勿忘勿助,寂而照,照而寂,久則惺惺默默,永無昏沉,睡魔自遣。"⑥將光感用意念轉移至下丹田,此時"呼氣上不過心,吸氣下不過氣穴"⑦,當心息相依之際,心在氣中而不知,氣覆心外而不覺,氤氲一片,此乃煉心和氣之功。⑧ "待所生之元精欲返回之時,速吸一口氣,下達會陰穴,用意一提,引入丹田。如此數次或十數次,内精歸爐,外物自然縮盡,此之爲採藥歸爐。"⑨再以武火和文火行功⑩,自然可以

① 夏東元編:《鄭觀應集・盛世危言後編》第1册,第79頁。

② 《重陽立教十五論》,《道藏》第32册,第154頁。

③ (金)王喆:《重陽真人授丹陽二十四訣》,《道藏》第25册,第807頁。

④ 夏東元編:《鄭觀應集・盛世危言後編》第1册,第188頁。

⑤ 夏東元編:《鄭觀應集・盛世危言後編》第1册,第147頁。

⑥ 《嶗山道教金山派丹法存抄》,胡孚琛:《丹道法訣十二講》第6册,第1441頁。

⑦ 《嶗山道教金山派丹法存抄》,胡孚琛:《丹道法訣十二講》第6册,第1441頁。

⑧ "在修持上,達摩老祖'全憑心意用功夫'的話也正是要害之處。然而内丹學入手法門的要訣在'心息相依'四字上。……丹家入静,乃是目不亂視,心不留事,'神返於心,乃静之本'。這要丹家體會《陰符經》'機在目'的要訣,以一個'忘'字掃除雜念。……内丹學的身體觀將人體看作是形、氣、意的三重結構,氣是形和神的中介,因之從煉氣入手,等於煉了形也煉了神。丹家入手法門講究以假修真,以後天轉入先天。後天的氣就是呼吸,後天的識神就是意念,以意念調整呼吸,將注意力集中到呼吸上,以'心息相依'爲要訣,逐漸由後天呼吸轉變爲先天元神顯現時的胎息,便是内丹的入手法門。"(胡孚琛、吕錫琛:《道學通論——道家・道教・仙學》,北京:社會科學文獻出版社,1999年,第538頁)

⑨ 《嶗山道教金山派丹法存抄》,胡孚琛:《丹道法訣十二講》第6册,第1442頁。

⑩ "武火者有意於呼吸,息息歸根,不離丹田炁穴。再以神寂照之(忘息的意思),即謂之文火也。"(《嶗山道教金山派丹法存抄》,胡孚琛:《丹道法訣十二講》第6册,第1442頁)

氣足開關，八脈俱通。[①] 此時需要開始"轉周天"，每次炁生，引炁入任督行一周而歸丹田。"行之既久，繼而歸於大定，在定静之中，一道白光亮如水銀，由任督二脈旋轉不停。三百餘周，自然而停，此後復生如此。謂之法輪自轉矣。"[②]煉功至此，宿疾全消，常静常樂，身强延年，此養生第一義。[③]

至於金山派的周天與法輪，全真道創教祖師在《重陽立教十五論》《重陽真人金關玉鎖訣》《重陽授丹陽二十四訣》中並未載録操作法，想必口授心傳的可能性很大。[④] 在王重陽詞作裏可以看到他和馬鈺唱和的内容提及"周天"：

凡軀莫藉。把惺惺了了，自然明明構架。行住坐卧，須要清清閑暇。氣神和，結成珠，堪教化。張弓舉箭能親射。紅心正中，赶退周天卦。垜貼中間，迸出霞光無價。五行達，脱陰陽，超造化。[⑤]

家緣不藉。遇風仙傳得，修補清虚之架。懶裏尋慵，慵裏更尋閑暇。上街來，除我相，先乞化。木人箭指雲溪射。覺正中，周天通明八卦。見粒神丹，燦爛果然無價。水雲遊，訪秦川，行教化。[⑥]

王重陽苦口婆心奉勸馬鈺勘透肉身是個假我，日常生活中常保清静心，借由所傳心法，從關鍵處下手，經周天卦轉，必可丹成，超脱五行陰陽。馬鈺回答重陽祖師，表達家緣已捨，珍惜師父親自傳授的修丹秘旨，修補耗損的精氣神，透過全真道的性功鍛煉，運轉周天，得無價神丹，繼續雲遊四海，傳布全真教化。[⑦] 到了丘處機《大丹直指》内含周天運行之方式，據學者們考證《大丹直指》僞作的機率較

① "開關者，是由上步煉精，丹田氣足，日久在睡定之時，忽覺丹田發熱，炁生炁穴，千萬勿動勿驚，心歸杳冥，任其自然自生。……待至熱極欲動之時，我以真意領之，入尾閭之中。方法是：炁不動我不動，炁將動我先動。炁足者，自然一撞直上乾頂，須臾化爲甘露；流之任脈，香甜滿口，腦髓清定，響聲隆隆，直達丹田，非同前咽津之響聲也，從此八脈俱通矣。"（《嶗山道教金山派丹法存抄》，胡孚琛：《丹道法訣十二講》第6册，第1443頁）

② 《嶗山道教金山派丹法存抄》，胡孚琛：《丹道法訣十二講》第6册，第1444頁。

③ 《嶗山道教金山派丹法存抄》，胡孚琛：《丹道法訣十二講》第6册，第1445頁。

④ "氣功是道家一種性命雙修的功法，是古代道家和養生家實踐成功的保健延年要法。此功法過去都是口傳心授，没有文字記載，即使有書，也多是含糊其詞，深奥莫測，真實用法更不落紙筆，所以後人用得很不廣泛，衹有少數得傳者，借以延年。"（任穎卮：《嶗山道教史》，第220頁）

⑤ （金）王喆：《重陽教化集》卷三，《道藏》第25册，第788頁。

⑥ （金）王喆：《重陽教化集》卷三，《道藏》第25册，第788頁。

⑦ 至於"法輪"的概念，僅出現一次，在《重陽全真集》卷一，内容如下："覺悟西方通妙用，曉明東度結圓因。化形千尺應無礙，好向凡間轉法輪。"［（金）王重陽：《重陽全真集》卷一，《道藏》第25册，第693頁］此處的"轉法輪"應指傳布丹道教化。

高,本文略而不談。[①] 在丘處機的詩作裏,可以看到周天煉丹之記録:

妙景從來説武官,周天迴斡暮春看。

千株白錦凝霜雪,一派香風吐麝蘭。

羽客徘徊昇月榭,高真依約下星壇。

神功暗結靈虚秀,化作無邊碎玉團。[②]

泰和三年(1203)劉處玄於武官靈虚觀過世,丘處機繼任爲第五任掌教。當時丘處機對丹道實修的體悟,如暮春回看、霜雪凝錦、麝蘭吐香、星壇月榭,暗自結丹産靈芽。《桃源憶故人・答丹陽》之二云:

故人别後閑吟罷,寂寞雲溪瀟灑。百尺孤松影下,獨弄周天卦。 清風皓月雖無價,妙手奇工難畫。欲向世間誇詫,誰是分真假。[③]

丘處機寫作此詞的場景或許是在金大定十四年(1174)秋,四大弟子(馬鈺、譚處端、劉處玄、丘處機)爲重陽祖師服喪完畢,於秦渡鎮聚會,談論全真道發展方向與志向,丘處機以"鬭閑"自許,然後西行至磻溪,開始苦行修煉。[④] 在松影之下,愈顯瀟灑孤獨,周天運轉煉内丹,却是無價之寶,欲與何人説,無人能辨修行之境界。[⑤]

清末鄭觀應得北派真傳,對於《龍門秘旨》一書,認爲僅小周天火候口訣最真。[⑥] 此《小周天火候口訣歌》曰:"静極而動兮,一陽來復。産藥神知兮,妙訣通靈。微陽初生兮,嫩而勿採。藥物堅實兮,十五光盈。時當急採兮,莫教錯過。……周天三百兮,除卯酉數。三百六十兮,連卯酉名。再加五度兮,四分之一。以象閏餘兮,周天一巡。復歸於静兮,依然沐浴。神凝氣穴兮,再候陽生。行之既久兮,精返爲氣。迴風直上兮,百日功靈。"[⑦]其中的静到極點是基本功夫,

---

① 戈國龍:"可以確證《大丹直指》非丘處機所述,乃全真後學得施真人所傳丹書後所僞託。蓋其時丘處機聲譽日隆,託名丘處機述不僅是對丘處機的推重,更爲了增加《大丹直指》本身之權威性。"(戈國龍:《〈大丹直指〉非丘處機作品考》,《世界宗教研究》2008年第3期)

② (金)丘處機:《磻溪集》卷一,《道藏》第25册,第816頁。

③ (金)丘處機:《磻溪集》卷六,《道藏》第25册,第843頁。

④ (元)李道謙編:《七真年譜》,《道藏》第3册,第383頁。

⑤ 丘處機詩詞作品談及"法輪"有三處,分别是"自解偷生巖嶂窟,誰能闡化法輪橋"[(金)丘處機:《磻溪集》卷一,《道藏》第25册,第811頁],"浩氣騰騰,餘光藹藹,至性那虧失。圓明法界,法輪常自充實"[(金)丘處機:《磻溪集》卷五,《道藏》第25册,第833頁],"法輪初轉,慧風生,陡覺清凉無極"[(金)丘處機:《磻溪集》卷五,《道藏》第25册,第833頁],其中的"法輪橋"應指修行方法,包括關鍵下手要訣。第二個與第三個"法輪"都是指内丹修煉有些成績。

⑥ 臺灣龍門宗第十三代傳人王來静曾經出版其龍門弟子陳國華《邱長春龍門秘旨》(臺北:氣功文化出版社,1993年),可見此書對龍門宗傳承之重要性。

⑦ 陳國華:《邱長春龍門秘旨》,第21頁。

透過氣炁交流,凝神入氣穴,周天運轉三百餘次,完成煉精化氣。以鄭觀應豐富的實修經驗判斷,若《龍門秘旨》僅小周天火候口訣最真的話,取之與匡常修的以習静入手、聚性與止念乃至周天法輪轉仔細比對,行徑功夫頗爲相近。

鄭觀應自言:"訪道尋真歷數十年,備嘗艱苦,始知道之邪正,最要者是初極下手功夫。"[①]他四處誠心求道,"始知成道者不外清净、同類、服食三大端。清净者易修而功緩,宜於少年;同類者難修而功速,宜於老年;服食者地元神丹固不易得,天元神丹更非人力可求,須由天賜也"[②]。後來,靖陽子授予他清静之法,鄭觀應在《還丹下手秘旨序》中將龍門功法如何透過"文武火候"以利"周天運行"公之於世:

> 然調藥日久,氣足藥靈,半夜忽然藥産,神知丹田,融融洽洽,周身蘇綿快樂,癢生毫竅,身心無主。丹鼎和暖,漸漸而開,外腎勃然而興。忽然一吼,呼吸頓斷,神、氣如磁石之相翕,意息如蟄蟲之相含,不覺入於天地,人我莫之所之,恍惚之中,心自不肯捨其炁,炁自不肯離其心,相親相戀,扭結一團。其中景象似翕似施,而實未見其翕施;似走似洩,而實未至於走洩。其妙不可以言語形容也。少焉,恍恍惚惚,心已復靈,呼吸復起,丹田之炁自下往上而行腎管之根,毛際之間癢生快樂,實不能禁。迅時急採歸源,煉一周天。不然,此炁滿而復溢,則前功盡廢矣。右手拈念珠,左手掐指紋,鼻吸天之清氣入於玄關,由尾閭穿夾脊而上泥丸,爲一呼。又呼氣由泥丸下重樓,過絳宫,入丹田,爲一吸。一呼一吸爲一息,循環無端,三百六十息爲一周天。照邱祖師文武火候之數口訣行完,一意規中是爲鉛汞均平,前降後升,共得周天三百六十息,外餘五息以應五行。凡炁機一動則煉一周,如此日積月累,少年不過月餘,中年不過百日,丹田之元炁補足而陽光自發現。陽光三現,縱有氣動亦當停止周天之火。若再行火則元炁滿足而可定,又被火之不定者逼漏,則前功又廢。此時惟當入定,以候陽光之四現。陽光既已四現,而純陽之大藥成矣。加以七日採藥之功,運過三關,歸於中田,以行大周天之功。若不過關,能保此炁,守住下田,則長生不死,而人仙之道得矣。[③]

"恍惚之中,心自不肯捨其炁,炁自不肯離其心,相親相戀,扭結一團。"此爲心息相依的表徵,精氣似泄未泄之際,開始采藥歸園,依照丘祖師所傳文武火候之口

---

① 夏東元編:《鄭觀應集·盛世危言後編》第1册,第211頁。
② 夏東元編:《鄭觀應集·盛世危言後編》第1册,第208頁。
③ 夏東元編:《鄭觀應集·盛世危言後編》第1册,第210～211頁。

訣,啓動周天運轉。年輕者需要月餘時間,中年則以百日築基,切莫因心動而前功盡棄,如此煉乃長生久視之道。

二、詮釋學視野下道教文本與理解的問題

筆者長期堅持論及宗教體驗的現象學(Phenomenology of Religion)與冥契(神秘)主義(Mysticism)哲學[①],是認知、感受宗教文本的重要理路。但是實際上,在學術討論方面,兩門學科涉及個體經驗與邏輯規律性(或説科學實證)的衝突,目前存在許多争議。其中一個關鍵在於,宗教現象學或冥契主義對於宗教意識或感受能否進行理性討論而得到普遍性原則。换另一個角度提問,没有宗教體驗或感受的人,是否可以深刻領略宗教的價值意義,或説是否可以接受基於宗教體驗而得到的"論理"。德國哲學家魯道夫·奥圖(Rudolf Otto,1869～1937)要求他的讀者必須擁有宗教方面的神聖體驗,否則不可能讀懂他論述關於宗教"神聖"觀念的著作。[②] 但是被視爲宗教現象學代表人物的荷蘭學者范德雷(Gerardus van der Leeuw,1890～1950)宣稱純粹客觀的宗教學研究是存在的且必須進行的,這是他研究的目標。他認爲没有該宗教的直接體驗,但是能利用"理解"掌握其詮釋意義。范德雷表示:"宗教科學就是詮釋學。"[③]

西方詮釋學(Hermeneutics)源於中世紀教會、學者對《聖經》的解釋,後演變爲有關探究人文學文本、文獻的理解方法與實踐理解的學問。近代詮釋學的開端首推德國神學家施萊爾馬赫(Friedrich Daniel Ernst Schleiermacher,1768～1834)。施萊爾馬赫主張"理解"(understanding)是詮釋學的基礎,理解的目的是"重構"作者的意圖。他提出兩個方法:一是文法(或稱語法)詮釋(grammatical

---

① 楊儒賓:"'冥'亦多解爲'玄而合一'之意……'契'字,具有'合'意……此種界定與冥契主義第一義'内外契合,世界爲一'是相符合的。"(楊儒賓:《譯序》,《冥契主義與哲學》,臺北:正中書局,1998年,第9～11頁)

② Rudolf Otto, *The Idea of the Holly*, London: Oxford University Press, 1958, p. 8. 按:目前學界多認爲宗教現象學乃以胡塞爾(Edmund Husserl,1859～1938)現象學理論爲基礎、對照。然而,胡塞爾認爲上帝(神)爲"超驗",無法以"意識"現象呈現。他對上帝(神)的觀點是"不否定不討論"。相對於魯道夫·奥圖堅持宗教體驗的真實(對信徒而言),二者有質性上的區别。關於此問題可參見武金正:《宗教現象學:基礎性之探討》,《哲學與文化》(臺北)2001年第6期。

③ Gerardus van der Leeuw, Ninian Smart John Evan Turner (trans.), *Religion in Essence and Manifestation*, NJ: Princeton University Press, 1986, pp. 676-677.

interpretation)，一是技術(心理)詮釋(technical interpretation)。① 所謂文法詮釋，指讀者必須利用文法、語義學、文本脈絡、文句關聯等各種方式，確認文句、語言在作者時代的意義。簡單地説，就是要求讀者理解作者時代的文法語言的意義，並利用上下文關係、脈絡加以確認。所謂技術詮釋，指讀者必須領會作者的意圖，即心理的理解，主要方式爲讀者使用心理移情，理解作者所處的歷史時代的現實情境與思維風格。② 施萊爾馬赫提出的"心理詮釋"觀點，引起了很多争議，這是他在近代詮釋學中最具突破性的論點。但是，施萊爾馬赫詮釋學的局限顯而易見：文法詮釋在操作上絶無可能還原作者當時的語文意義；心理詮釋並不能客觀地保證讀者能真實、正確、完整地"理解"作者内在意圖。

施萊爾馬赫之所以提出文本意義可以客觀理解的詮釋學理論，或許是因为他終身職業爲牧師與神學系教授，他的詮釋學觀點主要建立在神學閲讀與實踐的經驗與領悟上。《聖經》文本的權威性、統一性與解釋傳統、體系在相當程度上足以承載如此直觀的理論：因爲權威性與統一性，可以確保詮釋文本的價值與意義；解釋傳統的支持，可以進行具備體系的文法詮釋。不過，並非每種宗教都擁有權威性的"經典"與精密的解釋體系、傳統，如華人民間信仰，多數屬於"混合宗教"(或譯"瀰漫性宗教")(diffused religion)，没有明確的組織與統一的經典。③又如印度教以《吠陀經》爲經典，但是《吠陀經》内容極爲龐雜，在歷史的發展下，印度教的派别在教義與儀式方面差異巨大。對這些欠缺權威性經典文本與解釋傳統、體系的宗教來説，先不談心理詮釋，連操作基礎的"文法詮釋"都顯得困難重重。以道教而言，自唐玄宗開元年間(713～741)詔令蒐羅道教經典，纂成《三洞瓊綱》，此後歷代多有編纂"道藏"者。最富盛名者爲明代正統十年(1445)刊成《正統道藏》，及萬曆三十五年(1607)刊成《萬曆續道藏》。近年較大規模的編纂成果爲 20 世纪 90 年代出版之《藏外道書》與 2004 年中國道教協會編纂的《中華道藏》。以《中華道藏》爲例，分爲 7 大類，收書 1526 種。但是，唐代以來，道書種類與内容雜駁混亂，欠缺整理與註釋，無法形成較爲完整的解釋體系、傳統。如問道教的經典文本爲何？會有很多種答案，但是除了《道德真經》(《老子》)、《南

---

① Schleiermacher, *Hermeneutics: The Handwritten Manuscripts*, Heinz Kimmerle (ed.), James Duke and Jack Forstman(trans.), Atlanta: Scholars, 1986, p. 42.

② Schleiermacher, *Hermeneutics: The Handwritten Manuscripts*, Heinz Kimmerle (ed.), James Duke and Jack Forstman(trans.), Atlanta: Scholars, 1986, pp. 149-150.

③ Yang, C. K. (楊慶堃), *Religion in Chinese Society*, Berkeley: University of California Press, 1961, pp. 294-300.

華真經》(《莊子》)外，幾乎都欠缺詳盡的解釋系統。遺憾的是，《道德真經》與《南華真經》最權威的解釋掌握在知識精英，而非道教人士手中。欠缺解釋系統(或説解釋歷史)對文法詮釋的影響有多大？衹能説幾乎是無法逾越的鴻溝。如道教全真派的早期文本金元時期的《磻溪集》《長春真人西遊記》《清和真人北遊語録》《真仙直指語録》，到清末鄭觀應蒐羅的《龍門秘旨》，再到匡常修《嶗山道教金山派丹法存抄》，歷時約 700 年，語言與表述方式幾乎相同。但是，我們很有理由懷疑清末民初出現的全真道修行理論使用的字詞、文句意義已與金元有相當差距，無法確保施萊爾馬赫提出的文法詮釋的要求。

不過，相對文法詮釋的距離，心理詮釋的方式對道教文本來説，顯得極爲重要。直觀地看，施萊爾馬赫以心理詮釋的方式"理解"宗教文本的進路，尤其契合道教文本的讀者的閱讀企圖。道教徒則希望完全複製，甚至在位階或目標上超越宗教文本的作者經驗，其中丹鼎派(無論是外丹還是内丹)尤其如此。然而，前面提過的施萊爾馬赫要求讀者認知、體悟作者真實、完整意圖的要求，不可能達到(或説無法被驗證)。

施萊爾馬赫之後，詮釋學最大的進展來自德國哲學家伽達默爾(Hans-Georg Gadamer，1900～2002)。他的主要突破是借由海德格爾(Martin Heidegger，1889～1976)對"理解"之前結構的觀點，即對文本的理解被"前理解"(preunderstanding)所限定。海德格爾的"理解"不是意識認知意義上的，而是一種存在、存有論。"理解"一直是也必須是連續性的過程，以此開顯存有。[①] 伽達默爾繼承海德格爾對"理解"的前結構(forestructure)的論點，以爲前結構是詮釋基礎，據此纔能進行"理解"。至此，"詮釋學循環"(hermenruitcs circle)成爲"前理解"至"理解"，"理解"又成爲"前理解"，如此往復的循環。[②] 這與施萊爾馬赫提出的由局部至理解整體，再由整體理解局部的循環不同。至此，伽達默爾提出"效果歷史"(effective history)的觀點，即任何理解都被歷史制約而帶有成見(prejudice)，雖然是限制，但它是下一次理解的起點。伽達默爾對理解活動提出"視域融合"(fusion of horizons)的觀點，以此表述具備意義的理解過程，即成見是自身"歷史"的存在狀態，當讀者以此成見理解"歷史"作品，則兩種不同的歷史會產生衝突(ten-

---

① Martin Heidegger, *Being and Time*, John Macquarrie and Edward Robinson (trans.), NY: Harper Collins Publisher, 1962, pp. 24-28, 188-203.

② Gadamer, H. J., *Truth and Method* (*2nd ed.*), Weinsheimer, D. Marshall (trans.), New York: Crossroad, 1989, pp. 265-277.

sion),自身的成見必須與文本的内容融合,並産生意義,纔會出現真正的理解。①宗教文本可以是神話、詩歌、隱喻、象徵、儀式、藝術,甚至是操作技術,形式多元,意義複雜。由施萊爾馬赫開啓的文法詮釋、心理詮釋,到伽達默爾的哲學詮釋學,主要回應"理解如何可能"的問題。

伽達默爾對"理解"過程的論述,不僅限於文本的理解,還將引入一切現實經歷、文化經驗,甚至將文明進展引入理解過程。但是這讓"宗教詮釋學"(Religious Hermenruitcs)的整體研究陷入困境。因爲每個宗教(甚至宗教之内)的歷史進程與教義發展的差異太大,加上跨越學科,宗教詮釋學勢必往分支細化方向發展,然而目前整體的宗教詮釋學尚未建立,很難掌握。

以道教爲例,派别衆多,發展不一,教義不同,欠缺完整詳密的解釋傳統與權威的經典文本。又或因宗教目標非常"超驗",以至修行功法多爲師徒傳承,在文本解釋系統的建立方面難度更高。② 加上道教長期吸納衆多觀點,包容多元的結果,詮釋體系更不易建立。筆者以爲,要論及宗教詮釋學,應該倒轉次序,先論述宗教詮釋學下的各個宗教詮釋學,論述每個宗教詮釋學之前,先要論述宗教内部派别下的詮釋學,由底部開始建立,或許纔是良方。③ 簡言之,如果要發展宗教詮釋學下的道教詮釋學,必須先談及道教派别下的詮釋問題。本文提及的全真道下的龍門派、金山派在分類上屬於道教丹鼎派的内丹派,内丹派的宗旨、教義、内容、修行乃至文本相對符籙派有很大差異。以本文研究對象爲例,文本内容主要分兩大指向:一是修行體驗,一是修行功法。實踐修行功法後,纔有體悟、感受,這是操作次序問題。二者合而爲一,獲至宗教體驗。内丹派修行觀最特殊的方式就在於程序:修行(操作)功法決定感受,或説修行(操作)功法決定"理解"。這種"詮釋循環"非常特殊,由操作決定"理解",或説由操作與"理解"同時並行或修正。而操作效果決定理解,也決定宗教目標的實踐。最重要的是,理解文本的效度或展現的樣態,並非意識經驗内容(這是現象學的標準)決定,而是感官知覺。

---

① Gadamer, H. J., *Truth and method* (*2nd ed.*), Weinsheimer, D. Marshall (trans.), pp. 277-362. Palmer, Richard E., *Hermeneutics*, IL: Northwestern University Press, 1969, pp. 84-91.

② 湯志傑:"道教的最終目標在不死成仙,(信仰)内化的發展因此有個限制。相較儀式與養生來説,對教義的信仰重要性有限,但前者很容易成爲僅限於師徒間傳承的秘術,不似信仰般易於傳播。"[《華人宗教"世俗化"發展新探:論唐宋變革背景下民間宗教興起的歷史意義》,《臺灣社會學》(臺北)2020年第39期]

③ 陸敬忠建議的宗教詮釋學開展進路主要是:以體系性宗教詮釋學爲本,朝向東西方乃至於各宗教文化之間的對話而努力,進而建立文化際宗教哲學。參見陸敬忠:《體系性宗教哲學初探》,《輔仁宗教研究》(臺北)2014年第28期。按:陸敬忠主張由極大共性處展開跨文化的宗教詮釋學研究,筆者主張由細緻、個别處入手,以爲此二者皆是有見於現今宗教詮釋學開展的停滯而著思突破。

一個值得注意的特殊之處是冥契經驗。以冥契經驗的四個特徵，即不可言説（ineffability）、知悟性（noetic quality）、頃現性（transiency）、被動性（passivity）進行判斷，本文研究對象涉及的感受符合“冥契經驗”的條件。① 史泰司《冥契主義與哲學》將“冥契經驗”類型分爲“向内”與“向外”两種。② 内丹派修行觀獲至的宗教經驗看似爲向内型，但那衹是在某個階段或步驟（一般是在初始或最終階段）符合向内型的定義。多數階段，内丹修行看似向内，實則内在之動態如天地運行，生生不息。其功法所謂的“小周天”“大周天”，代表感官、意識、思想並非歸於沉寂。

因此，本文研究“以習静入手”“聚性與止念”“周天法輪轉”，用意在於揭示全真道以降的道教内丹派修行者，其對文本的“理解”過程具有特殊性，這也是它值得探究之處。基本上，目前多數人認爲對於道教目標的“前理解”“成見”是荒誕不可信的。不過，内丹修行的“理解”過程有衆多的操作層次，甚至説以“操作”爲“理解”的前提，這是它在“詮釋”方面最值得注意之處。歷代内丹修行屢屢不絶，至今仍有衆多信仰者，他們在一次又一次的操作過程中“理解”内丹，獲至滿足的實際效用或宗教體驗③，這種具備高度感官驗證性質的“意識體驗”，當可以動摇諸多“前理解”與“成見”。學界對道教的研究多傾向於外部的歷史、文化發展與定位，但是對道教内部的教義，“文法詮釋”“心理詮釋”的距離與前結構的成見却拋置在旁。筆者以爲，内丹派修行的”理解”過程，其特殊性值得投入探究。筆者另一個期許是：方法未必能揭示真理，但是能呈顯真理的方向。

結　語

閲讀本身就是一種詮釋和選擇，詮釋者的期望乃是通過問題和揀選的方式在詮釋文本過程中參與進來。即是説，詮釋者的期望借著文本的揀選和假設的

① ［美］詹姆斯（James William）：《宗教經驗之種種》，蔡怡佳、劉宏信譯，臺北：立緒文化事業有限公司，2001 年，第 458 頁。

② 史泰司：“兩者間的區别主要在外向型是借著感官，向外觀看；向内型則是往内看，直入心靈。兩者都要證得終極的聯合。柏拉提諾稱此爲‘太一’，在此境界中，學者知道自己已合而爲一，甚至化爲同一。……向内型的冥契恰好相反，他們竭力關閉感官，將形形色色的感官、意象、思想從意識中排出去，他們思求進入自我深處。在沉默黝暗之中，他宣稱他證到太一，而且與之合爲一體。”（《冥契主義與哲學》，楊儒賓譯，第 67 頁）

③ 李師豐楙：“道教中人累積構成的養生術自有其極爲實證有效之處，衹是由於道派不同，甚而每一名山、宫觀又適應不同的情况，發展出獨特的法門，因而更讓無緣目睹者不能深明其中之妙。”（《道教内丹派的丹道氣功》，《探求不死》，臺北：久大文化公司，1987 年，第 161 頁）

研究問題而注入理解的流程中去。[①] 本文試圖以全真道創教祖師王重陽作品、龍門派丘處機的詩詞作品，甚至取清末鄭觀應有關龍門派實修經驗的作品爲文本，參酌比較與理解匡常修所寫的《嶗山道教金山派丹法存抄》。

宗教經典與其他文本作品不同的地方是它獨特的語言和論述。宗教語言的獨特性質是，從論述開始，成爲作者的作品，及後脱離作者自成一獨立的文本世界，直到不斷與讀者的心靈交碰而達到新的自我理解。[②] 筆者身爲宗教經典的讀者，將從讀者與文本"心靈交碰"處整理出"以習静入手""聚性與止念""周天法輪轉"作爲探討金山派修行功法之重點。文本意向和指涉總是會隨著不同讀者的歷史條件的轉變而産生新的理解[③]，這些都是通過宗教象徵語言表達一種性命和心身的拯救與超越。因此，不論是道教徒或研究者都能够在廣闊的詮釋空間作出自己對道教思想的理解[④]。

（本文相關研究獲臺灣"科技部"專題研究計畫案經費補助，編號：MOST109-2410-H-179-012，特此致謝）

（責任編輯：秦國帥）

① 黎志添：《宗教研究與詮釋學：宗教學建立的思考》，香港：香港中文大學出版社，2003 年，第 43 頁。
② 黎志添：《宗教研究與詮釋學：宗教學建立的思考》，第 53 頁。
③ 黎志添：《宗教研究與詮釋學：宗教學建立的思考》，第 60 頁。
④ 黎志添：《宗教研究與詮釋學：宗教學建立的思考》，第 65 頁。

論嶗山道教在中國道教史中的地位

□張義生

摘要:嶗山方士文化、嶗山高道和嶗山道派推動了中國道教的産生和發展;嶗山道教與士人、佛教、民間宗教和西方宗教的互動,豐富了中國道教的内涵和外延;嶗山的重要宫觀、典籍和傳説、事迹,保留了中國道教的文化遺産。因此,嶗山道教對中國道教具有重要的意義,是中國道教不可或缺的重要組成部分。

關鍵詞:嶗山道教　金山派　中國道教

作者簡介:張義生,男,1981 年生,山東即墨人,青島大學馬克思主義學院講師。

作爲道教名山,嶗山豐富的道教文化資源,使它在中國道教史上占有重要的地位。從推動中國道教産生和發展的角度來看,嶗山方士文化推動了中國道教的産生,嶗山高道推動了中國道教的弘傳發展,嶗山道派推動了中國道教的創新發展;從豐富中國道教的内涵和外延來看,嶗山道教與士人多有交遊,嶗山道教與佛教、民間宗教多有互動,嶗山道教與近代外來宗教也有接觸交流;從保留中國道教文化遺産的角度來看,嶗山保存了諸多歷史上著名的道教宫觀和明正統《道藏》,嶗山道教的諸多傳説故事也通過《聊齋志異》等名著得以弘揚傳播。

一、嶗山道教推動了中國道教的産生和發展

在道教産生之前,處於膠東的嶗山便已具有濃厚的方士文化,這成爲中國道教得以誕生的重要文化資源之一。在全真道創始不久,嶗山便成爲全真道的重要基地,全力弘傳全真道。在道教相對衰落的明清時期,嶗山道教却開宗立派、開枝散葉,使全真道得以振而不墜。

（一）嶗山方士文化推動了中國道教的産生

衆所周知，方仙道是道教得以産生的重要基礎和來源。傳説軒轅帝曾到嶗山，同治《即墨縣志》卷十載："上古，軒皇一登勞盛山。"[①]出處爲"《四極明科》"，其中"勞"即今嶗山。軒轅帝登臨嶗山，或爲訪求仙人，或爲後人借助即人即神的軒轅帝來渲染嶗山之神秘。無論是哪一種可能，無疑都爲嶗山塗抹上了一層海外仙山的色彩。

迨至秦漢，借助秦皇漢武訪仙問藥的熱潮，與嶗山有關的方士層出不窮。《史記・秦始皇本紀》記載，秦始皇二十八年（前219）在琅琊建琅琊臺，立石刻，頌秦德，"既已，齊人徐市等上書，言海中有三神山，名曰蓬萊、方丈、瀛洲，僊人居之。請得齋戒，與童男女求之。於是遣徐市發童男女數千人，入海求僊人"[②]。徐市即徐福，是秦朝的著名方士，《史記・淮南衡山列傳》中也有關於他的記載："又使徐福入海求神異物，還爲僞辭曰：'臣見海中大神，言曰："汝西皇之使邪？"臣答曰："然。""汝何求？"曰："願請延年益壽藥。"神曰："汝秦王之禮薄，得觀而不得取。"即從臣東南至蓬萊山，見芝成宫闕，有使者銅色而龍形，光上照天。於是臣再拜問曰："宜何資以獻？"海神曰："以令名男子若振女與百工之事，即得之矣。"'秦皇帝大説，遣振男女三千人，資之五穀種種百工而行。徐福得平原廣澤，止王不來。"[③]從《史記》所載看，秦始皇確實派遣徐福出海尋找仙人，訪求仙藥，但並未言明出發地點。今嶗山之南海中有徐福島，傳説徐福就是從此地出海的。《嶗山志》載："徐福，一名市，齊人。以長生之説於秦始皇帝，謂海中有三神山，仙人居之，中産長生不老之藥。乃敕令航海求之。於是偕五百童男女浮海去。今南海中有徐福島，即其遺迹云。"[④]而徐福島"在南窯半島南海中，有大小二島。徐福爲始皇求仙藥，乘舟由此而去，因得名"[⑤]，清代即墨黄體中有詩曰："東海茫茫萬里長，水天何處是扶桑。樓船一去無消息，徐福當年賺始皇。"[⑥]從這些傳説和詩歌來看，嶗山有可能是徐福出海或暫作停留之地。

---

① （清）林溥修，周翕鐄纂：《即墨縣志》，姜小青輯：《中國地方志集成・山東府縣志輯》第47册，南京：鳳凰出版社，2004年，第286頁。但此條引文並不見於今之《太真玉帝四極明科經》。

② （漢）司馬遷：《史記》卷六，北京：中華書局，1959年，第247頁。

③ （漢）司馬遷：《史記》卷一一八，第3086頁。

④ 周至元：《嶗山志》，濟南：齊魯書社，1993年，第162頁。

⑤ 周至元：《嶗山志》，第7頁。清代黄肇顎《嶗山續志》曰："福島，世稱徐福島也。相傳始皇命徐福乘樓船，載童男女三千，入海求仙，久而不返，遂止於此。"（《嶗山績志》，濟南：山東省地圖出版社，2008年，第331頁）可見，此視徐福島爲徐福求仙的終點，而非起點。

⑥ 周至元：《嶗山志》，第7頁。

漢代的著名方士安期生[①]，傳説爲琅琊人。《史記・孝武本紀》記載李少君曾對漢武帝言："臣嘗游海上，見安期生，食巨棗，大如瓜。安期生僊者，通蓬萊中，合則見人，不合則隱。"[②]武帝還因此派遣方士入海尋找安期生。唐代著名詩人李白有《寄王屋山人孟大融》詩："我昔東海上，勞山餐紫霞。親見安期公，食棗大如瓜。"安期公即安期生。可見，在某些故事傳説中，安期生隱於嶗山或嶗山附近，是秦漢方仙道在嶗山的另一重要代表。道教建立後，安期生因其傳説而逐漸被神化，上清派尤重之。如《歷世真仙體道通鑒》記載："又《抱樸子》云：安期生，龍眉噸，以修養，服金液長生。其止世間，或延千歲，而後去爾。"[③]又載："有安期生，曉金液還丹之法，其方秘要，是九君太一之道，白日昇天者矣。……明日安期生至，乘駁麟，身著徘衣，頭戴遠遊冠，帶玉佩及虎頭鞶囊。視之，可年二十許，潔白嚴整。從六七仙人，皆執節奉衛。見夫人，揖之甚謹，稱下官。……安期生乃曰：子真有仙骨，專恭之甚，吾所不及也。遂授乙太清金液神丹方，而告之曰：子若未欲昇天，但先服半劑得明生。"[④]安期生在陶弘景《真靈位業圖》中列在第三左位，被奉爲"北極真人"。

正因這些居停於嶗山的著名方士，秦始皇和漢武帝東巡多至嶗山及其周邊地區，尋仙求藥。《史記・封禪書》記載，秦始皇曾"東遊海上，行禮祠名山大川及八神"，其中有"七曰日主，祠成山。成山斗入海，最居齊東北隅，以迎日出云。八曰四時主，祠琅邪。琅邪在齊東方，蓋歲之所始"。[⑤] 而黄宗昌引《太平寰宇記》言："秦皇登勞盛山望蓬萊"[⑥]，勞即嶗山。《封禪書》載漢武帝亦"上遂東巡海上，行禮祠八神"[⑦]。《漢書・地理志》在"琅琊郡"下載："不其，有太一、僊人祠九所，

---

① 晉皇甫謐《高士傳》卷中記載："安期生者，琅琊人也。受學河上丈人，賣藥海邊，老而不仕，時人謂之千歲公。秦始皇東遊，請與語三日三夜，賜金璧直數千萬。出置阜鄉亭而去，留赤玉舄爲報。留書與秦始皇曰：'後數十年求我於蓬萊山下。'及秦敗，安期生與其友蒯通交往，項羽欲封之，卒不肯受。"（《景印文淵閣四庫全書》第448册，臺北：臺灣商務印書館，1987年，第99頁）《藝文類聚》卷七八載："安期生，琅耶阜鄉人，賣藥海邊，時人皆言千歲公。秦始皇請見，與語三日三夜，賜金璧數萬，出於阜鄉亭皆置去，留書，以赤玉舄一量爲報，曰：'復千歲，來求我於蓬萊山下。'始皇遣使者數人入海，未至蓬萊山，輒風波而還，立祠阜鄉亭，海邊十處。"[（唐）歐陽詢：《宋本藝文類聚》，上海：上海古籍出版社，2013年，第1991～1992頁]

② （漢）司馬遷：《史記》卷一二，第455頁。

③ （元）趙道一編修，盧國龍整理：《歷世真仙體道通鑒》，《傳世藏書・道典》，海口：海南國際新聞出版中心，1996年，第1016～1017頁。

④ （元）趙道一編修，盧國龍整理：《歷世真仙體道通鑒》，第1017～1018頁。

⑤ （漢）司馬遷：《史記》卷二八，第1367頁。

⑥ 劉懷榮、苑秀麗校注：《嶗山志校注》，北京：人民出版社，2015年，第24頁。

⑦ （漢）司馬遷：《史記》卷二八，第1397頁。

及明堂。武帝所起。"[1]不其即不其古城，處於今嶗山西北。《漢書·武帝本紀》載："夏四月，幸不其，祠神人於交門宮，若有鄉坐拜者。作《交門之歌》。"[2]漢武帝確實在不其所修的祠神之所祭拜仙人，渴求獲得仙人之丹藥。可以説，秦漢時期嶗山是皇帝尋仙祀神的重要場所。

秦漢時期流行的黄老道，也與嶗山有著密切的聯繫。作爲重要方士代表的安期生，也被安排進了黄老之學的道統流傳譜系之中，《史記·樂毅傳》載："樂臣公學黄帝、老子，其本師號曰河上丈人，不知其所出。河上丈人教安期生，安期生教毛翕公，毛翕公教樂瑕公，樂瑕公教樂臣公，樂臣公教蓋公。蓋公教於齊高密、膠西，爲曹相國師。"[3]傳至蓋公，已至漢初，《漢書·曹參傳》記載："孝惠元年，除諸侯相國法，更以參爲齊丞相。參之相齊，齊七十城。天下初定，悼惠王富於春秋，參盡召長老諸先生，問所以安集百姓。而齊故諸儒以百數，言人人殊，參未知所定。聞膠西有蓋公，善治黄老言，使人厚幣請之。既見蓋公，蓋公爲言治道貴清静而民自定，推此類具言之。參於是避正堂，舍蓋公焉。其治要用黄老術，故相齊九年，齊國安集，大稱賢相。"[4]曹參治理齊國獲得成功，並不是參照儒生之言制定方針策略，而是禮遇善治黄老學説的蓋公，並遵其建議，休養生息，與民休息，無爲而治。北宋蘇軾所作《蓋公堂記》言："夫曹參爲漢宗臣，而蓋公爲之師，可謂盛矣。而史不記其所終，豈非古之至人得道而不死者歟？膠西東并海，南放於九仙，北屬之牢山，其中多隱君子，可聞而不可見，可見而不可致，安知蓋公不往來其間乎？吾何足以見之！"[5]蘇軾就歷史並未記載蓋公最終歸於何處，因此推測其隱居於嶗山及周圍之地。所以，嶗山又是黄老學派的重要基地。

從秦漢時期流行的方仙道和黄老道來看，嶗山確實具有極爲豐富的道教文化資源。實際上，嶗山道教文化資源同齊魯及中原大地上的其他道教文化資源一道，共同孕育了太平道及相關早期道教經典。從這個角度上説，嶗山道教文化推動了中國道教的産生。

（二）嶗山高道推動了中國道教的弘傳發展

金元時期，全真教大盛。作爲臨近全真發源地的嶗山，全真七子之劉處玄和丘處機都曾經到此弘教。黄宗昌《嶗山志》曰："元丘長春，名處機，棲霞人，自號

① （漢）班固：《漢書》卷二八，北京：中華書局，1962年，第1585頁。
② （漢）班固：《漢書》卷六，第207頁。
③ （漢）司馬遷：《史記》卷八〇，第2436頁。
④ （漢）班固：《漢書》卷三九，第2018頁。
⑤ （宋）蘇軾撰，孔凡禮點校：《蘇軾文集》第一册，北京：中華書局，1986年，第347頁。

長春子。爲兒時,有相者謂其異日當爲神仙宗伯。年十九,爲全真學。雲遊訪道勞山,見其奇秀,改名鼇山,以爲棲真處。"[①]華樓宮今存有"劉師父、丘師父遊上清宮來看嶗山道詩句"字樣石刻,也可顯示二人確曾到訪嶗山,這爲全真道在嶗山的傳播發展奠定了基礎,尤其是丘處機與成吉思汗會面並得到其贊賞和護持後,全真教在元初嶗山也獲得了極大發展。

劉志堅爲元初嶗山全真高道,《雲巖子道行碑》記載:"雲巖劉尊師,實邱真人所出第三傳也。師諱志堅,世爲博州人。……就東平仙天觀郭尊師,往攝衣席下,執禮甚卑,服勞維謹。……遂辭去,歷鄒、滕、沂、莒之郊,尋訪雲朋,講明心要。東至即墨之鼇山,私喜機會在是矣!……最後結茅上華樓,今碧落萬壽宮是也。……洞明祁真人聞之,特賜雲巖,玄逸張真人署爲教門宗主。大德甲辰,今上淵潛高師粹行,制賜崇真利物明道真人,仍大護其山門。"[②]黄宗昌《嶗山志》所載大體相同,唯對其師承交代較爲清楚:"忽然,棄家入道,師事東平郭至空。"[③]從碑記及山志可以看出,劉志堅爲博州人,出家拜東平仙天觀郭尊師爲師,實際上是丘處機門下的第三代弟子,黄宗昌《嶗山志》認爲其師爲"郭至空"。但根據《增修集仙宮記碑陰》[④]所載,丘處機傳冲虚大師王志演,再傳郭志仙,三傳爲即墨縣鼇山華樓萬壽宮雲巖子劉志堅,從此處碑記看劉志堅確爲丘處機門下,師祖爲王志演,師父爲郭志仙。劉志堅到達嶗山後,先在華樓山北的王喬崮清虚庵修行,後遷至華樓山,並修建了萬壽宮,即今華樓宮。劉志堅修煉有術,道行頗高,弟子衆多,今華樓山衆多元代石刻即爲明證。可以説,元初全真道在嶗山北部的弘揚,劉志堅功不可没。

李志明則是劉志堅請入嶗山的另一位元初嶗山全真高道。黄宗昌《嶗山志》載:"李志明,王重陽之派孫。元大德初,杖履東來,以清虚爲體,明道爲宗。見上清宮就圮,歎曰:'東海名山,仙師遺跡,豈容泯滅?非天不畀人,人自棄耳!'與其徒除荆榛,闢土鳩工,重理殿宇。居上清一紀,復塊處明霞洞二十五年。年八十,步履輕健,度弟子幾五百人,後不知所終。"[⑤]《元延祐四年重建上清宮碑》所載大體相同。又《元泰定二年聚仙宮碑》同樣述李志明其事:"大德初元,受華樓劉尊師之請,愛其勝絶,奠居。又閲一紀,其徒林志遠、志全,即昆侖雲霞洞,延之至,

① 劉懷榮、苑秀麗校注:《嶗山志校注》,第 80 頁。
② 周至元:《嶗山志》,第 215～216 頁。
③ 劉懷榮、苑秀麗校注:《嶗山志校注》,第 82 頁。
④ 陳垣編纂:《道家金石略》,北京:文物出版社,1988 年,第 784 頁。
⑤ 劉懷榮、苑秀麗校注:《嶗山志校注》,第 80～81 頁。

築爲環堵明霞洞，洞在上清之嶺又三里許，塊處二十五年。遠近信向稽首問道者，絡繹相屬。今年八十，步履輕健。計平昔遷居四十處，度徒計五百，其志行可知已。”[①]梳理以上資料和石刻文獻可知，李志明爲“王重陽之派孫”，看來應是王重陽徒孫，按輩分比劉志堅高，但並未説明爲七真哪一派。李志明主要在嶗山南部興建全真宫觀，先後修建了聚仙宫、明霞洞，重修了上清宫，道行高深，度徒近五百人，與劉志堅在嶗山北部弘揚全真遥相呼應。

元初劉志堅和李志明兩位全真高道在嶗山弘傳全真道的努力，南北呼應，使嶗山逐漸成爲全真道的重要基地，爲之後嶗山全真道的發展奠定了基礎。

一般認爲，明清時期中國道教處於低潮衰落狀態。但明清時期的嶗山道教，却呈現出不同的發展態勢，除了創立多個新的全真支派外，太清宫通過萬曆時期海印寺案獲得了皇室的庇佑和認可。清初龍門派李常明在馬山大力弘揚全真道，整個膠東地區皆受其影響，甚至其弟子將龍門弘傳至東北地區。

明代全真高道耿義蘭，被認爲是在海印寺案中貢獻最大的道士。《太清宫志》之《耿真人傳》記載：“耿真人諱義蘭，字芝山，號飛霞，又號靈應子，高密人。明正德四年己巳九月十八日誕生，幼而聰敏，專務儒業，登嘉靖進士第。性清廉，喜淡泊，好山水，慕玄風，適有勞山太清宫道士高禮巖者，訪華山路經高邑，耿公遇之，相談投緣，邀至家拜爲師，道名義蘭。留住月餘，諧師同至華山，住庵十餘年，得趙静虚真人傳道，修行數載。辭師入都，住白雲觀叢林，參訪道理。未幾即回勞山，隱居慈光洞、黄石宫等處。於萬曆十三年忽來勢僧，假稱奉旨，將本宫道士劉真湖等逐出，打死住持張德容，碑記神像盡拋於海，改太清宫爲海印寺，又白佔山場數處。耿真人乃出，與本宫同志道士賈性全、劉真湖、張復仁、覃尋先等，協力抗爭。至十九年，耿真人獲朝覲，上控理直，於二十三年始得提審判。二十八年蒙降旨復宫，頒《道藏》經，敕封耿公爲扶教真人。於萬曆末年十月十五飛昇，世壽一百一十歲，葬於太清宫三皇殿前。”[②]宫志對耿義蘭的記載有誇大之處，士人們對此案的看法也存有異議，但不管此案是非曲直如何，太清宫確實引起了萬曆皇帝的注意，他降旨毁寺復宫、頒賜《道藏》，直接提升了太清宫在嶗山乃至全國道教中的地位，大大促進了太清宫和嶗山道教在明代中後期的發展。

明清鼎革之際，衆多懷念故國的士大夫隱居嶗山，也有一些人出家爲道，如來往於嶗山的道士李一壺，甚至還有明朝宫廷太監到嶗山出家建觀，如明天啓年

① 周至元：《嶗山志》，第 214 頁。
② 高明見：《道教海上名山——東海嶗山》，北京：宗教文化出版社，2007 年，第 238 頁。

間太監李真玄在嶗山北部建立的修真庵，清初由宫廷太監邊永清和楊紹慎先後住持。

清初，龍門高道李常明在嶗山餘脈馬山弘揚全真道。根據《泥丸道人李老師碑序》："師陽信人，皈依王師，得其秘旨，遷居馬山。焚修石崖，朝真禮斗，傾動十方，米粟銀錢，須臾山積於山，鑿山劈石，修玉皇、天成諸殿，棟宇巍，樓謝参差。登覽朝謁者，莫不歎爲神工，稱爲絶業焉。嗣是修濱都宫於棲霞，造端陽於萊陽，起崇德於平度，建龍宫於新河、店口二處，且除道成樑，所在多有。而其巨焉者，惟辟蹬於文登福仙嶺，立橋於五龍諸津，變峭巖爲坦途，視汪洋若溝洫。不世之功，計日而成。信非凡夫俗子所能勝任愉快者也。厥後功愈大而效愈神，司道樂引以爲友，士夫願得以爲師，其善男信女望座拜叩者，又不知幾千萬人。"[①]又《泥丸祖師傳》載："(其)門徒百餘，散處青、兖、幽、冀間，各立門墻。今嗣法者，蓋以千計矣。"[②]李常明在馬山及整個膠東建築宫觀，修橋鋪路，極大地弘揚了全真道，推動了嶗山道教在清初的繼續發展，其門徒遍布北方各地。其中，弟子郭守真離開馬山到達遼寧鐵刹山雲光洞，將全真龍門派傳入東北，成爲東北龍門之祖。全真龍門派在馬山的勃興，顯示出清初嶗山道教蓬勃發展的大好局面。

總之，在全真道興起後，嶗山高道輩出，如元代之劉志堅、李志明，明代之耿義蘭，清代之李常明等，他們在嶗山建設宫觀，收度門徒，架橋修路，有力推動了全真道在嶗山的傳播與發展，使嶗山成爲全真教的重要基地，也使中國道教得到了進一步的弘傳發展。

(三)嶗山道派推動了中國道教的創新發展

嶗山道教除了弘傳已有的道派之外，居於嶗山的高道更創立了諸多新的道派，推動了中國道教的創新發展，如北宋華蓋先生劉若拙所創之華蓋派、元代太和子徐復陽所創龍門支派鶴山派、明代海嶽真人孫玄清所創龍門支派金山派、明代逍遥子齊本守所創龍門支派金輝派。

劉若拙其人，根據《宋朝事實》："自五代以來，道流庸雜。乾德五年，右街道録何自守坐事流配，乃詔萊州道士劉若拙爲左街道録，俾之肅正道流。"[③]當時嶗山地屬萊州，可見劉若拙在被任命道官前已經在嶗山棲止修行，他受宋太祖敕命

① (清)李寅賓:《馬山志》,青島:青島市新聞出版局,1996年,第76頁。碑記時間爲康熙四十七年戊子(1708)十月。

② (清)李寅賓:《馬山志》,第58頁。

③ (宋)李攸:《宋朝事實》卷七,《景印文淵閣四庫全書》第608册,臺北:臺灣商務印書館,2008年,第83頁。

肅正道流,頗有作爲。後劉若拙辭官歸嶗,“宋祖聞其有道,召至闕廷,留未幾,堅求還山,敕建太平興國院以處之。上清、太清二宫,其别館也”①。宋太祖爲獎勵其清整道教之功,爲其興建了嶗山最早的三座道觀,即太平興國院(今太平宫)、上清宫和太清宫。劉若拙以此三宫爲根據地,在嶗山乃至整個膠東大振道風,門徒廣布,這也爲其後嶗山道教的發展奠定了物質基礎。

藍水在《嶗山古今談》一書中針對劉若拙嶗山創宫傳道之實,提出了劉若拙在嶗山創立“華蓋派”的觀點。從現存史料來看,劉若拙之華蓋派確有成立的條件和因素。其一,華蓋派確實有一定的傳道場所。劉若拙因任左街道録,受到宋太祖的恩遇,並爲其在嶗山創建三大宫觀,即太平宫、上清宫與太清宫,之後直至金元,嶗山皆爲劉若拙及其後代弟子之道場。可以説,劉若拙及其後學之傳道確實有穩固的根據地,這是華蓋派得以成立的現實基礎。其二,華蓋派的思想有一定的特色。劉若拙融匯南北,既重視科儀,又不廢丹道,這在宋初道教中確實獨樹一幟;劉若拙注重入世,積極救世,參與朝廷宗教事務,並與其他道派和文人官員適當交流,這在劉若拙及其弟子甄棲真的事迹中均有體現,此與一般道士過於追求個體的自我得道相異;劉若拙提倡出家,在所述《三洞修道儀》中,雖然在入道時並不禁絶男女,但是他在繼續修道以達到更高階段時却認爲必須出家,並嚴守戒律,不茹葷腥,這也區别於當時道教不禁男女、不禁葷腥的做法。華蓋派的這些特點與全真道存在一定的相似性,因此在全真教傳入嶗山后,華蓋派盡歸全真,再無流傳。根據以上分析,北宋至金元之前的華蓋派,在嶗山乃至中國道教史上確確實實存在過。

徐復陽爲元末明初的嶗山全真高道,他出自龍門,又創鶴山派。黄宗昌《嶗山志》載:“徐復陽,號太和子,嘗師李靈仙,得密傳。元元統間隱居鶴山,鍛煉功成,陽神静出。順帝召見,賜錦爛之衣,所著有《近仙客詞》,遂仙去。”②同治《即墨縣志》所載大體相同。周至元《嶗山志》言徐復陽“年八十,趺坐而逝”③。《太清宫志》所記載的徐復陽爲明代成化至嘉靖時人,或有誤,實或爲明代託名徐復陽之道人。徐復陽棲止於鶴山遇真庵,據周至元《嶗山志》記載,該庵“創建於宋嘉定間,元至正時復修”④。但黄宗昌却説:“遇真庵,在鶴山,元時建。元時左袵之制

① 周至元:《嶗山志》,第213～214頁。

② 劉懷榮、苑秀麗校注:《嶗山志校注》,第82頁。按全真教發展的歷史,龍門派之稱在元代並無,這僅證明徐復陽是丘處機一系道士,在明代龍門派出現後,徐之弟子遂以鶴山派名之。

③ 周至元:《嶗山志》,第164頁。

④ 周至元:《嶗山志》,第100頁。

猶存,明徐復陽成道之所。"《鶴山正殿碑記》中説:"邱真人常樂遊於此。徐復陽則終身隱居,日則煉形於石樓,夜則煉氣於道宫。故至今沐浴盆、升仙臺遺跡猶在。"①綜合以上材料,元末明初,徐復陽在鶴山遇真庵修行,頗有道術,開龍門支派鶴山派。

孫玄清是明代中期嶗山全真高道,他出自龍門,又創金山派。清咸豐年間梁教無的《玄門必讀》也記載了孫玄清生平:"嶗山祖姓孫名玄清,號海嶽山人,乃龍門派邱祖第四代徒孫,係山東青州府壽光縣孫家巷人,於明弘治九年八月二十三日降生。在嶗山明霞洞出家,初拜李顯陀爲師,後至鐵茶山雲光洞得遇通源子,指點五行前後昇降、出入天門運籌之法,又至即墨縣得遇太和真人引至黄石宫修行,時方十九歲,蒙傳授三花聚頂,五氣朝元。在黄石宫苦煉二十餘年,後遇斗篷張真人,共談修真,秘傳内藥諸口訣,一旦豁然貫通,復回明霞洞重修。嘉靖二十一年,抽鉛添汞,悟證身心,至嘉靖三十七年,到京白雲觀坐鉢堂一載,大著靈異。適京中大旱,求雨有功,蒙聖旨大加恩賞,封護國天師左讚教主紫陽真人,享壽七十三歲,隆慶三年六月二十六日上昇。"②龍門派高道孫玄清中年時期在嶗山明霞洞、黄石宫修道,晚年入京進獻自己所作道書,求雨有功,受到嘉靖帝的賞賜。同時,他所開創的龍門支派金山派也代有傳人,明霞洞《孫真人紫陽疏》石刻旁,鐫刻有金山派"玄至一無上天"一至六代共 20 人的名録。金山派道士從住持明霞洞開始,擴展到上清宫和即墨大妙山之大廟,之後的歷代金山派道士,又繼續擴展到白雲洞,呈現出良好的發展勢頭。這都説明在明後期至清早期,金山派已經成爲嶗山道教中非常重要的道派,住持嶗山諸多重要的宫觀。但金山派的發展並不止於此,在清代初期,嶗山金山派道士還走出嶗山,向外弘傳。據現在所見資料,至少向南傳至廣東羅浮山,向北傳播至遼寧地區。金山派弟子們不遺餘力地傳教,使金山派逐漸從一個産生於明代並局限於嶗山的龍門支派,終於在清代成長爲具有全國影響力的全真道派。

齊本守是明後期的嶗山全真高道,他出自龍門,又創金輝派。黄宗昌《嶗山志》對齊本守所載尤詳:"齊道人者,青之壽光人,性僻耽静。來海上,窮二嶗之區盡,而南兩峰矗立者爲南天門,中有庵曰先天庵,松蘿宛轉,幽勝絶塵,道人依之。緘默自持,喜焚灑,藍縷蓬跣,日啖糠粃一撮,所餘粒悉炊之,以果遊方之腹,意于于甚適也。爲庵重新,帝宇三楹,廊廂倍之,皆躬親拮据。其苦行,人所不堪。比

① (清)黄肇顎:《嶗山續志》,第 225 頁。

② (清)蕭天石主編:《道藏精華》第 9 集第 40 册,臺北:自由出版社,1983 年,第 250～251 頁。

有取庵左林木者，衆難之，道人救解焉。贈以所伐之木，使去。天啓辛酉冬，有老尼可九十，凍若就死狀，來求宿，衆不納，且揮之。道人曰：'老人亦有性命，此可避，誰當不避？'因呼與處，略無忌焉。後尼屢顯異跡，山居者乃皆知非凡人，尋亦不知其所往。壬戌春正月，道人忽語衆曰：'吾世緣已盡，將從此逝矣。'恍失所在，羽衆覓之，至八仙墩，則衲履在焉，墩之下，汪洋東溟也，人謂道人水解云。"①齊本守在嶗山南天門先天庵修行，重修廟宇，苦行修道，樂善好施，事事躬親，後羽化於八仙墩。更爲重要的是，齊本守開創了龍門支派金輝派。

北宋之劉若拙、元代之徐復陽、明代之孫玄清和齊本守，他們所開創的華蓋派、鶴山派、金山派、金輝派，都是在中國道教發展中創立的新派别。其中，金山派開枝散葉，逐漸成爲全國性的全真龍門支派；華蓋派融入了後起的全真派；鶴山派和金輝派則鮮見傳承。但無論如何，他們對中國道教所作的創新發展，是一種全新的努力與嘗試。華蓋派、鶴山派和金輝派出於種種原因逐漸消失，而金山派則成功走出嶗山，走向全國，這無疑是嶗山道教對中國道教創新發展的重要貢獻。

二、嶗山道教豐富了中國道教的内涵和外延

道教是中國土生土長的宗教，它既從中國文化中産生，又隨著中國文化的發展而發展。伴隨著中國文化的更新和發展，道教也具有了新的内涵和外延。嶗山雖遠處海隅，但靠近明清時期人文薈萃的即墨、膠州、萊陽等地，與地方士人有深入廣泛的交往。同時，嶗山也有佛教和民間宗教處於其間，道教也不可避免地與二者既有矛盾又有交融。近代西方宗教伴隨著列强的入侵而進入中國，地近青島的嶗山亦與外來宗教有所接觸。從這個意義上講，嶗山道教豐富了中國道教的内涵和外延。

（一）嶗山道教與士人互動豐富了中國道教的内涵

嶗山道教與士人的互動，主要通過三個方面表現出來：一是嶗山高道與地方士人的交流往還，以清初龍門高道蔣清山爲代表；二是明末亡國入道道士與地方士人的交流往還，以李一壺爲代表；三是地方士人對嶗山宫觀的修繕增建，以張若麒爲代表。

蔣清山，字雲石，號煙霞散人，出家於馬山聚仙宫，主要棲居嶗山百福庵。他

---

① 劉懷榮、苑秀麗校注：《嶗山志校注》，第 83 頁。

富有學識,得到了諸多文人士子的尊重,與他們多有交往。其一,城陽理學名儒胡嶧陽"精研《周易》,於濂洛之學别有心契"[①]。他不應科舉,遂以塾師爲業,主要在今即墨和城陽地區設館授徒。因此,"居嶗山下,與百福庵蔣道人雲石以道義相往來"[②]。二者既然以道義相往來,那麽必然在諸多問題上有比較一致的見解,這也從側面説明蔣清山之學識。其二,即墨士人解瑶,"字琢章,號柳溪(别號松齋)。諸生。尚氣誼,義所當爲,毅然自任;邑有弊端,輒上書糾正,人咸蒙其利。工古文詞,交遊四方,所至爲倒屣。孔雲亭山人館之岸塘,《桃花扇》傳奇纔脱稿,親按節終卷。太傅高公晋雅相器重,觀察山東時,檄有司月以餼廩給其家。後督兩江,聞其殁,遣使致奠。家藏《海岳投縞》一卷,皆一時知名士所贈詩,計百餘人。八十一歲卒,著有《松齋文集》"[③]。解瑶頗好結交羽流,因此作爲即墨地方名道的蔣清山,自然也成爲他的方外之交。今《松齋文集》中留有《與煙霞散人蔣雲石書》,《遊大澤山記》後附有蔣清山的評價,這都證明二人並非泛泛之交。其三,蔣清山與寓居嶗山的士人也有交往。即墨士人黄鴻中這樣描述其師趙其昌對蔣清山的評價:"曩者吾師趙世五先生,尋勝嶗山,留館吾家,常稱百福庵蔣雲石志遠大,年尚壯,尋日成就,庶能振道緒者。吾師登進士,喜與方外人遊,尤慎許可,固知其言不妄。越今三十餘年,而雲石居然古德耆宿,東方士大夫雅重之,而吾師之言大驗。"[④]趙其昌在黄鴻中家中教書,因此居停即墨時間較久,得以與蔣青山相識並往來。胡嶧陽在爲孫篤先所作《琴隱先生傳》中説:"有鐵旗山道人蔣雲石,爲方外交,意契甚。"[⑤]萊陽孫篤先寓居嶗山時,也與蔣清山交情深厚。正因爲蔣清山與清初即墨文人交往廣泛,所以黄鴻中説他:"古德耆宿,東方士大夫雅重之。"

明亡後,道士李一壺來往嶗山,與膠東文人多有交往。黄肇顎在《嶗山續志》中這樣叙述:"李一壺,不知何許人,亦不詳其名字。明亡,黄冠道衣,客於墨。貌頎而長,鬚髪疏秀。喜飲酒,一壺輒止,醉向南山而哭,自稱爲李一壺。嘗謂人曰:'吾當與野狼爲緣。'後果爲狼齧死,先九世叔祖虎溪公葬之栗里,時常攜酒一壺祭其墓。"[⑥]其中的九世祖虎溪公即明清即墨黄氏族人黄垍,《黄氏詩抄》中還保

---

① 周至元:《嶗山志》,第 148 頁;(清)黄肇顎:《嶗山續志》,第 371 頁。從胡嶧陽現存著作看,他主要宗奉程朱理學。

② 周至元:《嶗山志》,第 148 頁。

③ (清)林溥修,周翕鐄纂:《即墨縣志》,第 156 頁。

④ (清)黄肇顎:《嶗山續志》,第 304 頁。

⑤ 周至元:《嶗山志》,第 299 頁。

⑥ (清)黄肇顎:《嶗山續志》,第 7 頁。

留著他所作《贈李一壺道人》《方壺道人賞花行》《方壺道士歌》。明亡後，不願仕清、隱居萊陽的名士董樵和萊州著名學者趙士喆次子趙瀚等，也與李一壺交往甚密。董樵的《西山詩存》中留有《訪李一壺新庵留宿次海客韻》，周至元《嶗山志》和藍水《嶗山古今談》中均録有趙瀚《訪李一壺留題》。李一壺爲什麽能够與董樵、趙瀚等有所交往，並詩歌往還、友誼深厚呢？説到底，是因爲他們均懷念故國，不願意接受清朝的統治，出於這一目的，纔選擇出家入道，這樣既可以蓄髮，又可以盡可能地與世俗減少接觸。這是李一壺與文人得以交往並得到接納且獲得極高尊重的基礎，也是他出家入道的原因。

張若麒，字天石，膠州人，崇禎四年(1631)進士，歷仕明清兩朝。《太清宫志》記載常在庵和真武廟皆爲張若麒創修。其中叙及常在庵時，對張若麒所述尤詳："常在庵，在勞山西部，距宫七十里，位鄭張村西首，係明代天啓年間，張常在建修，因此呼爲常在庵。張公俗諱若麟[①]，字振公，號天石，膠州南曹文莊人，賜進士第，仕至通政使司通政使。忽生厭世心，携資入勞山至本宫出家，拜張復仁老道士爲師。後因行經張村西首，見有孤廟一間，全然倒塌，瓦礫堆集，凄然爲感，遂出資購買廟基地數畝，建修南海聖殿、吕祖殿及兩廊廂房並草房二十餘間。院墻門樓完備，自題匾額曰常在庵，永爲太清宫下院。"[②]從宫志記載來看，張若麒出家太清宫，拜師張復仁，此恐有誇大之處。但常在庵應是張若麒家族出資修建，周至元亦言常在庵"爲膠西張氏創建，清康熙間重修"[③]。《太清宫志》還記載："真武廟，在勞山西部，距宫一百五十里，爲棘灘村西北大路旁，係明天啓年間張常在創修。"[④]由此可見，膠州望族張氏家族與太清宫多有聯繫，大力出資修建了兩座宫觀，這也顯示出膠東士人對嶗山道教的支持。

另外，清末的尹琳基亦曾在太清宫内隱居，如"尹琳基，字琅若，日照人。爲名翰林，官至祭酒，以直言見放。道光間來嶗，至太清宫，築室隱居，今其土人猶呼爲翰林院"[⑤]。掖縣舉人林鍾柱亦曾"入嶗山塘子觀，設教其中，凡數十年"[⑥]。這都證明嶗山道教確實獲得了膠東士人的關注與支持，嶗山道教在膠東士人中頗有影響。

① 此處"麒"誤爲"麟"。
② 高明見:《道教海上名山——東海嶗山》,第 274 頁。
③ 周至元:《嶗山志》,第 104 頁。
④ 高明見:《道教海上名山——東海嶗山》,第 277 頁。
⑤ 周至元:《嶗山志》,第 149 頁。
⑥ 周至元:《嶗山志》,第 149 頁。

無論是高道蔣清山以個人修養見賞於士人,還是道士李一壺因懷念故國而與膠東士人惺惺相惜,抑或是張若麒等出資支持嶗山道教的發展,都使嶗山道教超越了道教本身的範疇,而與士人代表的儒家文化發生了緊密的聯繫,二者交相影響,互相輝映。從這個角度講,嶗山道教與士人的交往豐富了中國道教的内涵。

(二)嶗山道教與佛教、民間宗教互動豐富了中國道教的内涵和外延

嶗山是一座宗教文化資源豐富的名山,其中以道教最爲興盛。因此,嶗山一直以道教名山享譽海内外。但這並不代表著嶗山的宗教文化是單一的、排他的,相反,嶗山及膠東歷來善於孕育新的宗教,如羅教教祖羅夢鴻即是即墨人。從現存資料看,嶗山道教在發展過程中,與同處於嶗山的佛教和民間宗教存在一定程度的互動交流。

嶗山道教與佛教的互動,既有和平相處、互相扶助,也有劍拔弩張、對簿公堂。嶗山的重要佛教廟宇法海寺、慧炬院均在北宋以前建成,但都位於嶗山的西北邊緣地帶,這或許是爲了便於建立和加强與即墨的聯繫。佛教寺廟雖然較早在嶗山創立,但並未進入嶗山腹地,也並未占據嶗山各處山峰,這就爲道教的進入提供了地理上的條件。北宋時,劉若拙建太平興國院、上清宫和太清宫,分别占據了嶗山的北部和南部中心地區,元代全真教在此基礎上又修建了黄石宫、華樓宫等宫觀,緊鄰法海寺、慧炬院,與佛教展開了競争。但總體上看,嶗山道佛關係在明代以前基本上是較爲緩和的,並未見明顯的衝突和鬥争。明代四大高僧之一的憨山大師於萬曆十一年(1583)來到嶗山,起初他與嶗山道教的關係十分融洽,曾應白雲庵道士高來德之請作《重修巨峰頂白雲庵玉皇殿記》。後皇太后頒賜《大藏經》,因無處安放而决定修建廟宇,憨山與嶗山佛教的矛盾自此愈演愈烈。憨山的道場海印寺,是在太清宫地基上建成的,關於太清宫地皮的歸屬問題,就成了憨山與嶗山道教矛盾的爆發點。耿義蘭、賈性全等道士咬定憨山仗勢欺人,强占太清宫;而憨山則認爲對方構陷誣賴、無理取鬧。案件在山東審理時,憨山勝訴,道士不服,入京上告,案件遂上達至萬曆皇帝御前。在萬曆皇帝的親自過問下,在内廷太監的傾軋之中,憨山慘淡敗訴,遠戍雷州,而太清宫却因此名聲大振。嶗山佛教在與道教的這場交鋒中敗下陣來,但其影響却是極爲深遠的,甚至可以説决定了明萬曆以後嶗山道佛關係的特殊生態。太清宫在皇權支持下得以重建,並獲頒《道藏》,迅速占據了嶗山南部大片的土地,基本上確立了明清太清宫爲嶗山道教第一宫的地位,也有了"道教全真天下第二叢林"的美譽。道教在嶗山强勢而主流的地位,基本上得以再次確認。嶗山佛教雖然在萬曆時遭

到了重大打擊,但在信仰佛教、同情憨山的當地士人的支持下,佛教又進一步以更穩健的步伐進入嶗山,且紮下根來,如清初修建的華嚴寺到現在都是嶗山比較重要的佛教寺廟。嶗山道佛之間的競争關係,並没有因海印寺案的結案而結束,反而隨著時代的發展而繼續向前。

嶗山道教與民間宗教的互動,主要表現爲對民間宗教的吸收和融攝。盛行於嶗山周圍的狐仙、青霄元君等民間信仰,既受到嶗山道教的影響,也在潛移默化中影響著嶗山道教。

從現在青島地區來看,北部的即墨馬山、鶴山,東部的嶗山黄山村,西南部的團島等地皆存在狐仙信仰或有遺迹,青島地區狐仙信仰確實深入民心、影響深廣。狐仙信仰本身作爲民間信仰,難登大雅之堂,多流行於村野鄉間,但因其影響廣大,信衆衆多,却不得不受到社會及其他宗教的重視。作爲土生土長的宗教,道教以修仙長生爲追求,而狐仙也有煉丹成仙之説,二者在理論上是有相融之處的。在現實層面上,道教爲了擴大影響,争取更多的信衆,也主動承擔起了吸收融攝弘揚狐仙信仰的責任。從青島地區狐仙信仰看,道教也吸收了狐仙信仰,狐仙成了道士建廟供奉的對象。《太清宫志》記載"臺東鎮聖清宫"中有"三太爺殿",此即狐仙胡三太爺。"清光緒二十六年庚子亂時,有官隱肅公入勞山之本宫出家,拜韓謙讓爲師,道名賢昇。次年在臺東鎮捐資,創修三太爺殿三間,侍奉香火。"[①]所以全真聖清宫的興建起始於胡三太爺殿,全真道士吸收和信仰狐仙——胡三太爺,借此擴大道教的信仰基礎。現存青島天后宫的《靈山姥母重修天一宫廟碣記》,則記載了位於團島的另一座以胡三太爺爲主要信仰對象的道教廟宇,"本市西鎮團島路左有方八尺廟一座,内塑胡三太爺、靈山姥姥、觀音大士、吕祖帝君諸神靈異",落款爲"玄門龍門正宗第廿代方丈玄化子明靖王□儉撰文;青島市市立小村莊小學學校校長趙培榮敬書;玄門龍門正宗第廿三代玄裔住持黄孟宗□募化立"。從碑文看,西鎮團島路的"天一宫",本非道教寺廟,無道士住持當家,内供奉胡三太爺等神靈,後有傾圮之象,此時,全真龍門道士募修並住持,亦完成了道教對狐仙信仰的融攝。

青島地區的清霄元君信仰,盛行於明中期,一直流傳到現在。明代即墨名宦周如砥之子周熼的《玉暉堂隨筆》有《元君碑記》,其中記載了清霄元君的傳説:"元君生於招遠王氏,許配於即墨金門。貌甚陋,姑甚嚚。十有八歲尚童養,日汲水,朝打暮詈,不得刻寧,元君初無怨色。一日,汲水於山之東,遇一士,白馬素

① 高明見:《道教海上名山——東海嶗山》,第 277 頁。

袍，索水飲馬。元君不答。士曰：'吾乃上帝欽差，爾天仙玉女、清霄元君，始生時未帶真容，恐凡人玷污。今差吾取爾昇天，三月十五日，靈山若滿山霧氣，是爾本部人役迎候，當於山巔登寶位。'"[①]清霄元君受到即墨民衆的廣泛信仰，其所在的靈山老母廟的廟會是膠東地區重要的廟會之一。清霄元君信仰顯然深受道教碧霞元君信仰的影響，同時清霄元君信仰也在影響著道教，爲道教所融攝。城陽20世紀30年代所建清霄宫就是在道教宫觀石橋廟(今大通宫)的支持下修造的。團島的廟宇也是道士當家住持，是在供奉吕祖的同時，吸收了靈山老母等民間信仰。這些都證明全真道在青島地區傳教，主動采取了吸納青島本地民間信仰的策略，擴大其信衆的範圍，加深對普通民衆的影響。

嶗山道教與佛教、民間宗教的互動，主要表現爲嶗山道教與佛教既有共處又有競争且充滿張力、嶗山道教與民間宗教既互相影響又消化融攝共生共榮的宗教生態關係。嶗山道教面對强大佛教的挑戰時，積極應對，没有退縮，捍衛了嶗山道教的主流地位；在面對理論匱乏但信仰廣泛的民間宗教時，胸懷博大，融攝吸收，擴大了嶗山道教的信仰基礎。正是從這個意義上講，嶗山道教與佛教、民間宗教的互動豐富了中國道教的内涵，擴大了中國道教的外延。

(三)嶗山道教與近代外來宗教互動擴展了中國道教的外延

青島舊稱膠澳，1891年清朝政府決定在膠澳設防，青島由此建置。1897年11月，德國以"巨野教案"爲借口强占膠澳，並强迫清政府於1898年3月6日簽訂《膠澳租界條約》。青島受到德國人的統治，臨近青島市區的嶗山也受到德國人的青睞而多有遊觀。從現存文獻來看，德人中與嶗山道教交往頻繁，對嶗山道教瞭解較多的，主要有衛禮賢和哈克曼兩位傳教士。

Richaid Wilhelm，中文名衛希聖，字禮賢，習慣被稱爲衛禮賢，出生於德國斯圖加特市，修讀神學並通過了神學職業資格考試。1899年5月，他受基督教同善會(又稱作泛新教傳教會)的差遣，來到青島，協助花之安布道，至1920年共在青島待了20年。衛禮賢對中國道教的認識和瞭解，應該説嶗山道教及韓謙讓在其中發揮了一定的作用，二者在多個問題上有所交流。如衛禮賢最想瞭解道教關於冥想的問題，但是，"想讓他談談神思冥想的問題是很難的。他告訴我這需要花費太多的時間，而且容易使人陷入自我得意之中；在任何情況下，從冥想中得到的都不會輕易受旁人判斷的影響。冥想所帶給他的，衹是自我内在修爲的進

① 轉引自王青松：《〈玉暉堂隨筆〉整理研究》，碩士學位論文，東北師範大學，2013年，第75頁。

步"[1]。衛禮賢所説的冥想應該是道教的打坐静定功夫,韓謙讓認爲這種功夫能够增長修行,但掌握其法却要花費太長時間,且容易自滿,因此並没有與衛禮賢深入交流這一問題。而韓謙讓用來吸引衛禮賢並向其宣揚的,應該説還是道教中一些淺顯但能引起其興趣的理論,如他向衛禮賢提到了中國的一些預言:"道長提到了一本書,這本書以和諾查丹瑪斯同樣的方式,羅列了各種預言。書裏有配著詩句的圖畫,但排列順序並不規則。在圖畫和詩句所暗示的事件發生以前,要破譯其中的真實含義是不可能的。但發生的事件却與這些預言驚人的吻合。……隨即道長又告訴了我們他知道的其他預言。根據這些預言,不久的將來,人世間會有一個新王國出現。它將不同於迄今爲止存在過的所有事情。它將史無前例地包括整個世界,而不衹是世界的一半。即將到來的拯救是針對所有人的。它將在對人包括對卑賤者的愛中顯現自己。能努力使之成真者身邊將站滿神聖的權威,因此人們將毫不猶豫地相信他。"[2]韓謙讓對衛禮賢所説的前一個預言應該是民間流傳的《推背圖》,而後一個預言則難以確定其出處,但從其内容來看,並非末世預言,而是預言人類社會將更爲進步和美好,這與佛教和基督教對未來社會的判斷並不相同。除此之外,他還向衛禮賢宣揚道教的輪回報應理論:"某一天在嶗山的道觀裏,我聽説了這樣一個故事。……老方丈開始講道:不久前,這有一位知道他前世的男子。他由於孽行而被打入地獄並在那待了幾百年。最後他受罰期限已滿,被帶到輪回關。……然而,他已被推入巨輪中,輪子不停轉動,他被再次投胎到人世間。然而,他一隻手上的幾個手指頭看上去仍像豬的蹄子,他們忘記讓他喝忘却往事的黄泉水,因此他得以記住所發生的一切,每次他都淚流滿面、心驚膽顫地叙述這一切。現在他已把自己的一生奉獻給虔誠和神聖的祈禱。"[3]這個故事講述了一個人輪回轉世成豬遭受懲罰,再世爲人仍保留了豬蹄和記憶,借此警醒人們應該行善積德,皈依信奉道教,這是通過故事向衛禮賢宣揚道教的輪回報應説。當然,這些都不足以使衛禮賢放棄自身的基督教信仰改信道教,衛禮賢抱著同情理解的態度來看待中國傳統文化,對輪回報應學説却視之爲神秘主義。

Heinrich Hackmann,譯作海因里希·哈克曼,德國同善會傳教士,1911 年 1 月至 3 月,他與妻子共同在嶗山太清宫居住了 3 個月並寫了遊記,可以説對韓謙

---

① [德]衛禮賢:《中國心靈》,王宇潔等譯,北京:國際文化出版公司,1998 年,第 139 頁。

② [德]衛禮賢:《中國心靈》,王宇潔等譯,第 142～143 頁。

③ [德]衛禮賢:《中國心靈》,王宇潔等譯,第 229～231 頁。

讓及太清宫有了深入的瞭解,並借此對中國道教有了一定的認識和研究。哈克曼用細膩的筆法對太清宫及道士的生活進行了描寫,對太清宫道士的生活規律、組織原則、服飾居所、素食主義等都進行了較爲詳盡的介紹。他還對韓謙讓的音樂才能及素養十分贊歎,儘量消除偏見,能够站在中國的角度來欣賞中國的音樂,也通過與韓謙讓的合奏,認爲中西的音樂可以融合相通。最爲重要的是,哈克曼與韓謙讓在道教教義理論上進行了交流,並在此基礎上反思基督教及西方的生活方式。

首先,道教科儀頗多,想必哈克曼在中國接觸道教時已經意識到道教的這種特點。他對道教科儀的必要性有所疑問,遂請教於韓謙讓:"我曾經問過住持,當一個人出家入觀時是否要舉行任何特殊的科儀或儀式?'當然',住持回答道,'但這不是絶對必需的。首要的事情在於他研習《道德經》,並遵循其中的教義。'"[①]韓謙讓針對哈克曼的問題認爲,出家入觀當然應該舉行一定的儀式,但形式並非絶對必需,最重要的是遵守道教的教義和精神。由此,哈克曼反思認爲:"在我看來,這爲我們指明了一條要義。或許,我們是不是也應該説,真正的基督教精神並不在於受洗和信禮,而在於進入《新約》的真正精神當中呢?"[②]道教重視精神實質,不重外在形式,與基督教過於重視受洗等儀式形成一種對比,也是需要基督教進行思考並解決的問題。

其次,道教認爲萬物有靈,這同樣引起了哈克曼的興趣,並與韓謙讓有所交流。他説:"當任何東西尤爲美麗時,據説'神'就居於其中。因而,美麗的古樹就成了特殊照料的對象,殿前的松樹以及盛開的山茶花也都被時刻注意。甚至一棵在此緯度極少出現的棕櫚樹,也在一個蔭庇的角落中茂盛生長。不僅美麗的東西被認爲有神靈居於其中,奇怪和特異的東西亦是如此。一棵樹或一種植物的奇特形狀,立刻就會被理解爲其代表某種'神靈'。"[③]美麗和奇異的事物中有神靈,神靈有善有惡,這顯然是道教的觀點。這種萬物有靈論自然是不被哈克曼這個基督教徒贊賞的,他説:"一種可被稱爲自然宗教的原始哲學,其中包括大量涉及吸血鬼、精怪、妖怪以及野狼的迷信因素,這些怪物全都被賦予了超自然的特質,並以此盤踞在行人的道路當中。"[④]但哈克曼却能够解釋和理解這種觀念:"通過賦予自然以靈魂,這些怪物獲得了我們的憐憫之情,同時也似乎證明了人們對

① 何建明主編:《道教學刊》第一輯,北京:社會科學文獻出版社,2018年,第26頁。
② 何建明主編:《道教學刊》第一輯,第26頁。
③ 何建明主編:《道教學刊》第一輯,第24～25頁。
④ 何建明主編:《道教學刊》第一輯,第24頁。

自然的愛慕。"[①]他認爲這實際上反映了中國人對自然的愛慕和欣賞,代表了中國人對自然和生活的熱愛,這與西方人認爲"中國人很少或缺乏對自然的感情和愛慕"[②]是相反的。

再次,對於道教的重要經典《道德經》的義理,哈爾曼曾經向韓謙讓請教過。"有一天,我在海邊發現了一塊形狀奇特的石頭。我撿起了這塊石頭,並請求住持爲我在上面寫幾句話以爲紀念。我從《道德經》第 15 章中選擇了一句奇異但却令我著迷的話:'天地不仁,以萬物爲芻狗。'住持答應了我的請求,同時又建議我可以選擇《道德經》第 67 章中的一句話:'吾有三寶:一曰慈,二曰儉,三曰不敢爲天下先。'儘管方丈提出的句子讓我沉思了好幾天,我最終還是將自己選擇的句子刻在了石頭上。但這也讓我意識到,方丈所選的句子實際上是老子教義的表現。人應該在世界面前保持謙卑! 老子的書中到處充滿了對虛榮、自負和傲慢的警示。"[③]哈克曼對"天地不仁,以萬物爲芻狗"一句較爲著迷,但這一句話是站在道的高度來看待萬物,對萬物是隨順自然而毫無感情的,有點偏於理性。韓謙讓却向他推薦了慈、儉、讓三寶一句,而"慈故能勇,儉故能廣,不敢爲天下先,故能成器長"。這句話講的是慈愛的情感、儉樸的行爲和謙讓不争的品德,重點在於解決現實世界中人與人和睦相處的問題,較之"天地不仁"句多了很多感性的因素,飽含對人世間的觀照。這同樣引起了哈克曼的反思,他説:"再也没有其他的宗教書籍,會如此著重而專門地對人類弱點進行警示。……整部《道德經》所探討的無不是服務貧窮和無足輕重之人,以及禁止争論的内容。……簡而言之,愛護自己的同伴、遠離欲求的自由和謙卑就是老子的真實理想。……在歐洲,我們用一種特殊的方式來説明同類並展現對他們的愛。許多幸運的人日漸積纍起了越來越多的財富,他們中的一些人站在高處俯視那些貧困大衆的需求,於是他們開始建立免費的學校、醫院、老年救濟金、事故保險以及其他各類服務和設施,然而所有這些都帶著慷慨和仁慈的僞裝,實際上與道家的要求有著天壤之别。在我看來,整個人類似乎都在努力登上一座陡峭山崖的頂峰。一些人駕著運轉平穩的馬車,騎派急馳的駿馬,可以前進得更快。步行的人在筋疲力盡地趕路,有些人則疲憊地倒在了路邊。騎馬的人回望了一下喊道:'快一起走吧!'他們將拐杖分給跛脚的人,將倒下的人抬到大車當中搭載他們一段,然後再一次

① 何建明主編:《道教學刊》第一輯,第 24 頁。
② 何建明主編:《道教學刊》第一輯,第 24 頁。
③ 何建明主編:《道教學刊》第一輯,第 19～20 頁。

消失在人們的視野當中。如果他們下馬與其他人同行,進而讓每個人都可以跟上,雖然更慢,但却無疑更平穩地攀登至頂峰,這樣不是更好嗎? 如果這些幸運的人能够從他們的座駕中下來,過簡單、謙遜的生活,與他們貧窮的兄弟們更爲融洽,爲他們生活也與他們一起生活,進而實現人間之愛這一神聖律法,這樣的話,這個世界又將會是如何的更加幸福呢?"[①]哈克曼認爲,韓謙讓推薦的這句話,表明道家的慈愛精神與歐洲人的社會救助制度有天壤之别,實際上道家所說的慈愛是與有困難的人同行,而歐洲的社會救助制度是强者對弱者的施捨,而非下馬同行,這是精神實質的不同,中國的道家强調謙卑不争,而西方的文化則與之相悖。哈克曼在太清宫的諸多體會,都是用中國道教的精神去反思西方人的生活方式和宗教觀念。

衛禮賢和哈克曼的記述從不同側面反映了嶗山道士面對西方文化的湧入,在與傳教士的交往中,並非拒斥接觸西方宗教人士,而是采取主動出擊的策略,加强與傳教士的聯繫,通過表演傳統琴藝,講述道教故事,解釋道教經典,積極地向他們傳播道教的教義和理念,甚至努力争取他們瞭解和信仰道教。這是在近代社會轉型大背景下,面對西方宗教人士,嶗山道士努力保持道教及太清宫生存和發展的策略和表現。從這個意義上來説,嶗山道教又豐富擴展了道教的外延。

三、嶗山道教保留了中國道教的文化遺産

嶗山作爲歷史悠久的道教名山,建有大量道教宫觀,其中較爲著名者如太清宫、太平宫、上清宫等,迭經重修,延續至今;萬曆皇帝曾頒賜太清宫《道藏》,且其相對完整地保存下來;嶗山道士的故事被蒲松齡寫入《聊齋》,嶗山道士抗日的事迹亦載入史册。因此,嶗山道教保留了大量中國道教的文化遺産,是整個中華文化中的瑰寶。

(一)嶗山道教的著名宫觀是中國道教重要的物質遺産

嶗山爲道教名山,宫觀星羅棋布,最盛時號稱"九宫八觀七十二庵"。嶗山宫觀的歷史,如果按照《太清宫志》所言張廉夫於"西漢建元元年辛丑"創建太清宫,則可追溯到西漢時期。但這顯係刻意遠溯太清宫創建時間。根據我們對嶗山地區宫觀的瞭解,位於今即墨地區的高真宫應是最早修建的道教宫觀,《即墨縣志》

---

① 何建明主編:《道教學刊》第一輯,第 20~21 頁。

稱其"晋太安元年建"[①],即建於公元302年。宋初高道劉若拙羽化後即葬於此,今宫觀已不存。嶗山大規模修建宫觀始於宋初,劉若拙修建了太平興國院、上清宫和太清宫,北有太平宫,南有太清宫、上清宫,是嶗山歷史最爲悠久且保存至今的著名宫觀。

太清宫是嶗山最爲著名的宫觀,有"道教全真天下第二叢林"之美譽,俗稱下宫。關於太清宫,按照《太清宫志》的記載,西漢張廉夫創修三官廟和三清殿,五代李哲玄創修三皇庵,則今太清宫的三大主體院落已經具備。但太清宫現有的院落結構,顯然是萬曆重修後確立的,之前的布局並不清晰。從現有資料來看,從漢代以來太清宫這一地域内一直有修道之士隱居修行,可能建有一定的修行場所。但大規模修建宫觀,應是從北宋劉若拙開始。

劉若拙受宋太祖敕命任左街道録,肅清道流,政績卓著。後劉若拙辭官歸嶗,宋太祖酬謝其功,爲他出資興建了嶗山最早的三座道觀,即太平宫、上清宫和太清宫。劉若拙及其弟子以此爲根據地,在嶗山乃至整個膠東大振道風,門徒廣布,這也爲其後嶗山道教的發展提供了立足點。

太清宫是劉若拙在嶗山南部發展道教的重要據點,金元以前,一直是華蓋派住持的宫觀。入元以後,整個嶗山道教盡歸全真教,太清宫亦爲全真道人住持。到明萬曆時,太清宫已凋零破敗,按照黄宗昌在《嶗山志》中的描述:"傾圮甚,羽流竄亡,一二香火守廢基,苦無藉。"[②]殿宇傾倒,道士離散,衹有爲數不多的道士在守著基業,甚至有道士向憨山出售地基,以圖生存。憨山在皇太后的支持下購買了太清宫地基,大建海印寺。但耿義蘭、賈性全等道士却認爲憨山强占太清宫,訴訟於地方政府,但均以道士敗訴而告終。萬曆二十三年(1595),耿義蘭呈給萬曆皇帝《控憨山疏》,海印廟産之訟上達御前。萬曆皇帝看到控疏,直接命令逮捕提審憨山。最終以私創寺院罪,遣憨山戍雷州。五年後,降旨復宫,同時頒賜《道藏》。太清宫三清殿、三官殿、三皇殿的基本架構就是在萬曆二十八年(1600)的重修中完成的。三皇殿左右兩側墻壁上,分别嵌有成吉思汗賜給丘處機的聖旨碑和金虎牌石,宫内三清殿後巨石之上刻有丘處機之詩10首。這些都是太清宫作爲歷史文物留給中國道教的重要文化遺産。

處於嶗山東北部的太平宫,是劉若拙於北宋初年興建的另一重要宫觀。在明萬曆以前,太平宫的地位是高於太清宫的,因爲宋太祖爲劉若拙"敕建太平興

① (清)林溥修,周翕鐀纂:《即墨縣志》,第297頁。
② 劉懷榮、苑秀麗校注:《嶗山志校注》,第85頁。

國院以處之。上清、太清二宫,其别館也”[①]。而太平宫或太平興國院應該也不是最初的宫觀名稱,因爲太平興國是宋太宗的年號,宋太祖不可能以此名敕建宫觀,可能當初興建時有他名。但建成後已改號太平興國,因此易名爲太平興國院,後來演變爲太平宫,俗稱上苑。從三座道觀的地位看,太平興國院實際上爲最高,這也表明在宋代嶗山道教的發展是以太平興國院即嶗山北麓爲中心的,延及南麓,這與明萬曆以後嶗山道教以太清宫爲中心是極爲不同的。太平宫自建成起,亦屢經修繕,見於山志的有金明昌年間重修、明嘉靖年間重修、崇禎至順治年間重修、1979 年重修。現存 1979 年刻《太平宫記》碑有言:“金泰和戊辰,演道主教長春真人邱處機蒞此,賦詩廿首,鐫於宫北之白龍洞。明萬曆年間,太監邊永清、楊紹慎替皇妃來宫出家,重修殿宇。金、元、明、清屢經修葺。名人碩士多履於此,題詞刻石遺跡猶可捫視。”太平宫作爲劉若拙修建和活動的主要宫觀,既開啓了嶗山大規模修造道教宫觀的大門,也第一次使嶗山道教與皇室宫廷發生了緊密的聯繫,其所保留的丘處機詩歌石刻及明清以來的宫觀結構,同樣是太平宫這一歷史文物留給中國道教的文化遺産。

處於太清宫稍北的上清宫,是劉若拙興建的嶗山三座宫觀之一,俗稱上宫。上清宫在歷史上經歷了多次毁壞與重修,《元延祐四年重建上清宫碑》:“宋初昌陵與華蓋真人際遇,乃賜宫額曰‘上清’。金源氏正隆間,重陽祖師自西徂東,遨遊海上,全真教興。其徒長春邱真人寓是,愛其青峰突兀,翠巘峻嶒,宛如鼇負蓬瀛,丹書刻石曰:‘鼇山。’……天興壬辰,中原兵革,朝市悉變,宫殿皆空。皇元御宇,大德元年,重陽之派孫,通玄弘教洞微大師隱真子李志明……次弟遊歷至此,睹其頹垣圮址,蕪没於蒼煙萑莽之中……於是與其徒斬除荆榛,採木陶土,鳩工命梓,重修殿宇。”[②]上清宫在金代尚有丘處機到訪,至元初僅剩斷壁殘垣,李志明率領弟子進行了重修。到了明代中期,上清宫又傾圮敗落,嘉靖時期嶗山高道金山派祖師孫玄清居於上清宫後明霞洞,對上清宫進行了增修,“後殿祀玉皇,前殿祀三清”[③]。清代末年,上清宫殿宇爲山洪沖毁,嶗山華樓宫道士劉本榮又主持重修。上清宫目前所存之丘處機手書石刻、宫後《孫真人修真題記》及金山派第三至七代的道士名録、宫中白牡丹香玉的故事,也都是上清宫留給中國道教重要的文化遺産。

---

① 周至元:《嶗山志》,第 213～214 頁。

② 周至元:《嶗山志》,第 212 頁。

③ 周至元:《嶗山志》,第 85 頁。

除此之外，嶗山尚有華樓宫、明霞洞、遇真庵等已經修復的宫觀，還有黄石宫、白雲洞等傾圮的宫觀，這些都保留了元代以來的衆多石刻遺迹，豐富了道教在嶗山發展延續的歷史，使中國道教的歷史更加血肉豐滿、細緻入微，也是嶗山道教留給中國道教十分重要的文化遺産。

(二)嶗山道教的重要典籍是中國道教重要的文化遺産

《道藏》是大型道教經典叢書，卷帙浩繁，包羅萬象，道教宫觀皆以收藏一部《道藏》爲榮。清初馬山李常明曾出資購買一部並不完整的手抄本《道藏》，珍惜異常，以爲鎮山。皇帝下旨頒賜的《道藏》則更顯珍貴，流傳至今的少之又少。嶗山太清宫所藏的《正統道藏》，就是這樣一部道教珍寶。

海印寺案後，太清宫得以重建，太清宫道士耿義蘭上奏朝廷，懇請頒賜藏經鎮山，萬曆皇帝因而下旨，派遣太監何堂送經，一同送到嶗山的還有《敕諭大道藏》和《曉諭》等。其中，《敕諭碑文記》詳細説明了此版《道藏》的來歷，頒賜給嶗山的《道藏》是萬曆生母慈聖太后降命摹印的，萬曆皇帝作了序和跋。而此經實有數量，亦有説明："奚命所司印造全藏經四百八十函，施捨在京及天下名山諸道觀，用廣其傳。"[①]全藏經一共 480 函。從所述"摹印全經"來看，此版《道藏》應是用《正統道藏》經板刊印，僅在前後加上了萬曆皇帝序跋，並不包括《萬曆續道藏》。

太清宫獲賜《正統道藏》後對其頗爲珍惜，梳理《道藏》歷史，本宫《道藏》詳加清點，仔細保管，將所賜 480 函、4487 卷《道藏》分成 6 個烏木大櫃供奉保管，一櫃 80 函，第一櫃爲天字型大小起人字止，第二櫃爲始字型大小起傷字止，第三櫃爲女子號起競字止，第四櫃爲資字型大小起詠字止，第五櫃爲樂字型大小起移字止，第六櫃爲堅字型大小起英字止。從這也可以看出，太清宫所藏《道藏》並不包括《萬曆續道藏》從杜字至纓字的 32 函。

從《太清宫志》看，太清宫的道士對《道藏》多有翻閲研究，寫有《道藏節略》和《三洞四輔凡例》，總括《道藏》内容及結構。爲了更好地借閲和保護這部珍貴的欽頒《正統道藏》，太清宫還制定了《本宫閲藏規則》，内容如下：

> 檢閲藏經，謹按叢林之規定，各宜小心燈燭，謹慎供奉。每日焚香焚表，沐浴齋戒，朝拜頂禮，衣冠整齊，净潔嚴肅，無分道侶俗家善士人等，及本宫道衆，一律行之，均宜在宫内檢閲，不准攜册他處。先報某人姓名、地點、年月日，寫明記單，遞於守藏經人，行禮焚香焚表，發願閲藏幾年爲期，遂即寫

① 高明見：《道教海上名山——東海嶗山》，第 263 頁。

於表文内,焚香獻供頂禮跪誦表文。祝告畢,焚昇表文,遵照目録卷號,報與守藏經人請出。閲完交回,另請他卷。閲完即交,不許隨便外存計押。如有損失者,閲藏人記明,承認照數賠補。苟非其人,不可輕使請出。倘有失落,守藏之(人)擔負責任。惜字一千,延壽一紀,況此七部真經、五千餘卷靈文、諸真跡仙號,當如何珍重。故其守藏之人,務要恪盡厥職,既得免於罪戾,又必獲福矣。①

借閲《道藏》,首先要保護《道藏》,小心火燭,以免燒毁;其次要禮敬《道藏》,焚香焚表,沐浴齋戒;再次要宫内檢閲,不准携帶外出,以防丢失;再次,要借閲登記,寫明姓名、地點、時間,借閲册數,交給守藏經人,焚昇表文後纔可借走;再次,要閲後即還,不可隨便帶出;再次,要損壞賠償,而且不可再借於損壞之人;最後,守藏之人承擔保管責任。應該説,太清宫所制定的借閲《道藏》規則還是比較完備的,也在 300 多年間最大限度地保護了這部珍貴的《道藏》。

近代聞一多在青島大學任教時,曾建議將其移至大學圖書館,但未被批准。"文化大革命"中,爲避免損壞,遂將《正統道藏》從太清宫中搶運出來,以後就收藏於青島市博物館。太清宫《正統道藏》從萬曆流傳至今,保存相對完善,既具有極高的文物價值,又對研究和弘揚道教具有難以估量的文化價值,這也是嶗山道教遺留給中國道教非常重要的文化遺産。

近代嶗山傳出的道書《道鄉集》,也是嶗山道教貢獻的一部丹書。刊印者朱文彬自述《道鄉集》是白雲洞道士王全啓所贈,但從内容來看並非金山派道士所作,實際上應是通過扶乩降神展開内丹修煉的修道團體寫就。《道鄉集》一改以往丹書遮遮掩掩的傳統,采用扶乩降神、詩歌對話的方式,剖析丹法的次第、重點、訣竅,深入淺出、鉤玄闡微,明白講出丹法要旨要訣,這是在形式上與以往丹經的區别。因此,《道鄉集》也是嶗山道教留給中國道教的一份文化遺産。

另外,據記載,《靈寶經》也出自嶗山,《大成捷要》也是嶗山道教首先公開刊刻的。以上這些重要典籍能够流傳至今,與嶗山道教的保存、刊刻具有密切的關係,對繼續研究和弘揚中國道教具有重要的意義和價值。從這個角度來説,嶗山道教保留了中國道教的文化和遺産。

(三)嶗山道教的傳説和事迹是中國道教的重要文化遺産

嶗山流傳著很多有關道教的傳説故事,但有兩個著名的故事因蒲松齡的《聊齋志異》而廣爲人知,甚至成爲嶗山道教的代表。近代嶗山道士積極抗日,不懼

① 高明見:《道教海上名山——東海嶗山》,第 272 頁。

犧牲,可歌可泣。這些傳説和事迹的廣爲流傳,無形中擴大了中國道教的影響,這也是嶗山道教對中國道教的重要貢獻。

蒲松齡曾於康熙十一年(1672)遊覽嶗山,傳説當年蒲松齡月夜獨坐於太清宫寫書亭中,忽見對面牆上有人一閃而過,像是穿牆而去,原來是送茶道士的影子,因此受到啓發,寫了《勞山道士》。《勞山道士》篇首即言:“邑有王生,行七,故家子。少慕道,聞勞山多仙人,負笈往遊。”[①]將嶗山久負盛名、海外仙山的形象一下子勾勒出來,令人生出對嶗山的無限嚮往。後又描述了仙風道骨的嶗山道士剪紙爲月、壺酒遍給、箸變嫦娥、月中對飲等法術,王生求教道士,遂傳授穿牆術。但在王生告辭時,道士告誡他:“歸宜潔持,否則不驗。”[②]嶗山道士法術高深、德行高潔的形象躍然紙上,這都無形中向讀者宣揚了嶗山道教正面積極的形象,令人對嶗山心嚮往之。

蒲松齡將《香玉》這個故事的發生地置於嶗山太清宫,“勞山下清宫,耐冬高二丈,數十圍,牡丹高丈餘,花時璀璨如錦”[③]。牡丹化爲女子香玉,耐冬化爲女子絳雪,香玉與黄生生死相許,絳雪與香玉姐妹情深,讀之令人動容。太清宫確有耐冬樹,但牡丹花却在上清宫中,牡丹花神的傳説也被嶗山道士一代代口口相傳。明末高弘圖在《嶗山九遊記》中就記載了上清宫白牡丹花神的故事:“宫有白牡丹一本,近接宫之几案,閲其皴幹,似非近時物。道士神其説爲百歲。前曾有大力者,發其本,負之以去,凡幾何年,大力者旋不禄。有白衣人叩宫門至曰:‘我今來。’蓋夢談也。晨視其牡丹,舊坎果已歸根吐莖矣。大力者之庭,向所發而負者,即以是年而告瘁。”[④]白牡丹懷念故土,重回上清宫。因此,蒲松齡的《香玉》,很可能是在聽聞上清宫道士所述白牡丹花神的傳説後,又將太清宫的耐冬加入其中,進行了高超的文學創作,如此纔成就了這個凄美堅貞的神異故事。

應該説,嶗山道教爲蒲松齡的《聊齋志異》提供了上佳的故事素材,成就了一代文學巨匠;同時,《聊齋志異》中的故事《勞山道士》和《香玉》,也宣傳和弘揚了嶗山道教,使神秘的嶗山和法術高强的嶗山道士廣爲人知,樹立了中國道教積極正面的形象。

除了廣爲流傳的傳説故事,嶗山道教在近代積極參與抗戰,留下了許多抗日故事。在抗日戰爭中,抗日遊擊隊多藏匿在連綿的嶗山,以道觀作掩護,與日軍

---

① (清)蒲松齡:《聊齋志異》,合肥:黄山書社,1994年,第9頁。
② (清)蒲松齡:《聊齋志異》,第10頁。
③ (清)蒲松齡:《聊齋志異》,第205頁
④ 周至元:《嶗山志》,第257頁。

周旋。很多道觀被轟炸焚毁,不少道士爲了保護抗日武裝而犧牲。其中的白雲洞慘案,最爲慘烈。

青島市史志辦編《嶗山志》記載:"1939 年農曆三月十五日,日軍入侵白雲洞,殺道士 4 人及雇工 2 人(内有 1 名年僅 14 歲的道童),縱火焚燒所有房屋,將陸潤庠楷書的尹琳基《白雲洞觀海市記》八幅條屏焚毁,掠去明宣德年間銅鑄香爐 4 只,6 寸金神像一尊,一名倖免於難的道士悲憤之極,亦投海自殺。"[①]而藍水的《嶗山古今談》所述最詳:"民國二十三年,白雲洞道人鄒全陽,於洞左青龍石前建高閣。按:洞以幽邃擅奇,墂以閣,洞反爲附屬,以形勢論爲賓奪主。又五年,日本由青島掩師入勞,謂之剿山,焚塘子觀至白雲洞,所謂遊擊隊倉卒去,掩匿軍械被搜出。鄒正與日酋問答間,兵走報,日酋怒,抽刀劈鄒於階下,命盡殺道衆,共六人,火焚其廬,又焚明道觀、神清宫而歸。方變起時,一看山道人聞殺聲又見火起,狂奔至即墨大妙山,次晨悸死。鄒有弟子王振武,事前師以其年輕,恐有意外,命外出避之,事後歸,哭絶久之,央人掩埋衆骸畢,赴刁龍嘴投海死,白雲洞遂無孑遺。"[②]從以上的記載可以看出,白雲洞道士鄒全陽等在抗日戰争中,容留遊擊隊,在日軍清剿遊擊隊時,又幫助隱匿武器。日軍發現武器後,將鄒全陽等6 名白雲洞道士全部殺害,白雲洞付之一炬,鄒全陽弟子王振武悲痛,亦投海自盡。在此次清剿中,除了白雲洞受到損毁外,塘子觀、明道觀和神清宫都被焚毁。從這裏既可看出近代戰争對嶗山道教巨大的破壞作用,也可感受嶗山道士積極抗日、不懼犧牲的英勇精神。

總之,《聊齋志異》中以《勞山道士》和《香玉》爲代表的故事,是以嶗山事物和傳説爲原型創作出來的,它大力宣傳了嶗山道教和嶗山道士,使嶗山海外仙山和嶗山道士法術高深的形象深入人心。近代嶗山宫觀和嶗山道士積極參與抗戰,爲遊擊隊提供掩護,不懼犧牲,可歌可泣。嶗山道教的這些傳説和事迹是中國道教的重要文化遺産。

結　語

嶗山具有的豐富道教文化資源,涉及高道、道派、宫觀、典籍等方方面面,這更證實了嶗山道教名山的美譽。嶗山秦漢時期流傳的方仙道推動了中國道教的

① 青島史志辦公室編:《嶗山志》,北京:五洲傳播出版社,2003 年,第 177 頁。

② 藍水:《嶗山古今談》,青島:嶗山縣縣志辦公室,1985 年,第 268～269 頁。

産生;劉志堅、李志明、耿義蘭和李常明等嶗山高道推動了中國道教的發展;華蓋派、鶴山派、金山派和金輝派等嶗山新創道派推動了中國道教的創新;嶗山道教與士人的互動交往豐富了中國道教的内涵;嶗山道教與佛教、民間宗教的互動豐富了中國道教的内涵和外延;嶗山道教與西方宗教的互動拓展了中國道教的外延;嶗山道教保存的宫觀、保留的重要典籍、流傳的傳説和事迹是中國道教非常重要的物質和文化遺産。總之,嶗山道教對中國道教的産生與發展、對中國道教内涵和外延的豐富、對中國道教文化遺産的保護,都具有十分重要的意義,是中國道教不可或缺的重要組成部分。

（責任編輯：張曉立）

《道藏》《道藏輯要》與道教碑刻文獻研究

□黄海德

摘要:道教碑刻文獻是道教歷史和文化研究的重要學術史料,但出於碑刻文獻分散各處搜集極難以及諸多客觀因素,長期以來未能受到學界的應有重視。自20世紀以來,陳垣先生所編纂之《道家金石略》拓開先河,之後巴蜀、齊魯、三秦、滇南、粵港等地學者廣爲考察和搜集地域道教碑刻文獻,備極艱辛,成效卓著。筆者曾參與主編《巴蜀道教碑文集成》的學術工作,後又承擔《道藏説略》之"碑文説略"的查閲和撰寫工作,在此基礎之上對明代正、續《道藏》與清代《道藏輯要》所收之道教碑刻文獻作了初步的譯讀考察和搜集整理,並以之思考道教碑刻文獻的史料價值與社會意義,希望爲下階段《道教碑刻文獻學》的撰寫奠定初步的基礎。

關鍵詞:道教　碑刻文獻　《道藏》《道藏輯要》

作者簡介:黄海德,男,1953年生,四川成都人。華僑大學宗教文化研究所所長,教授,博士生導師,中國宗教學會理事。主要研究方向爲道家思想與道教文化。

一、道教碑刻文獻與現代學術研究

清代學者葉昌熾在《語石》中曾斷言:"凡刻石之文皆謂之'碑'"[①],這是後來的説法,其實早期"碑"的本義並不是"刻石之文",而是有另外的形式和意義。

中國古代有宫廟,宫廟要經常舉行祭祀,而祭祀的程式必須按時間安排,因此宫廟前大多豎立有一塊長條的石頭,用來觀察日影,計算時間,安排祭祀以及其他活動。《儀禮·聘禮》記述説:"陪鼎當内廉,東面,北上,上當碑,南陳。"漢代

① (清)葉昌熾撰,姚文昌點校:《語石》,杭州:浙江大學出版社,2018年,第76頁。

經學家鄭玄注説:“宫必有碑,所以識日景,引陰陽也。”[①]“識日景,引陰陽”就是觀察日影,安排時間,這是古代文化中“碑”字的古義。另外又有一説,即《禮記·祭義》所講的:“祭之日,君牽牲……既入廟門,麗於碑。”鄭玄注解説:“‘麗’,猶‘繫’也。”[②]後來北宋史學家宋祁解釋説:“碑者,施於墓則下棺,施於廟則繫牲。”[③]就是説,“碑”是立於廟門之内栓繫牛馬等牲口的石條。《儀禮》與《禮記》兩種文獻的説法,雖然使用的目的和方法不一樣,但是其中的“碑”都是指與宫廟有關的石頭,這是殆無疑義的。

除此之外,古代的“碑”字還有一種含義,不是指石頭,而是指木樁。《禮記·檀弓下》説:“公室視豐碑。”鄭玄注解:“豐碑,斲大木爲之,形如石碑。”其作用是在天子或貴族下葬的時候,“於椁前後四角樹之,穿中于間爲鹿盧,下棺以繂繞”[④],在葬坑四角的厚木樁中間穿洞,用繩練將棺木慢慢放下,以便安葬。這裏講的“碑”,其作用似乎相當於今天的滑輪。爲什麽要將木樁稱爲“碑”呢?宋人孫何《碑解》説:“其字從石者,將取其堅且久乎?”[⑤]因爲古人安葬建墓都希望堅固長久,所以使用了“石”字旁的“碑”字,但這衹能聊備一説。

那麽“刻石之文”的“碑”是何時産生的呢?按照時下大多數學人的意見,應該是戰國後期至秦代。現今有一套傳世國寶,考古界通常稱作“石鼓”,據考證是戰國時候秦國的歷史文物。每面石鼓上刻有紀功頌德、田獵車騎的内容,字體介於金文與小篆之間,歷來被稱爲“石鼓文”,這大概是現今可考的最早的“碑文”。後來秦始皇靠殺伐之功平定六國,在中國歷史上建立了第一個龐大的專制王朝,爲了顯示其“豐功偉績”,到處刻石紀念以垂不朽。雖然秦王朝很快就從歷史的舞臺上消失了,但是“始皇帝”的紀功刻石却靠著大自然鑄就的堅硬性質流傳了下來,如《泰山刻石》與《琅琊刻石》等。可見秦朝時還未有“碑”之稱,世人多稱其爲“刻石”或“碣石”,名稱尚未統一。

從文化史的角度來看,漢代是中國傳統文化載體之一即“刻石之碑”正式産生的時代。以後自漢魏至唐宋明清,歷代相沿,碑刻紀事成爲中國歷史上的重要文化現象,歷代傳承的大量碑文自然成爲十分珍貴的歷史文化史料。

根據現有的考古材料,道教碑文大約興起於漢代。道教的教團組織的形成

---

① (漢)鄭玄注,(唐)賈公彦疏:《儀禮注疏》卷二一,北京:北京大學出版社,1999年,第409、410頁。

② (漢)鄭玄注,(唐)孔穎達疏:《禮記正義》卷四七,北京:北京大學出版社,1999年,第1321頁。

③ (宋)宋祁:《宋景文公筆記》卷上,《讀書叢録》,濟南:山東人民出版社,2019年,第606頁。

④ (漢)鄭玄注,(唐)孔穎達疏:《禮記正義》卷十,第297頁。

⑤ (清)舒成龍:《荆門州志》卷三六,清乾隆十九年(1754)刻本。

以東方的太平道與西部的五斗米道的建立爲標誌,都在東漢時期。現今所見東漢時期與道教有關的碑文約有六通:一即吴興劉氏《希古樓金石萃編》卷六所載東漢順帝陽嘉四年(135)"延年石室"刻石,二爲王昶《金石萃編》卷七搜集的東漢順帝漢安元年(142)"會仙友"題字,三爲《蔡中郎集》卷一所收東漢桓帝延熹末年(約165～167)蔡邕所撰《王子喬碑》,四爲南宋洪适編撰的《隸釋》卷三收録的東漢陳相邊韶奉命撰寫的《老子銘》,五爲《隸續》卷三記載的東漢靈帝熹平二年(173)"祭酒張普"碑,六爲東漢獻帝建安十年(205)刊刻的《巴郡太守樊敏碑》。六通碑石之中,與道教興起直接相關的應是第五、第六兩通碑石,其中内容較爲充實的是《樊敏碑》。

道教碑文大量出現的時期在歷史上有三個。

第一個是唐宋時期。這個時期由於多位帝王崇信道教,社會上信仰普及,信衆廣泛,因此與崇信、祭祀、塑像有關的道教碑文大量湧現。

第二個是金元時期。這段時期北方的少數民族政權入主中原,漢政權被迫南遷,爲了維護與保存傳統的漢民族文化,北方的士紳民衆相繼創立了太一教、真大道教與後來興盛壯大的全真道。爲宣傳道教信仰,争取民衆支持,擴大宗教組織的影響,上述道教教派在關中、山東等地鐫刻了諸多大型道教碑石,碑文内容豐富,刻石精美。很多這一時期的道教碑刻比較完好地保存到了現代。

第三個是明清時期。這段時期官方系統的道教逐漸衰微,而民間信仰大量流行,因此各個地區的神靈奉祀成爲民衆社會生活的重要組成部分,記載廟宇變遷、修建和神靈生平、靈迹的碑刻在民間廣泛流行開來。從數量上來看,這段時期的道教碑刻應爲最多。

在這三個時期之中,唐宋時期的碑文大多靠宋代的金石學專著與文人文集保存下來,金元時期的道教碑刻現今有大量的存世實物和碑拓傳世,而數量最多的明清時期與民間信仰相關的道教碑文,由於多種條件的限制,長期以來缺乏系統的搜集和整理。

碑文的搜集、整理和研究在古代屬於金石之學,現代屬於歷史學的範疇,這在前面已經述及。然而,道教碑文的整理和研究長期以來未能得到學術界和社會的重視,以至研究者無多,與有關專著和論文在當今世界道教熱之中形成極大的反差,相較於汗牛充棟的道教研究論著,可説是寥若晨星。

民國以前,社會與學界對道教不够重視,加之資料缺乏,因此尚未有專人對道教碑文進行系統研究。至20世紀20年代陳垣先生任職北京大學研究所國學門導師,始注重搜集有關道教的碑刻文獻,在其助手和學生的幫助下,歷經多年功夫，從《道藏》、歷代文集筆記和繆荃蓀所藏藝風堂拓片中搜集和整理了數十册道教碑文資料，但由於工作量太大，時間、精力皆有限，故陳先生在世時一直未能整理出版。經過了半個多世紀，直到80年代末文物出版社纔出版了由其後人陳智超先生整理校補的《道家金石略》。該書搜輯了自漢代至宋明有關道教的碑文1300多篇，分爲漢魏六朝、唐、宋、金元、明五個部分，按時代先後排列，是現代學術史上第一部道教碑文專集，爲道教史研究提供了大量翔實而珍貴的歷史資料。唯一遺憾的是，出版社竟采用簡體字印刷古代碑文，大大降低了該書的歷史真實性。

二、明《道藏》與道教碑刻文獻

道教經書的彙編纂輯，始於南北朝劉宋時期的高道陸修静。他在南朝宋明帝泰始七年(471)上《三洞經書目録》，其云："道家經書並藥方、符圖等，總一千二百二十八卷云。一千九十卷已行於世，一百三十八卷猶在天宫。"[①]可知南朝時期陸修静搜集編纂的道教經書已達千卷以上。其後，北周武帝天和五年(570)玄都觀道士編成《玄都經目》，據傳共有6000多卷；周武帝建德年間道士王延奉敕"校三洞經圖，緘藏於觀内。延作《珠囊》七卷，凡經、傳、疏、論八千三十卷，奏貯於通道觀"[②]。雖然在100餘年的時間之内，道教經書不大可能增至數倍以上，但南北朝道教的快速發展却是史家熟知的歷史事實。根據道經的記載，《道藏》的編纂實際始於盛唐時期。《道藏尊經歷代綱目》云："唐尹文操《玉緯經目》藏經七千三百卷"[③]，表明唐初就已開始編撰《道藏》。至唐代中期，唐玄宗時編纂有《一切道經》與《三洞瓊綱》，所編卷數記載不一，但總數當在5000卷以上。四川仁壽縣有唐代天寶八年(749)《南竺觀記》，記云："三洞寶經合有三十六萬七千卷。二十四萬四千卷在四方，十二萬三千卷在中國。上清二百卷，靈寶四十卷，三皇十四卷，太清三十六卷，太平一百七十卷，太玄二百七十卷，正一二百卷，符圖七十卷。……合二千一百三十卷□□在世……餘十二萬八百七十卷在諸天之上，山洞之中，未行於世。"[④]

---

① (唐)釋道世:《法苑珠林》卷五五,《大正藏》卷五三,第704頁。

② (宋)張君房纂輯:《雲笈七籤》卷八五,《道藏》第22册,北京:文物出版社、上海:上海書店、天津:天津古籍出版社,1988年,第602頁。

③ 《道藏》第34册,第516頁。

④ 龍顯昭、黄海德主編:《巴蜀道教碑文集成》,成都:四川大學出版社,1997年,第29～30頁。

宋元時期皆有道藏的編纂,較著者有宋真宗時所編之《大宋天宫寶藏》、宋徽宗時編纂的《政和萬壽道藏》、金章宗時編刻的《大金玄都寶藏》、元朝初年全真道士宋德方主持編刻的《大元玄都寶藏》等,後者據道經記載已增至7800餘卷。然而以上歷代所編《道藏》出於各種原因,今已不存,現今唯一流傳在世的衹有明代《正統道藏》與《萬曆續道藏》,後世習稱爲明《道藏》或《道藏》。

明代的《正統道藏》與《續道藏》按傳統分類可分爲"三洞""四輔""十二類"。在本文、神符、玉訣等十二類之中,有關道教碑文的大量内容主要分布在"三洞"經書的記傳類,尤以洞神部記傳類較爲集中。此外,部分文集之中也有一些散見的碑記銘文。就考察所見,主要有《宫觀碑志》《甘水仙源録》《終南山説經臺歷代真仙碑記》《古樓觀紫雲衍慶集》《龍角山記》《大滌洞天記》《西川青羊宫碑銘》《宋東太一宫碑銘》《宋西太乙宫碑銘》《宋中太乙宫碑銘》《天壇王屋山聖迹記》《唐王屋山中巖臺正一先生廟碣》《唐嵩高山啓母廟碑銘》《茅山志》《梅仙觀記》《天台山志》等。現分别介紹如下。

《宫觀碑志》一卷,編者不詳,《道藏目録詳注》題爲陶穀所撰,實際陶穀是該書中第一篇碑文的撰寫者,非全書撰者。據所收碑文内容推測,似爲元代全真道士所編,後收入《道藏》洞神部記傳類。該書共收有9篇道教宫觀碑記,大多爲史事記録,其依次爲:

1.《涇州回山重修王母宫記》,題爲"翰林學士判吏部流内詮事陶穀譔"。陶穀是五代宋初人,家爲北方望族,曾歷仕後晋、後漢、後周與北宋,博雅擅文辭。該記是北宋初"太師清河公"張鐸鎮守涇州重修回山"王母宫"後所撰寫。"涇州回山",即今甘肅省涇川縣回中山,山上自古建有"王母宫"。《古今圖書集成》所載《平凉府古迹考》云:"回中山,在州西三里,脈自崑崙來,上有王母宫。下臨涇水,一名宫山。周穆王、漢武帝嘗至此。"[①]宋太祖開寶元年戊辰歲(968),檢校太師張鐸主持重修回中山王母宫,並請翰林學士刑部尚書陶穀撰寫碑文,張鐸刻石立碑,世稱爲"陶穀碑"。

碑文對自古以來有關西王母的傳説和形象作出了總體的描述和概括,由《爾雅》至《山海經》《竹書紀年》,内容涉及周穆王駕八駿宴瑶池,捧王母之觴以歌黄竹,漢武帝禱靈境等。碑文記述説:"則回中有王母之廟,非不經也。年祀寖遠,棟宇毁壞。壇欹杏朽,蔽荆棘於荒庭;井廢禽亡,噪鳥鳶於古堞。物不終否,崇之

① (清)陳夢雷纂輯:《古今圖書集成·方輿彙編·職方典·平凉府部》之《平凉山川考》,上海:中華書局,1934年,第20頁。

在人。”[①]後面記述了張鐸重修王母廟的具體事實,盛贊其功。

2.《重陽成道宫記》,金元之際全真道士馮志亨撰。重陽成道宫位於今陝西省户縣城西 20 里的祖庵鎮,是全真道祖師王重陽最初修煉成道之地。碑文記述王重陽於金大定初年始悟道,自掘一穴,稱爲“活死人墓”,居住兩年後遷往劉蔣村。“大朝革命”以後,乙未之年(1235),尹清和、李真常、李志源聚衆人之力,在此建成重陽成道觀,共三殿(無極殿、襲明殿、開化殿)、五堂(三師堂、靈宫堂、瞻明堂、朝徹堂、虚白堂),“金碧丹雘,粲然一新”。元憲宗蒙哥辛亥年(1251),“詔徵掌教大宗師真常李真人,上親受金盒香,白金五千兩,佩金符,代禮巡祀嶽瀆。凡在祀典者,靡所不舉。明年春二月吉日,以御香來致上命。禮成,以恩例改觀爲宫”,遂稱爲“重陽成道宫”。甲寅年(1254),知宫王志遠上稟大長春宫掌教真人李真常辦理重陽宫刻碑樹石事宜,囑馮志亨主筆撰文,文中説道:“宗師以潤文見命,予年近八十矣,倦於筆硯久矣,度其不可違,因按其實而編次之”,認爲全真之教“一動一静,皆天而不人”,所謂天,“曰誠而已。誠者,心齋也”,是爲全真祖師傳道心法。[②]

3.《敕建普天黄籙大醮碑》,題爲“宣差總教佐玄寂照大師教門都道録馮志亨譔”。元憲宗蒙哥癸丑年(1253),提點王志坦向憲宗進言,天下干戈饑饉,衆多幽魂困獄,無由出離,願皇帝聖慈,普行濟度。“上嘉納其言”,遂傳密旨燕京大長春宫,令掌教真人李志常主持醮事,設普天黄籙大醮三千六百分位。甲寅年(1254)春三月自初九至十六日,連續舉行七晝夜,“一切冤枉,有主無主,同仁一視,靡有遺棄”,既宣弘道教“善救人而無棄人,善救物而無棄物”的宗旨,又光揚“皇帝莫大之聖德”。後主醮大宗師命紀其事,由“教門都道録”馮志亨撰文,刻碑以傳。[③]

4.《元重修亳州太清宫太極殿碑》,題爲“翰林學士承旨知制誥兼修國史臣王鶚奉勑譔”。王鶚是金末元初人,曾爲金哀宗正大年間狀元,後投元朝屢獻治國之策,時人稱爲“飽學碩儒”,著有《汝南遺事》傳世。亳州太清宫,其故址位於今安徽渦陽縣城北。太清宫始建於東漢延熹年間,因漢桓帝夢老子降於殿廷,乃頒旨於老子故里建廟立祠,奉祀老子,稱爲老子廟,並命陳相邊韶撰成《老子銘》以頌其功。後李唐皇室尊老子爲始祖,以此爲祖廟,唐高祖、太宗、高宗、武則天時曾相繼營建宫殿廟宇。唐玄宗天寶二年(743)欽封爲“太清宫”。唐末毁於兵火,

---

① 《道藏》第 19 册,第 711 頁。

② 《道藏》第 19 册,第 711～712 頁。

③ 《道藏》第 19 册,第 713～714 頁。

宋代重建,規模更爲宏大。元世祖即位之四年(1263),曾遣使備禮祭祀老子。五年後(1268)建成太極殿,玄教真人張志敬、大臣張文謙與劉乘禮上書朝廷"乞樹碑以紀歲月",世宗從之,詔令翰林學士王鶚撰文以紀其事。[1] 該碑文記述太清宫的演變歷史尤爲詳密。

5.《中都十方大天長觀重修碑》,題爲"翰林侍講學士知制誥兼修國史臣鄭子聃奉勑撰"。撰者鄭子聃爲金代進士,歷官侍御史、吏部郎中、左諫議大夫,擅長詩賦,平生所撰詩文 2000 餘篇。十方大天長觀,原建於唐代開元年間,始稱天長觀,後幾經興廢,金代改爲此名,元代又稱長春宫,明清以來改名爲白雲觀,即今北京市西便門外白雲觀。據碑文介紹,金大定十四年(1174),建成十方大天長觀,世宗率衆臣"款謁修虔",詔令"爲道場三日夜以慶成"。至十九年(1179),詔令學士鄭子聃"文其碑"以贊其事,於是子聃按《圖經》及舊碑,考天長觀之興廢"揚搉而叙之"。[2] 碑文歷叙天長觀自唐代至金代的衍變與修葺事迹。

6.《十方大天長觀玄都寶藏碑銘》,題爲"承事郎應奉翰林文字知制誥兼國史院編脩魏摶霄撰"。道教經書的正式結集成"藏",始於唐代開元年間(713～741),此後宋、金、元、明諸朝皆曾編修,出於各種歷史緣故,明代以前編纂的多種《道藏》都已經亡佚不存。金代編纂的道藏名爲《玄都寶藏》。據該碑文記述,金世宗大定二十六年(1186),詔令冲和大師孫明道提點天長觀觀事,兩年以後下詔將南京(今河南開封)的《道藏》經板盡付中都(今北京)十方天長觀。"又易置玉虚觀經於飛玄之閣,以備觀覽,天長舊經,還付玉虚,其舊有名籍而玉虚不具者,聽留勿還,須補完則遣之。"金章宗明昌元年(1190),詔令十方天長觀提點孫明道搜求遺書,重修《道藏》。孫明道分遣道士訪遺經於天下,未及兩年,"凡得遺經千七十四卷,補板者二萬一千八百册有畸,積册八萬三千一百九十八,列庫四區,爲楹三十有五,以架計者百有四十"。孫明道於是"倡諸道侣,依三洞四輔,品詳科格,商較同異,而銓次之,勒成一藏,都盧六千四百五十五卷,爲秩六百有二,題曰《大金玄都寶藏》"。[3] 大名魏摶霄遂受冲和大師之請,撰文叙其始末,以傳久遠。《玄都寶藏》於金章宗泰和二年(1202)毁於火災,今已不存,而該篇碑文是編纂《玄都寶藏》的實録,具有珍貴的歷史價值。

7.《十方大天長觀普天大醮瑞應記》,碑末題有"徵事郎應奉翰林文字兼國史

---

① 《道藏》第 19 册,第 714～716 頁。
② 《道藏》第 19 册,第 716 頁。
③ 《道藏》第 19 册,第 717 頁。

院編脩官借緋臣朱瀾拜手稽首謹書”，可知撰文者爲金代翰林朱瀾。金章宗明昌元年(1190)，皇太后身體失和，皇帝下詔，令“大天長觀設普天大醮七晝夜，仰祝皇太后聖壽無疆”，後太后“康寧如初”。朱瀾備紀其事，以“揚君上之美”。①

8.《中都十方大天長觀普天大醮感應碑》，題爲“國子祭酒兼翰林直學士知制誥同修國史党懷英撰”。該碑文所記與《十方大天長觀普天大醮瑞應記》紀事相同，都是金章宗爲皇太后祈禱康復之事。因“孫公大師復屬鄙文，傳之刊鏤”。文末云：“道師稽首，惟天子孝；千萬億年，加惠玄教。”②

9.《中京重建十方上清宫記》，撰人署爲孫純甫，未題何時人，但記文言“國朝……完顔訛”，似爲金代之人。該文叙述太上老君歷代神化事迹，十分周詳，如言“太上者，混沌之祖也，初生三清，自玉清至於太清。又成九氣，自無量至於無愛。以純陽而上分三十六天，自太黄而至於大羅；以純陰而下分三十六地，自潤色而至於洞淵，皆在制御之域也。雖處乎丹臺之上，紫闕之内，三大仙、九大帝、二十七天君、八十一大夫、一千二百仙官、二萬四千靈司、七萬仙童玉女、五億天丁神王，咸奔走之”。金代的“中京”爲洛陽，洛陽上清宫建於唐代高宗時期，奉祀太上老君，自後歷代均有修建。金代重修上清宫時，雁門道人武大順主持宫事，“大順丐文於予，將伐石志之”，故爲之記。③

《甘水仙源録》，又名《甘泉仙源録》，十卷，元朝全真派道士李道謙編撰，收入《道藏》洞神部記傳類。該書編成於元世祖至元二十五年(1288)，次年刊成問世。前有李道謙於戊子重九日所撰《序言》一篇，自言重陽祖師“於金正隆已卯夏遇真仙於終南山甘河鎮，飲之神水，付以真訣”，後遂傳道創教，於是取名爲《甘水仙源録》，表明全真道自王重陽開始一脈相傳之意，並在序言中表明編纂該書的緣由：“每因教事歷覽多方，所在福地名山、仙宫道觀暨立各師真之道行，及建作勝緣之碑銘者，往往多鴻儒鉅筆所作之文，雖荆金趙璧未易輕比。道謙既經所見隨即紀録，集爲一書，目之曰《甘水仙源録》，鋟梓以傳。”④全書後有李道謙弟子張好古序一篇，表明擔任校讎之責，不負師命，庶傳之不朽。全書共計10卷，主要内容爲各地名山宫觀有關全真教的高道碑傳與宫觀碑文。

《宋東太一宫碑銘》一篇，題爲“翰林學士承旨中奉大夫尚書吏部侍郎臣扈蒙譔”，收入《道藏》洞神部記傳類。《宋西太乙宫碑銘》一篇，題爲“翰林學士兼侍讀

① 《道藏》第19册，第719頁。
② 《道藏》第19册，第720頁。
③ 《道藏》第19册，第700～721頁。
④ 《道藏》第19册，第722頁。

學士玉清昭應宮判官宋綬奉勅譔”,收入《道藏》洞神部記傳類。《宋中太乙宮碑銘》一篇,題爲“朝奉郎知制誥兼侍讀判國子監臣吕惠卿奉勅譔”,收入《道藏》洞神部記傳類。[1]

《龍角山記》,一卷,編者不詳,收入《道藏》洞神部記傳類。該書搜集從唐宋至金代有關山西龍角山道教宫觀的碑文、詔令和祈禱文合編而成。龍角山古稱羊角山,位於黄河中游的太行山麓,即今山西省臨汾市浮山縣境内。相傳唐高祖李淵武德三年(620),曲沃人吉善行宣稱太上老君顯現於羊角山,告之曰:“吾而唐帝之祖也,告吾子孫長有天下。”[2]於是唐高祖李淵封吉善行爲朝散大夫,並改“浮山”之名爲“神山”,建“慶唐觀”以奉祀太上老君。該記共收有碑文詔令 8 篇,祈禱文 6 篇。

後面是《祈雨文》或《祈雪文》共計 6 篇。除首篇《祈雨祭文》記有“(金)大定十一年歲次辛卯”的年代外,餘 5 篇均無年月記載。

《天壇王屋山聖迹記》,一卷,編者不詳。據該書詩文所記,約成書於元代,收入《道藏》洞神部記傳類。該書所收計有:廣成先生杜光庭所撰《天壇王屋山聖迹記》《唐睿宗賜司馬天師白雲先生書詩并禁山勅碑》《睿宗御製五言送司馬鍊師還天台山》,杜甫、金門羽客林仙人、通真道人等撰寫的五言詩或七言詩數首,齊人杜仁傑撰《清虚小有第一洞天》三言一首,卷末有元至大二年(1309)中巖知宫陳道阜所撰《元特賜玉天尊之記》一篇。[3]

《唐王屋山中巖臺正一先生廟碣》,一卷,唐朝左威衛録事參軍衛邢撰,收入《道藏》洞神部記傳類。該篇較爲詳細地記述了唐代著名道士司馬承禎的生平修道事迹。《唐嵩高山啓母廟碑銘》,一卷,題爲“登仕郎崇文館直學士崔融奉勅譔”,收入《道藏》洞神部記傳類。[4]

《終南山説經臺歷代真仙碑記》,一卷,爲元代茅山道士朱象先所編,收入《道藏》洞神部記傳類。撰者朱象先,號一虚子,茅山道士。朱象先編撰《碑記》以前,唐宋時期有《樓觀先生本起内傳》流傳,或爲一卷本,或爲二卷本,或爲三卷本,名稱或稱爲“先師傳”,或稱爲“本行傳”,或稱爲“内傳”,鄭樵《通志》及《宋史・藝文志》《初學記》《崇文總目》等古人目録均有記載。據道經記述,早在晋惠帝永興二年(305),太和真人尹軌曾降授道士梁諶《樓觀先生本起内傳》一卷,後來北周華

① 《道藏》第 19 册,第 687～692 頁。
② 《道藏》第 19 册,第 692 頁。
③ 《道藏》第 19 册,第 700～706 頁。
④ 《道藏》第 19 册,第 706～710 頁。

陽子韋節續撰一卷，唐代樓觀道士尹文操在前面兩卷的基礎上又續撰一卷。經陳國符先生《道藏源流考》考證，認爲《初學記》書中所引尹軌《樓觀先師傳》一卷，即是晋代道士梁諶所撰的一卷本；北周韋節續撰一卷，即是《崇文總目》記載的兩卷本；唐代尹文操又再續撰一卷，即是《通志》所收録的三卷本。至於《通志》與《宋史・藝文志》另外記載的《樓觀先師傳》或《樓觀本行傳》，應該是尹文操單獨續撰的一卷本。[①]

現存《碑記》共收有自文始真人尹喜至洪妙真人李志柔的記傳35篇，依次爲九天仙伯文始先生無上真人、杜陽宫太和尹真人、王屋山太極杜真人、赤城宫彭真人、太清宋真人、西嶽馮真人、白水宫姚真人、秦隴宫周真人、□清尹仙人、大有宫王真人、西嶽仙卿李真人、上清封真人、太清高仙張真人、梁考成真人、王子年真人、孫仲宣真人、馬元約法師、尹靈鑒真人、王道義法師、毋始光法師，貞懿先生陳真人、李順興真人、張法樂先生、精思法師韋真人、侯法先法師、威儀法師王真人、嚴道通法師、于長文法師、金紫光禄大夫岐法師、巨國珍法師、田仕文法師、銀青光禄大夫尹尊師、正一通真梁真人、掌教大宗師清和尹真人、同塵洪妙李真人。在原有30篇傳記之上增加了尹喜、尹文操、梁筌、尹志平、李志柔等5人。每人各一小傳，傳後有贊語，“總爲是碑”，立於樓觀宗聖宫，“刻之貞石，昭示無窮”。[②]

陳垣先生所編《道家金石略》亦收録此篇，題作《樓觀先師傳碑》。據陝地原拓所記，該碑刻立於元世祖至元三十年(1293)。

《古樓觀紫雲衍慶集》，三卷，元代茅山道士朱象先集，收入《道藏》洞神部記傳類。該書匯集古樓觀所保存的唐代和元代的碑文傳記以及名士題詠編撰而成。朱象先自撰的碑記詩文亦收入集内。卷上收有唐代三碑與元代一碑。唐代碑文爲歐陽詢撰《大唐宗聖觀記》、員半千撰《大唐宗聖觀主銀青光禄大夫天水尹尊師碑》、劉同昇撰《大唐聖祖玄元皇帝靈應碑》；元代碑文爲李鼎撰《大元重修古樓觀宗聖宫記》，記述“(元世祖)中統元年夏六月，朝命易觀爲宫，仍舊宗聖之名”，故碑文紀爲“宗聖宫”。卷中收元代碑記6篇，《刊關尹子後序》《宗聖宫圖跋文》各一篇，另有《關尹賦》一篇，全部爲元人所作。碑文有：賈緘撰《大元清和大宗師尹真人道行碑》，李道謙撰《大元宗聖宫主李尊師道行碑》，朱象先所撰《古樓觀繫牛柏記》《終南山重建會靈觀記》《文仙谷純陽洞演化庵記》3篇，王守道撰《玉華觀碑》。卷下録有杜道堅撰《大宗聖宫重建文始殿記》，餘後題爲“名賢題詠”，

① 陳國符：《道藏源流考》，北京：中華書局，2012年，第233頁。

② 《道藏》第19册，第543～549頁。

爲歷代高道名士如王維、儲光羲、盧倫、蘇子瞻、尹志平等人題詠樓觀名勝的詩文作品。[①] 該書總計收録編集有關古樓觀臺的碑文11篇,其中唐代碑文3篇,元代碑文8篇,是研究樓觀派道教歷史的重要資料。

《西川青羊宫碑銘》,一卷,唐代翰林學士樂朋龜撰,收入《道藏》洞神部記傳類。

《大滌洞天記》,三卷,宋末元初鄧牧編,收入《道藏》洞神部譜録類。鄧牧,字牧心,浙江錢塘人,宋元之際學者,少好莊、列,澹泊名利,南宋亡後,拒不入仕新朝,遍遊天下名山,自稱"三教外人",世稱"文行先生",《洞霄圖志》卷五《人物門》有《鄧文行先生傳》介紹其生平事迹。

《茅山志》,原書十五卷,今《道藏》本析作"三十三卷",題爲"上清嗣宗師劉大彬造"。《茅山志》撰成以前,已有《茅山新小記》一卷、《茅山記》四卷等書刊行於世,但所書"山水祠宇,粗録名號而已,考古述事,則猶略焉"[②],所記十分簡略。《茅山志》即根據以前多種舊志加以增修編纂而成,原爲15卷,明編《正統道藏》時限於編藏體例,故將元刊本改爲33卷。清代編修的《四庫全書》將"浙江孫仰曾家藏本"《茅山志》列入《存目》史部地理類,實爲明代嘉靖刻本,時人評爲"不但紙板惡劣,非張雨之舊,且爲無識道流續入明事,叙述凡鄙,亦非劉大彬之舊矣"。[③]

該書第二十至二十七卷爲《録金石門》,集録自南朝蕭梁至唐宋元末的茅山道教碑記銘文,除少數僅列碑目之外,大多爲實録全文。其中録有《九錫真人三茅君碑文》《上清真人許長史舊館壇碑》《陶先生朱陽館碑》《茅山曲林館碑》《梁解真中散大夫貞白先生陶隱居碑銘》《華陽隱居墓銘碑》等梁代碑文6篇;唐代碑文則有《唐國師昇真先生王法主真人立觀碑》《少室仙伯王君碑銘》《桐柏真人茅山華陽觀王先生碑銘並序》《茅山貞白先生碑陰記》《唐茅山紫陽觀玄静先生碑》《茅山玄静先生廣陵李君碑銘并序》《華陽三洞景昭大法師碑》《崇元聖祖院碑》《三聖記碑》《唐石燈記》《唐道門威儀玄博大師貞素先生王君碑》《茅山紫陽觀碑銘并序》《復禁山碑》《靈寶院記》《上清真人許長史丹井銘碑》《體玄先生潘尊師碑頌》《唐漢東紫陽先生碑銘》《王法主碑》等共計18篇;宋代碑文則録《御製觀龍歌》《宋天聖皇太后受上清籙記》《茅山五雲觀記》《茅山第二十三代上清大洞國師乾

① 《道藏》第19册,第549～571頁。

② 《道藏》第19册,第549頁。

③ (清)永瑢、紀昀等:《四庫叢書總目》卷七六,臺北:臺灣商務印書館,1983年,第596頁。

元觀妙先生幽光顯揚之碑》《武仙童書碑》《江寧府茅山崇禧館碑銘》《宣和御製化道文碑》《茅山元符觀頌碑》《茅山元符萬寧宫記》《茅山華陽先生解化之碑》《冲隱先生遺表碑》《冲隱先生墓誌銘》《茅山凝神庵記》《嘉定皇后受籙之記》《白雲崇福觀記》《洞陽館記》等共有 16 篇;元代録有《華陽道院碑銘》《句曲山洞泉銘》《福鄉井銘》《弘道壇銘》《崇禧萬壽宫記》《崇壽觀碑》等共計 6 篇碑記銘文。另外第二十六卷卷末録有《宋羅天感應碑》《元符萬寧宫經藏記》兩篇碑文之名,没有内容,注解説"右闕文",説明其内容已經佚失;後面列有《宋重修華陽宫記》《元陽觀記》《玉液庵記》3 篇碑銘名稱,下云:"右不録文",緣故未明。[①] 總共收録有自南朝至元代有關茅山道教的碑記銘文 51 篇,其中 5 篇僅存碑目而無内容,實録碑文 46 篇。《茅山志·金石門》所收存的 40 餘篇碑文,唐宋時代的共計有 34 篇,幾占大半,這與唐宋時代道教興盛的歷史背景有關,這段時期也是道教上清派的興盛發展期。這些碑文實際反映了這一時期茅山道教的教派傳承、人物活動、宫觀名勝的具體内容,是有關道教歷史的珍貴資料。

《梅仙觀記》,一卷,題爲"仙壇觀道士楊智遠編",收入《道藏》洞玄部記傳類。編者楊智遠爲南宋末年人,生平事迹不詳。梅仙觀原址位於今江西南昌市境内的梅嶺。梅嶺原名飛鴻山,屬西山七十二峰之一,風景秀麗,素有"小廬山"之稱。相傳漢末南昌尉梅福不忍天下生靈塗炭,"乃奮忠義之氣,上灾異書,以陳治亂",後退隱於此,煉丹修道,昇天成仙。[②] 後世爲紀念其高風亮節,遂在山上建梅仙壇,山嶺下修建梅仙觀,將飛鴻嶺改名爲梅嶺,成爲道教名勝之地,歷代文人墨客多來此遊覽探勝,賦詩紀念。《梅仙觀記》即將有關梅福其人與該地名勝的碑記銘文、詩詞題詠彙編成册,以俾流傳。

《天台山志》,一卷,收入《道藏》洞玄部記傳類。原書不著撰人,《四庫總目》編者認爲:"末稱世祖皇帝封道士王中立爲仁靖純素真人,知爲元人所作。又稱前至元間,知爲順帝時人矣。其書頗典雅可觀,然'七十二福地'一條,不引杜光庭書而引《記纂淵海》,知爲稗販之學矣。"[③]近來《道藏提要》的編者根據書中叙述桐柏觀有關紀年的文字推論,"自乾道戊子曹開府修建畢工,至今丁未變故,又一百九十九年"[④],"戊子"爲南宋孝宗乾道四年(1168),下推 199 年爲"丁未",適爲元順帝至正二十七年(1367),斷言該志"撰於元末至正二十七年",即公元 1367

---

① 《道藏》第 19 册,第 630～677 頁。

② 《道藏》第 11 册,第 61 頁。

③ (清)永瑢、紀昀等:《四庫全書總目》卷七六,第 596 頁。

④ 任繼愈主編:《道藏提要》,北京:中國社會科學出版社,1991 年,第 433 頁。

年。由此看來,前後兩説均言之有據。

該志前有《郡志辯》一篇,徵引《會稽志》《十道志》《越中志》《赤城志》以及《真誥》《登真隱訣》等道經志書,概述天台山的歷史淵源與宗教名勝。次則收録晋代文學家孫綽的《天台山賦》,其云:"天台山者,蓋山嶽之神秀也。涉海則有方丈蓬萊,登陸則有四明天台,皆元聖之所遊化,靈仙之所窟宅。夫其峻極之狀,嘉祥之美,窮山海之環富,盡人神之壯麗矣。"[①]將天台與蓬萊仙山相比,詞旨清新,文辭秀麗,頗有情韻,爲晋賦的名篇。次有《桐柏觀碑》一篇,題爲"唐太史中大夫行尚書河部郎中上柱國清河崔尚撰"。碑文記述了唐代高道司馬子微在天台修道的事迹與唐代景雲年間修建桐柏觀的由來,文末闡述道家之旨:"夫道生乎無名,行乎有情,分而作三才,播而作萬物,故爲天下母。修之者昌,背之者亡,故爲天下貴。"並解釋大道與仙山的關係:"道之行也,必有階也。行道之階,非山莫可。故有爲焉,有象焉,瞻於斯,仰於斯,若捨是居,教將奚依。"[②]作爲唐代士人對道教的理解,不爲無見。次後則有宋代夏竦所撰《重建道藏經記》一文,對五代時期吴越之地籌建道教經藏的過程作了如實記録,是一篇有關道教文獻史的珍貴資料。最後有題名爲宋人曹勛撰寫的《重修桐柏記》,記述了宋乾道年間重修桐柏觀的詳細經過。該書非是志書編撰,僅屬有關天台山詩文史料的彙編叙述,然記述詳實,詞旨可觀,研究者多有徵引。

三、《道藏輯要》與道教碑刻文獻

(一)《重刊道藏輯要》之道教碑刻文獻梳理

《道藏》爲道教經典的大型彙編總集,搜羅宏富,涵蓋甚廣,其對於道教歷史、教派人物、教義思想、神仙譜系、齋醮科儀、丹道養生等方面的探索與研究,作用甚大,厥功甚偉。但自唐代以來,《一切道經》與《三洞瓊綱》均已不存,宋元之《天宫寶藏》與《玄都寶藏》亦難覓蹤影,唯明編《正統道藏》與《萬曆續道藏》至今存焉。甲申劇變,漢祚换代,有清近三百年的歷史時段,對於漢族傳統的佛、道二教均采取抑制政策,故自朝廷至民間均無編纂《道藏》之事。但道教既爲中華本土宗教,這一傳統斷不能自此中絶,於是在乾隆朝編纂《四庫全書》之前,即有《道藏輯要》之問世。

---

① 《道藏》第19册,第90～91頁。

② 《道藏》第19册,第94頁。

從宗教文獻的視角以觀,《道藏輯要》仍然屬於道教經籍彙編,然以搜集道經數量來看,已非"大型"道經總集;明編《道藏》共收各類道經 1476 種,而清編《道藏輯要》僅有 287 種(或 285 種,據意大利學者莫尼卡統計),當屬"中型"道經彙編。雖然如此,但《道藏輯要》增收有明《道藏》未收之明清道經百餘種,尤以乩壇、經懺與内丹修煉等經書爲主,對研究明清道教的教派歷史、科儀文獻、丹道養生等方面有十分重要的學術價值。

對於《道藏輯要》的成書時間,現今學界有兩種不同的看法:一種認爲是彭定求編成於清朝康熙年間,另一種觀點認爲《道藏輯要》非彭定求所編,乃是蔣元庭在嘉慶時期編定。前者的文獻根據是清代後期賀龍驤撰寫的《重刊道藏輯要子目初編序》,其云:"我朝彭定求相公撰《道藏輯要》一書,爲世稱快。"①並於《欽定道藏全書總目序》又云:"伏讀聖祖仁皇帝頒行《道藏全書總目》,悉依明本,蓋詳慎也。相國彭定求所編《道藏輯要》,出於頒行者半,出於坊間本者亦半。雖坊本亦皆純正精粹,然非《道藏》所有。"②明確認定《道藏輯要》爲"我朝相國彭定求"所編。民國初年丁福保編纂《道藏精華録》,在《道藏輯要總目》撰有解題,云:"是書清嘉慶間蔣元庭侍郎輯,板存京邸,及送板南歸,而先生又北上,卒於京,故外間傳本甚少。"③丁福保爲民國年間之人,其所根據乃是全真道龍門派第十一代傳人閔一得於道光十一年(1831)訂正《太乙金華宗旨》時,述及蔣元庭編纂《道藏輯要》,其云:"嘉慶間,蔣元庭侍郎誤得(《太乙金華宗旨》)譌本,纂入《道藏輯要》。後得本山(金蓋山)原本於浙省,僢即改梓,而板在京邸。及取歸,而侍郎又北上,卒於京師,事遂中止。"④是自清道光年間起,閔一得、丁福保乃至近現代學者如吉岡義豊、柳存仁、丁培仁、莫尼卡、尹志華等人均認爲清代嘉慶年間的蔣元庭侍郎即是《道藏輯要》的實際編纂者。

清代後期光緒年間,成都二仙庵道士閻永和發願重刊《道藏輯要》,彭瀚然捐金籌款,賀龍驤承擔校勘重任,遂以蜀中著名藏書家嚴雁峰所藏《道藏輯要》爲底本,重刊是書。自光緒二十七年(1901)至民國四年(1915),前後歷時 15 年,二仙庵新刻《重刊道藏輯要》終於問世。

其中在翼集與續翼集中收有《二仙庵碑記》6 種與《西川青羊宫碑記》7 種,共 13 種,即政界 7 篇,道界 3 篇,學界(劉沅)3 篇:

---

① 《道藏輯要》第 1 册,成都:巴蜀書社,1995 年,第 17 頁。
② 《道藏輯要》第 1 册,第 128 頁。
③ 守一子编纂:《道藏精华録》(上),杭州:浙江古籍出版社,1989 年。
④ 《藏家道書》第 10 册,成都:巴蜀書社,1992 年,第 328 頁。

1.《新建青羊二仙庵碑記》,四川按察使趙良璧清康熙三十四年(1695)撰。

2.《新建青羊二仙庵功德碑記》,煙霞道人陳清覺清康熙三十四年(1695)撰。

3.《重修二仙庵碑記》,四川潼川府安岳縣知縣洪成鼎乾隆四十一年(1776)撰。

4.《孚佑帝君吕祖廟碑》,四川布政使司布政使方積嘉慶十九年(1814)撰。

5.《碧洞真人墓碑》,劉沅道光十年(1830)撰。

6.《重建二仙庵吕祖殿碑記》,中書銜候選訓導成都芮福森光緒二十三年(1897)撰。

7.《重修青羊萬壽宫碑記》,四川巡撫張德地清康熙十年(1671)撰。

8.《重修四川青羊宫碑記》,安洪德撰。

9.《重修青羊宫記》,劉沅撰。

10.《重修青羊宫三元殿碑記》,劉沅撰。

11.《青羊宫重修三清殿八卦亭碑記》,劉桂文撰。

12.《青羊宫祖塋碑記》,張清夜撰。

13.《青羊宫遺囑碑記》,覃合興撰。

二仙庵《重刊道藏輯要》所收的13種巴蜀道教碑文之中,保存了頗有價值的有關巴蜀地區全真道的珍貴史料。

(二)《重刊道藏輯要》所收道教碑刻文獻的史料價值

《重刊道藏輯要》所收之道教碑刻文獻史料,記述並呈現了明清時期中國社會的政界、教界、學界三者之間的互動、張力和影響。

1.明清時期全真道自湖北武當傳入巴蜀的歷史記述

明末清初,全真龍門派除盛傳於江浙外,又在江西、湖北、廣東、四川等地廣泛傳播,許多地方原是道教符籙派傳播的基地,皆在此時期相繼由龍門派滲入。

從明末清初起,龍門派在湖北武當山的傳播也逐漸盛行,其主要原因是先後有白玄福和王常月二人的推動。在白玄福和王常月二人的相繼推動下,龍門派組織迅速壯大。當時該山學道者百餘人,著名者有張静明、張真源、王常文、王常安、齊守山、詹太林、蔡太智、佘太源、謝清忠、陳清覺等,全真龍門派在武當呈現出興盛景象。這些人後來相繼去往河南、山西、四川、陝西等地方,使龍門派傳播更廣。

清初龍門派又傳入四川,在康熙至雍正年間,先後有6個龍門派道士入川,在成都、青城山等地傳教。計有穆清風、陳清覺、張清湖、張清雲、張清仕、張清夜等。其中,穆清風、陳清覺、張清夜三人對四川道教影響最大。

有資料說，張清風，號玉房子，四川忠縣人，中年入道，苦志參學，遊學吴越之間，遇詹太林授以戒律。康熙五十三年(1714)，始來成都梓潼宫，修建養濟堂院，傳演律宗衣鉢。雍正四年(1726)，回家鄉景福山，創玄都律壇，雍正七年(1729)，復還川西，退隱青城山白雲觀，兼主眉州重瞳觀。據查，穆清風及其師詹太林，是龍門派兩代傳戒律師，詹太林是譚守誠之徒，王常月之再傳，是龍門第九代，穆清風是第十代。《太上律脈》載有他們的事迹，民國年間北京白雲觀老律堂中曾供奉有他們的牌位。

2. 全真道龍門派"丹臺碧洞宗"的創建與傳承

與穆清風同輩的陳清覺(1606～1705)，也是清初入川的重要龍門派道士。他曾在四川成都和青城山開啓了一個龍門支派碧洞宗，對而後四川道教産生了很大影響。《龍門正宗碧洞堂上支譜》載：

> 陳公清覺，道號寒松，又號煙霞。係湖北武昌人氏。生於明萬曆丙午年(1606 年)三月初五日申時。弱冠登第，爲少年名進士，入庶常。後因勘破宦途險惡，頓悟生死機關，辭官棄職，隱姓埋名，至武當山太子坡，拜投詹公太林(即上述龍門派第九代律師)。簪冠受派，改儒爲道。於康熙八年(1669 年)遊川參訪，止杖青城天師洞，見山川奇秀，殿宇荒凉，因停鶴駕，整飭洞天。諸事甫畢一新，即交道友張公清湖經理，於康熙二十六年(1687 年)之成都青羊宫養静。三十四年(1695 年)，緣遇臬憲趙公良壁……偶至茅庵見公，驚喜不禁……遂事以師禮，領受微言。旋發心捐俸修建二仙庵，置買糧田五百餘畝，請公住持，開堂接衆，大闡真風。越次年，趙公陞任兩廣，進京引見，將公之事奏聞，蒙恩詔見。……至康熙四十一年(1702 年)，感聖祖仁皇帝恩賜，敕封碧洞真人之號，又欽賜御書"碧洞丹臺"匾額，"赤龍黑虎"詩章，珊瑚樹、金杯等件，至今尚存二仙庵。康熙四十四年(1705 年)，壽近百，預囑遺偈，於九月二十二日午時羽化歸真。①

民國修《灌縣志》卷十二《人士傳下》所記略同，唯稱於康熙二十六年始入蜀至青城山天師洞。三十四年(1695)，遇趙良璧於成都青羊宫，爲之修建二仙庵。協助陳清覺傳教創派的還有其師兄弟張清湖、張清雲、張清仕等人。張清湖等人的生平不詳，衹知張清湖曾接替陳清覺任青城山天師洞住持，張清雲曾往三臺縣雲臺觀任住持，張清仁曾任青城山文昌宫住持。

陳清覺傳有弟子多人，多爲各地宫觀的主持人。計有：

---

① 轉引自卿希泰主編:《中國道教史》(修訂本)第四卷，成都:四川人民出版社，1996 年，第 135 頁。

陳一慶,稱弘道真人,曾住持青城山天師洞

吉一法,住持成都二仙庵

劉一貞,稱含玄真人,住持青城山朝陽洞

孟一貴,開建住持大邑縣龍鳳場雲臺山觀音寺

石一含,開建住持茂縣歐陽觀

龍一泉,開建住持三臺雲臺觀

陳清覺之師兄弟張清湖、張清雲、張清仕等,亦收有若干徒弟。這些弟子遞相傳授,逐漸形成一個有較多徒衆的龍門支派,尊陳清覺爲開山宗師,以其碧洞真人號之"碧洞"二字名宗,稱碧洞宗,成爲清代民國時期四川很有影響力的一個宗派。

碧洞宗仍據龍門派所定派字(道德通玄静,真常守太清,一陽來復本,合教永圓明……)進行傳代。其開祖陳清覺爲第十代,傳至清嘉、道間,大約至第十六、十七代,至近代著名道士易心瑩時,已是第二十二代。《龍門正宗碧洞堂上支譜》載有第十一至第二十三代的名單,第十一代有陳一慶等 28 人,第十二代有王陽炳等 37 人,第十三代有吴來輝等 43 人,第十四代有萬復證等 55 人,第十五代有萬本園等 100 人,第十六代有李合羿等 128 人。

以上《支譜》所記似不完全,如光緒年間經手重刊《道藏輯要》的閻永和,是當時二仙庵的方丈。二仙庵是陳清覺創教之地,又一直是該派主要基地之一,作爲方丈的閻永和,無疑是碧洞宗道士,但該《支譜》却未記他的名字,可知上列名單似有遺漏。

3. 清王朝的宗教政策與四川地方政府道教政策的張力

清朝統治者定鼎北京之後,繼承明制,以宋代的程朱理學作爲官方的哲學,大力提倡尊孔讀經,而疏遠佛、道二教,從而使其在明代停滯的基礎上進一步衰落下去。佛、道二教各派雖均有傳人,但教義陳陳相因,難以拓展新途;雖經常有所活動,但都徒具形式。在這種情况下,佛、道中人爲求自存之策,一方面附會儒學,竭力强調儒、釋、道三教同源;另一方面又將勢力滲透到蓬勃興起的民間宗教中去,給民間宗教各派的教義、思想信仰等以極大影響。

但在巴蜀地區,執政者對於道教的態度和政策,却與朝廷的宗教政策不一致,地方官員的施政行爲更多地表現了對於道教全真派的扶持。《道藏輯要》的翼集與續翼集所收的《二仙庵碑記》6 種與《西川青羊宫碑記》7 種,其撰文者既有四川總督、四川巡撫、四川布政使、四川按察使等主政一方的政府大員,又有成都府、成都縣、成都將軍、華陽縣令、雅安郡守等地方官吏。這些封疆大吏與地方官

員屢屢爲巴蜀地區的道教名山宫觀題詞撰文,絶不祇是一般文人雅士的附庸風雅,更多表現了施政一方的執政者對於該地區道教現狀的關注和重視,從而折射出處於西部地區的清王朝政府官員在特定的社會歷史境遇之中,自覺或不自覺地存有將漢民族的道教信仰納入國家主流意識形態教化功能體系的主觀意願與深層謀慮,這種對於西部地區全真道教的關注重視和對道教信仰教化功能的深層謀慮,在客觀上構成了清王朝的宗教政策與四川地方政府道教政策的張力。

（責任編輯:胡常春）

濟民拯世：金元時期太一道的宗教活動與傳承

□劉迅 著　魏淑賢 譯

摘要：本文依據金元時期宮觀碑刻、文人記述、地方志書、朝代正史，同時借助陳垣先生以及其他學人的研究，重構並考察金元時期華北太一道教的早期活動和傳承歷史，揭示與我們熟悉的太一道教的傳統形象截然不同的歷史：早期太一道歷代祖師並没有抵禦或摒棄金元政權，作爲華北的復興道教，太一道的歷代祖師都與華北地區的金元政權展開了密切的合作，同時還利用這種密切的關係以及自身極具靈驗的儀式，成功地在整個華北地域擴張其宮觀網絡、信衆會社和政治影響。筆者基於太一道儀式與早期天師道和靈寶科儀傳統極其相似的事實，説明太一道應該是創道祖師蕭抱珍以及其他祖師吸收原植根於華北地域的傳統靈寶和天師道傳統，進而重組並復興的"新道教"。太一道科儀所奉行和施行的"三元法籙"以治病驅邪爲宗旨，同時還確保宗派傳承的正統性以及各朝政權統治的合法性：一方面，在戰爭頻仍的華北平原，歷任太一道祖師蕭抱珍、蕭道熙、蕭志冲都一貫爲當地人民舉行科儀祈福消災；另一方面，太一道歷任祖師都曾通過科儀符籙幫助金朝穩固皇權。四祖蕭輔道上承祖例，也獲得唆魯禾帖尼太后的支持與忽必烈的信服，其繼任者五祖蕭居壽與忽必烈的關係也因其頻繁的科儀服務而變得更加密切。此外，太一道還通過舉行科儀與華北其他各道派建立了緊密的合作關係。這些舉措都表明太一道在金元時期是主流宗教，它所建立和施行的齋醮科儀制度及其演教儀式等一系列宗教活動，既秉持了濟民拯世的創教宗旨，也體現了一種道教法儀傳統的復興。最後，基於太一道與金元政權的密切合作，同時又根據其於民間治病救人扶危濟難的歷史事實，筆者認爲，有必要重新審視並修正陳垣先生以及其他學者有關早期太一道以及其他新興宗教乃宋代遺民所組成並抵制金元政權的定論，以還原太一道之真實和歷史的原貌。

關鍵詞：太一道　太一科儀　三元法籙　金元道教

作者簡介：劉迅，美國羅格斯大學歷史系副教授，華中師範大學特聘教授。

譯者簡介：魏淑賢，華中師範大學歷史文化學院 2019 級博士研究生。

金熙宗完顏亶(1136～1140)當朝時,衛輝(衛州)人蕭抱珍(? ～1166,字元昇,號一悟真人)在當地行醫濟民並初創太一道(太一教)。不久之後,其教便在衛輝及其周邊地區廣泛傳播。太一道之所以深受歡迎,主要得益於蕭抱珍的個人魅力和他采用的名爲“三元法籙”的科儀治療術。此法籙據傳由仙聖所授,而此傳説也顯示其薩滿巫師的背景及其與傳統道教科儀的根源。

隨著蕭抱珍聲譽鵲起,其療疾聖手的名聲不久便傳入金廷。完顏亶的妻子悼后(裴滿悼平,? ～1149)旋召他至宮廷。據説,悼后讓他在宮中爲自己驅鬼療疾,他也因在科儀和療疾方面的能力而一舉成爲天下傳奇。[①] 如今在東北地區,人們認爲他不僅是著名的醫師、法師,甚至還是蒸餾酒的發明者。根據當地傳説,熙宗不僅優待蕭抱珍,還邀請他住持上京西南郊區即臨近現今哈爾濱阿城區的松峰山太虛洞。據説蕭抱珍在此居住期間,將釀造出的高純度蒸餾酒作爲禮物進獻給熙宗,令其非常高興。[②] 這樣的傳説也反襯出關於太一道創建者的原始史料十分匱乏,這導致我們對他早期的生平事迹缺乏瞭解。有佛教文獻表明,蕭抱珍可能在1135年與從印度而來的名僧蘇陀室利相遇,當時他還未在衛輝創立新教派。而蘇陀室利此時似乎正在前往衛輝路西北方向晋北五臺山朝聖的路途之上,抑或是在返程途中。佛門弟子將此事解讀爲蕭真人向蘇陀室利發起一場“法儀詰難”,結果却爲其高超的科儀技巧所折服。[③] 無論如何,我們目前所掌握的證據確實表明,蕭抱珍聞名遐邇,受其吸引前往衛輝受籙爲徒者無慮千數,更

---

① 相關記載可分别參見《元史》卷二〇二,《四庫全書》本,第18a～b頁;(元)王惲:《秋澗集》卷四〇《大都宛平縣京西鄉創建太一集仙觀記》,《四庫全書》本,第10a～12a頁;(金)王若虚:《滹南集》卷四二《清虚大師侯公墓碣》及《太一三代度師蕭公墓表》,《四庫全書》本,第3b～8a頁。關於蕭抱珍與早期太一道的研究,分别參見陳垣:《南宋初河北新道教考》,北京:中華書局,1962年;Kubo Noritada(窪德忠),“Xiao Baozhen”, in *Encyclopedia of Religion* (2nd edition), Detroit: Macmillan Reference USA, 2005, pp. 9858-9859。

② 女真釀酒術源自蕭抱珍的説法,雖然未經證實,但是頗爲流行,並且得到官方認可。我曾於2010年與2012年兩次參觀阿城金上京博物館,其中陳列的器具成爲釀酒工藝的官方解釋。參見何冰:《二鍋頭的傳説與金代蒸餾酒的起源》,《釀酒》2015年第3期。最近對這一説法的反駁,參見陳士平:《蒸餾酒不是女真人發明的》,《黑龍江史志》2015年第24期。更多關於中國釀酒技術的學術論述,參見孟乃昌:《中國蒸餾酒年代考》,《中國科技史料》1985年第6期;李斌:《唐宋文獻中的“燒酒”是否是蒸餾酒問題》,《中國科技史料》1992年第1期;黄興宗(Hsing-Tsung Huang):《發酵與食物科學》,[英]李約瑟(Joseph Needham):《中國科學技術史》第六卷,第五部分,北京:科學出版社,2000年,第203～231頁。

③ (元)釋念常:《佛祖歷代通載》卷二〇,《四庫全書》本,第2a～b頁。

有甚者舉家入道。[①] 他之所以深受歡迎,就是因爲他能够用"三元法籙"爲其忠實的普通信徒和皇室成員療疾驅邪。事實上,這種靈驗的符法被描述爲僅限於早期太一道内師徒之間傳承授受的關鍵技術。據我們所知,至少在下面的兩則案例中,太一法籙在太一道的宗派傳承和祖師禪代過程中發揮著至關重要的作用。其一是在 1166 年冬,蕭抱珍傳衣鉢於二祖韓道熙(1152～1186,字光遠);其二是在 1177 年韓道熙傳衣鉢於三祖王志冲(1151～1216,字用道)。[②] 現存金元時期的多數文獻有記載稱,太一道作爲新興道派之所以能够取得成功,除了蕭抱珍的個人魅力、自修教義以及公共服務以外,還得益於驅邪和療疾這兩項顯著的核心科法。

儘管科儀對於太一道來説舉足輕重,然而甚爲可惜的是,我們對太一道早期的科儀活動以及這些活動在太一道與金元政權和華北地方社會的關係中所發揮的作用依然所知甚微。由於缺乏從金元時期存留至今的基本相關史料,我們對太一道的瞭解十分有限。此外,早期太一道祖師尤其是蕭抱珍自己都没有留下任何相關記載。這與全真教相比完全不同,早期全真教的諸位祖師不僅留下大量著述,而且有不少相關宫觀碑刻、地方志以及墓志銘等。早期太一道所遺留的罕見記載,主要還是來源於爲數不多的太一宫觀碑刻、墓志以及金元時期文人所作的傳記。[③] 史料匱乏的另一個原因是,自金代中晚期到元代早期這段鼎盛時期以後,太一道並没有作爲一種有影響的宗教而延續下來。[④] 因此,除金元時期的道教通史或考察中曾簡單提及這個已經滅絶的宗教外,學者們很少有興趣再去關注太一道。

已故學者陳垣先生對金元時期華北新道教運動的先驅性研究是唯一的例外,時至今日,他的研究仍然是太一道歷史研究方面最精細且深入的著作。但由於朝代更迭以及與太一道的産生和發展相關的道德忠誠感和民族主義情結,後

---

① 例如,趙州侯氏、衛州王氏以及韓氏都成爲蕭抱珍的信徒。參見(金)王若虛:《滹南集》卷四二《清虛大師侯公墓碣》及《太一三代度師蕭公墓表》,第 3b～8a、8b～11a 頁;(元)王惲:《秋澗集》卷六一《故太一二代度師先考韓君墓碣銘并序》,第 8b～10b 頁。

② (元)王惲:《秋澗集》卷六一《故太一二代度師先考韓君墓碣銘并序》,第 8b 頁;(金)王若虛:《滹南集》卷四二《太一三代度師蕭公墓表》,第 3b 頁。

③ 例如,由於王惲與王若虛和早期的太一道度師的密切關係,以至於大部分關於太一道的文字記載都出自此二人之手。參見陳垣:《南宋初河北新道教考》,第 110～111 頁。

④ 太一道在元末以後的情形,學界所知甚少。本人曾於 2004 年夏季於湖北鄂州訪晤過創建於 20 世紀 80 年代的元極功創始人張志祥,他堅稱其母親傳衍的元極功法來自太一道的三元法籙,但没有提出任何文獻或經本的證據。不過有些研究者顯然接受了太一道爲元極功源頭的觀點,可參見覃燕慶:《中國元極功之源流》,《體育文史》1994 年第 3 期;無名氏:《元極功熱在杭州半山》,《氣功雜誌》1997 年第 10 期。

世人們在面對太一道的宗教體驗和遺産文化時産生出强烈的民族主義和道德主義的想象與理解。陳垣先生的研究也構築於此種民族主義情結的框架之中。他在構思並撰寫關於那部新道教運動的研究專著之時,正值日本侵占華北的高峰期。因此,他有意將金元時期的新道教運動,尤其是全真道作爲一場漢民族抵制女真族和蒙古族統治華北的文人精英運動與文化保存運動來考察。[①]

儘管我們可以理解這種以民族主義的方式展現金元時期道教的研究,但這不利於我們瞭解這一時期新道教運動的歷史和功用。就太一道而言,民族主義的解釋不僅與歷史事實相違迕,而且更嚴重的問題在於它未能把握這個新道派的真正本質、歷史角色及功能。本文意圖援引正史、碑刻、廟志、文集以及墓志銘等資料,來追溯和重建太一道科法儀式歷史,並揭示和論證金末以及整個元朝時期,太一道作爲華北平原的新宗教,其法儀活動在其自身發展及其與國家和地方社會關係中的各種角色和作用。對於筆者來説,太一道其實非但没有抵抗金元兩朝征服中原,反而一直努力與之合作。實際上,既有資料指出,太一道作爲一個新道派在華北流傳期間,始終一致地發揮著兩種不同的作用:濟民於疾病之痛,拯世於戰争之苦。因此,本文將論述早期太一道大師如何投身於一系列符籙法儀活動,包括療疾、祈雨以及爲國家和地方舉行齋醮超度儀式。筆者認爲,太一道的法儀與早期道教的儀式同樣具有多種用途,包括延年益壽、齋戒身心,確保宗派傳承,服務地方民衆,以及保證金元政權和王位的合法性。事實上,在科儀方面,這一新道派確實與金代以前傳統天師道和靈寶派有聯繫。在此意義上,即使太一道領袖從未對早期的道教科儀或教義傳統表現出明顯的認同,我們仍然可以合理地將它借鑒並吸納早期靈寶派與天師道的傳統科儀要素,從而進行自我構建的行爲視爲一種道教復興運動。無論如何,筆者認爲,太一道雖然與全真道這種真正的新道派同時活躍於金末及整個元朝,但它所獨有的法儀活動決定了我們在研究時,必須將其與真正屬於新道教派的全真道分離,並且將它看作一種傳統道教的復興運動纔能有所收穫。

一、太一三元法籙及療疾科儀

太一三元法籙信仰的起源可以追溯到漢朝。在人們當時信奉的最高神中,太一是宇宙創生初期源自水的神祇。太一星神以北極星爲中心,人們相信它能

① 陳垣:《南宋初河北新道教考》,《目録》第3～4頁。

賜福降祥，比如雨水豐澤、護佑國祚、治癒疾病以及予善於信衆，同時它還能够驅邪祛鬼、解厄扶危並消災彌難。到了唐朝，人們又賦予太一神新的形象，認爲他是天師道法力最强的神靈之一——救苦天尊，他對於信衆的求助回應無虚。[①] 中唐時期《太上洞真經洞章符》對太一神有詳盡的描述，稱他是手持斗柄的星神，教導信衆如何在求他顯靈時，通過自修獲得召神和觀神的能力：

右，太一天尊把持斗柄，所指者破，所臨者伏，祐善罰惡，降接清真，五靈侍衛，神官羅陳，受者存之，諦憶勿忘。三年之後，亲覩尊神也。

此外，中唐時期的道經中還保存著一幀用以幫助信衆扶命延年的太一神符，如下所示：

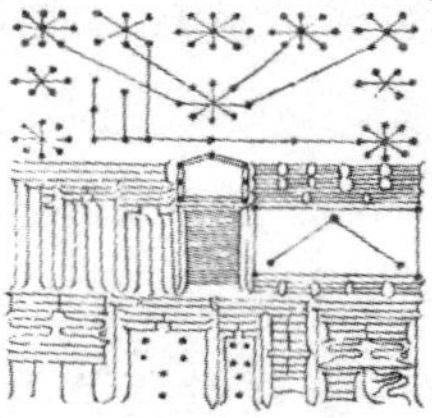

太一扶命延年神符[②]

其實唐代道教法儀還曾經廣泛地使用過太一救苦天尊符，如下圖所示：[③]

太一天尊元皇告文：入神合形，雲雨四布，幽獄立破

十方億劫應化天尊，順炁分明，法身下降，太一天尊

① （唐）杜光庭：《道教靈驗記》卷五，《道藏》第 10 册，北京：文物出版社、上海：上海書店、天津：天津古籍出版社，1988 年，第 816～817 頁。

② 《太上洞真經洞章符》，《道藏》第 2 册，第 177～179 頁。

③ 關於太一救苦天尊的描寫，參見《靈寶領教濟度金書》卷二七六，《道藏》第 8 册，第 434 頁。

蜂屋邦夫認爲,蕭抱珍聲稱自己的符法源於三元,其所指就是天、地、水三官,而三官的起源和功能又可追溯至古代執掌朝廷祭祀天地、山川和嶽瀆的官員。[①] 到 2 世紀末,張陵(34～156?)在今四川地區創立天師道時,三官成爲其神系的一部分,深受天師道信徒的信仰和崇拜。其實,人們認爲天官賜福,地官赦罪,水官解厄。衆所周知,張陵和其他早期天師道徒通過三官手書爲人治病祈福。爲了將三份手書呈獻給三官,他們將其一置於山頂以達天官,其二埋於地下以達地官,其三則沉於水底以達水官。漢中的張魯(? ～245 或 259)及其五斗米道的信徒也遵行相似的儀法。[②] 到唐朝(618～907)時,道士已經習以爲常地代表自己及信徒書寫表文上呈三官,以求赦罪賜福,消解生命中的種種困厄。[③]

儘管我們很難説蕭抱珍及其繼任者所施行的太一法籙與天師道早期的科儀和符籙完全相同,但它們之間確實存在比較合理的法儀聯繫。恰恰是基於此種聯繫,陳垣等許多學者纔認爲,作爲金元時期的一種新道教運動,太一道儀法與東漢及六朝時期天師道的早期科儀非常相近。[④]

的確,從金代太一道的起源與儀式來看,它是一個非常注重儀式的宗教,其核心是以科儀療法治病。早期太一道祖師正是以科儀符籙治病爲主要方式向信衆傳播教義,並在華北平原建立教團。科儀法籙對於太一道的創立至關重要。元朝正史有記載稱,太一道之名便來自人們熟知的三元法籙治病術。王若虛(1174～1243,字從之,號慵夫,又號滹南遺老)是金代著名官員、文人、詩人,也是太一道信徒,他在已佚的《一悟真人傳》中詳細描述了蕭抱珍的治病術及其與太一道創立之間的關係。[⑤] 王若虛的記述在王鶚撰寫的一塊元代碑刻裏保存下來了。王鶚(1190～1273,字百一)爲前金官員,後爲元廷著名文官。從王鶚碑文的轉述可知,王若虛記述説蕭真人(蕭抱珍)得道後,便以仙聖所授秘籙濟人,祈禳祝禱,無不立驗。1138 年初,正因爲他的符籙療法傳播甚廣,極受歡迎,故名之爲

---

① [日]蜂屋邦夫:《金元时代的道教:七真研究》,东京:东京大学东洋文化研究所,1998 年,第 6 页。"三元"參見《太上宣慈助化章》卷二,《道藏》第 11 册,第 319 頁。

② 三國著名歷史學者魚豢在其所撰張魯的傳記中,詳細地敘述了張陵與張魯完成三官手書的原本過程。魚豢所述參見陳壽《三國志》。以上内容分别參見《三國志》卷八《張魯傳》,《後漢書》卷七五《劉焉傳》。

③ 關於道教三官手書的詳細描寫,參見(唐)杜光庭:《太上宣慈助化章》卷二,《道藏》第 11 册,第 319～320 頁。

④ 陳垣:《南宋初河北新道教考》,第 112 頁。

⑤ 王若虛的生平事迹,參見《金史》卷一二六,《四庫全書》本,第 10a～12b 頁。

太一教。[①]

12 世紀 30 年代，隨著蕭抱珍因擅長符籙療疾且精通法儀而在衛輝聲名遠播，許多人特意前來拜師。王若虛在另一通碑刻中記述，12 世紀 30 年代末太一療疾之風盛行，趙州侯氏舉家成爲蕭抱珍的信徒。侯澄尤以孝友著稱，才干優異，時任河北西路漕司掾，聽聞蕭抱珍在衛輝淇河下游建立了太一大教，於是從趙州南行 180 餘里到達衛州，在當地拜師成爲蕭抱珍的弟子。至於蕭抱珍，他一見到年輕的侯澄便甚爲喜愛，授法名道净。之後蕭抱珍又將太一三元法籙傳授給侯澄，以便他借此治病術回鄉傳播太一教義。皈依蕭抱珍後，侯澄返回趙州。不久後，他建立兩座太一道觀，一是位於趙州他家宅附近的太清觀，另一則是位於真定府緊鄰他府上的迎祥觀。而後他便在這兩座道觀以太一符藥濟人。通過這種頗具效驗的法符，他在衛輝北面的趙州和真定府收聚了大批信衆。[②]

事實還證明，蕭抱珍傳授的太一法籙對於早期太一道在金朝治下的華北傳衍發展至關重要。例如，太一道第二代祖師韓道熙（1152～1186，字光遠）出生時，他的母親曾吞服蕭抱珍所授丹符以保生産順利。作爲蕭抱珍繼任者的韓道熙出生於衛輝最顯赫的望族之一。蕭抱珍早年致力於在衛輝及周邊村鎮傳播太一道時，韓家就參與助力。韓氏先祖來自汴梁，從五代到金朝一直在朝爲官或科舉及第。韓氏一族爲了躲避五代時期的戰亂，便從開封遷往衛輝定居，聽聞蕭抱珍頗具名望，便舉家崇信太一符法。蕭抱珍聽韓道熙的父親説起道熙母親懷孕時諸病纏身，便對他説："毋恐。汝韓氏素植善根，彌月當生異子，大吾法門。可服吾丹書，無復苦矣。"[③]等到韓母分娩時，道熙果然如昔所言順利降生。因天賦異禀，道熙便留在衛輝的太一宫由蕭抱珍撫養。據説，他 3 歲能讀，6 歲精通書法，未幾便受度爲道士。1166 年初冬，蕭抱珍不顧道熙的抵觸，極力要求年僅 10 歲的道熙接受太一道符法並繼任爲第二代祖師。他還命太一道衆畢集於衛輝太一祖庭，對道熙參拜如己。蕭抱珍於 1167 年秋末去世，此時離 1166 年 10 月傳法還未滿一年。由於道熙年紀輕且資歷淺，因而其晋升二祖也曾遭受非議。蕭抱珍的另一名弟子楊太玄就曾與道熙競争二祖之位，楊太玄是一位閲歷豐富的太

---

① （元）王鶚：《國朝重修太一廣福萬壽宫之碑》，陳垣編纂，陳智超、曾慶瑛校補：《道家金石略》，北京：文物出版社，1988 年，第 845～846 頁。

② （金）王若虛：《滹南集》卷四二《清虚大師侯公墓碣》，第 8b～11a 頁。

③ 陳垣編纂，陳智超、曾慶瑛校補：《道家金石略》，第 843 頁。

一道大法師，住持衛輝西北太清宫。[①] 即便如此，蕭抱珍去世後，道熙仍然成了魅力非凡的領袖和非凡的治療師，這或許得益於其家族財富和影響力，抑或是其個人魅力及其與創教祖師的密切關係。[②]

除此之外，太一道還用其法儀爲皇室綿延子嗣，以確保政權的合法性。1190年金章宗登基後，子嗣凋零一度爲其心腹之憂，抑或成致命的政治負擔。到1201年，章宗年事已高，却依舊無嗣。太一道三祖蕭（王）志冲（1152～1216，字用道）於是積極參與亳州太清宫的普天大醮爲其祈求天賜良子，以繼皇統。後來章宗的愛妃賈氏染病逾年，御醫接連看診，仍然未見好轉。章宗便告訴諸位御醫，太一道三祖曾於1196年成功驅除蝗災，衹有他的符藥能醫治此病。他説："此非藥餌所及。前禳蝗王某，殆是異人，或能起之。"章宗隨即下詔迎志冲入宫，將其引到内院。志冲便施用符水，不久賈妃便痊癒。據説後來賈妃身懷章宗子嗣時，捲入了争奪皇位的陰謀中，既定的繼承人衛紹王完顏永濟（？～1213）便將她賜死了。章宗死後，完顏永濟即位，爲表恩寵，特賜志冲以上清大洞法服一襲。志冲即使深受新帝寵信，依然與這位天子刻意保持距離。我們雖然無從確知個中蹊蹺，但在完顏永濟即位不久，志冲便以身弱體衰爲由，請求皇帝准其退隱衛輝祖庭，終獲允諾。這位太一道三祖似乎敏鋭地察覺到金廷内部正在上演的派系内鬥和政治陰謀，因此故意敬而遠之，隨後又離京返鄉，此舉恰恰反映出他在拿捏與金廷關係方面的政治智慧和本能警覺。[③]

二、太一科儀與華北當地的科儀活動

除法籙療疾外，早期太一道大師還曾以科儀服務於華北地方社會。面對旱災頻仍、飛蝗肆虐以及日食月食等現象，華北平原的農業社區急需道士的科儀服務。太一道爲民衆舉行科儀的傳統肇端於蕭抱珍。蕭抱珍身爲太一道初祖不僅

---

① 楊太玄的生平事迹，參見（元）宋渤：《太清宫銘并序》，陳垣編纂，陳智超、曾慶瑛校補：《道家金石略》，第858～859頁。關於楊太玄的質疑，參見宋福利：《太一教二代教主嗣教及教派分合考證》，《新鄉學院學報》2016年第1期。

② （元）王惲：《秋澗集》卷四七《太一二代度師嗣教重明真人蕭公行狀》，第8a～11b頁；（元）徒單公履：《太一二代度師贈嗣教重明真人蕭公墓碑銘》，陳垣編纂，陳智超、曾慶瑛校補：《道家金石略》，第843～845頁。

③ （金）王若虚：《滹南集》卷四二《太一三代度師蕭公墓表》，第3b～8a頁。

能用符法爲人治病,還能做到祈禳訶禁,罔不立驗。[①] 雖然我們不完全瞭解祈禳訶禁是何科儀以及如何施行,但毋庸置疑,舉行這類科儀是爲了滿足衛輝及其周邊地區民衆個人和社區的需求。[②]

一如蕭抱珍,太一道二祖蕭(韓)道熙在衛輝期間曾多次主持重要的科儀活動。1166 年,蕭道熙在蕭抱珍的囑託下登上祖師之位,他先住在衛輝祖庭,並負責住持與處理太一道的日常事務。到 1179 年他移居趙州太清宫。當時旱災波及趙州及周邊府縣的大片區域,州郡官員屢次操辦祈雨儀式,皆無應驗,遂求助於蕭道熙。蕭道熙書飛雷救旱符一道,置之於几上,咒訣於幾大缸水,然後命官民酌咒水以沃符。不刻立見密雲四集,比及衆人還家,雷電閃爍,雨水漫膝。至秋季時,歲賴以熟。元朝時,二祖祈雨之事成爲趙州人人稱道且廣爲流傳的傳奇。[③]

三祖蕭(王)志冲領道後,太一道繼續爲衛輝當地的民衆舉行科儀。1195 年末,金章宗改年號明昌爲承安。儘管完顔璟此舉是爲了鞏固統治、重振朝綱,然而承安建元第一天,華北平原却恰逢日食,這似乎給金章宗的新政蒙上一種不祥的陰影。更糟糕的是,此次日食也令當地鄉村的長老們對來年可能暴發的潛在災難感到極度焦慮與恐慌,他們因此向蕭志冲求助。志冲即以太一道三祖的身份在神霄宫舉行祭天儀式,代表朝廷幫助民衆消除恐慌。彼時,士庶畢集,當年輕清瘦的三祖登上祭壇,他面如紫玉,目光炯然,冠佩整肅,望之若天神下凡。觀者無不仰歎,以爲是蕭抱珍真人復生,少長貴賤,悉歸禮之。

1207 年,蕭志冲居於金朝中都時,華北暴發了嚴重的蝗災。爲緩解災情,章宗派遣司天監中官向中都太極觀提點郭元長求問禳治之法。[④] 郭元長隨後立即命令徒弟檢閱《道藏》,尋求禳災之策。當時蕭志冲應邀住持太極觀,他即告訴元長説《道藏》中的典籍浩如煙海,很難從中找到禳治之法,即便找到也無法確定其效驗。隨後他告知郭元長:太一道始祖曾留下 300 餘部經書符籙,内有秘章,可

① (元)王鶚:《國朝重修太一廣福萬壽宫之碑》,陳垣編纂,陳智超、曾慶瑛校補:《道家金石略》,第 845～846 頁。

② 近來有些學者開始探索太一道法儀的細節和操作過程,參見楊亮:《歷史、文化與權力視野中的太一道》,《河南科技學院學報》2018 年第 9 期。

③ (元)王惲:《秋澗集》卷四七《太一二代度師贈嗣教重明真人蕭公行狀》,第 8a～11b 頁;(元)徒單公履:《太一二代度師贈嗣教重明真人蕭公墓碑銘》,陳垣編纂,陳智超、曾慶瑛校補:《道家金石略》,第 843～844 頁。

④ 太一宫最早建於 1204 年。參見(元)王惲:《秋澗集》卷四〇《大都宛平縣京西鄉創建太一集仙觀記》,第 10a～12a 頁。

用以驅治蝗災。於是三祖蕭志冲將秘章取出,進獻給章宗。章宗大喜,稱"天垂此教,以利生民"。蕭志冲便奉命依法作醮,比及行禮將盡,大雨忽降不止。三祖隨後咒香一炷,禱於太一始祖,大雨立止。翌日,章宗詢問何時可以消弭蝗災,蕭志冲答稱三日可止。依驅蝗秘章所述,法壇須散灑符水,但需空出一面不灑符水。三祖便留出法壇西側,面朝群山。三日將盡,蝗蟲漫天西飛,入山而亡。章宗爲了嘉獎太一道三祖護稼保禾的善舉,賜予他大筆賞金,他却婉言謝絶道:"道人救物,安用賞爲?"①

三、太一科儀與金元政權

金元鼎革之際,太一道也爲新晋的元朝提供科儀服務,因而進一步鞏固了其與元廷的關係。太一道從金代中期至晚期在華北建立了廣泛的宫觀網絡和數量龐大的信衆群體,從而成爲當地主要的社會和宗教勢力,任何執政王朝或新興政權爲了在華北平原實施合法而有效的統治都必須獲得其支持和認同。

從12世紀中期到晚期,太一道主要在衛輝及其周邊地區發展。據説在此期間,太一道從始祖至三祖在各自一生中,每年都收徒至千名。多年以來,他們各自的弟子可能以幾萬甚至幾十萬計。我們被告知,自1166年起,蕭道熙就憑藉其强大的個人魅力、精湛的法儀以及卓越的領導才能使道侣和民衆爲之折服並投入門下。隨著他作爲極具魅力的宗教領袖的名聲東傳至濟(濟寧或是濟水)及山東半島的沿海地區,其"門徒日增,無慮千萬"②。而當蕭志冲繼任第三代掌教時,他同樣頗具名望且精通科儀,每年也吸引上千信徒。③

金朝末年,太一道在華北地區已經擁有相當强大的力量,極具説服力的是一位活躍於趙州地區的太一大師。我們被告知,侯澄的孫子侯元仙(1162～1230,字子真,法名道凈)在家鄉趙州地區成爲一名極具影響力的太一大師。據説元仙天生聰慧,3歲時已經能辨識天、地、水三官,幼時與群童嬉戲常引禮北斗。侯澄視孫兒這些早熟之舉爲神仙所賦,於是爲其購置一張朝廷鬻售的度牒,從此正式成爲道士。而元仙也不負所望,1176年,年僅14歲的他已克主大醮,得到衛輝當地道士們的高度認同。1190年,侯元仙因品德高尚而被朝廷徵召,入主中都天長

---

① (金)王若虚:《滹南集》卷四二《太一三代度師蕭公墓表》,第3b～8a頁。

② (元)徒單公履:《太一二代度師贈嗣教重明真人蕭公墓碑銘》,陳垣編纂,陳智超、曾慶瑛校補:《道家金石略》,第843頁;(元)王惲:《秋澗集》卷四七《太一二代度師贈嗣教重明真人蕭公行狀》,第8b頁。

③ (金)王若虚:《滹南集》卷四二《太一三代度師蕭公墓表》,第3b～8a頁。

觀。10 年後的 1201 年,金章宗改元泰和,朝廷從事祈禳,連設大醮,選天下羽流高士,元仙即入選其中。國醮即成,朝廷賞賚甚渥,侯元仙獲賜紫衣,德號觀妙。衛紹王完顏永濟(1209～1213)當政時,任命他爲御用度師兼祭祀特使,代表朝廷降御香於山東泰山及女真族發源地長白山。崇慶年間(1212～1213),侯元仙應召入主中都太極宫。1214 年,金宣宗遷都開封,侯元仙授命入汴提點太清宫。未幾,他又應邀住持太清宫。1230 年,侯元仙在趙州辭世,享年 69 歲。據他的弟子王若虚説,在趙州西郊埋葬元仙遺骨時,遠近士庶,送葬者數萬人。[①]

極具意味的是,1148 年當蕭抱珍在衛輝的名望日益擴大的消息傳入金熙宗完顔亶宫中時,他立即派御帶使李琮前往衛輝召蕭抱珍入宫。待蕭抱珍入宫後,熙宗及其妻子悼平皇后對他禮遇有加,並在他爲皇后驅鬼除疾後给予優渥賞賜。[②] 這位太一道的創始人正是憑藉太一科儀與金廷建立了至關重要的聯繫。蕭抱珍之後的繼任者,從蕭道熙、蕭志冲以至後代諸位太一祖師也都遵循此道,通過各自的科儀服務同金元統治者保持密切的關係。

金廷一如歷朝所爲,眷顧供養大批重要道觀與佛寺,如中都的燕京天長觀、太一觀、太極宫,南京開封的太一宫、太極宫,以及亳州的太清宫等。這些宫觀主要爲朝廷舉行國家祭祀禮儀,以及祭祀天地和先祖先帝的儀式,也包括慶祝帝國節日等。事實上,幾乎所有的太一道祖師都曾應金廷傳召提點或主持過中都以及南京的皇家宫觀。金大定年間(1161～1189),蕭道熙應召而至,幾乎一直住持中都天長觀。1204 年,天長觀被毁後,金章宗下令修建上清宫,詔太一道三祖蕭志冲爲住持。[③] 擔任皇家宫觀的提點或住持不僅代表一種榮耀和眷顧,而且能爲太一道大師及其道派積累一種文化威望和道德資本。

太一道士住持位於金朝都城由國家供奉或眷顧的宫觀,意味著早期太一道祖師及其資深弟子要經常應命出任國家典祀祭司,在萬壽節以及朝代更迭之際齎香前往諸如泰山、長白山等名山舉行祭祀。比如金章宗泰和年間(1201～1208),趙州的太一道大師侯元仙就曾屢次應詔前往泰山、長白山降頒御香,並主持祭祀聖山的儀式。[④] 這些由太一法師舉行的國家祭祀儀式有益於促進太一道與金廷的密切關係。

---

① (金)王若虚:《滹南集》卷四二《清虚大師侯公墓碣》,第 8b～11a 頁。

② (元)王鶚:《國朝重修太一廣福萬壽宫之碑》,陳垣編纂,陳智超、曾慶瑛校補:《道家金石略》,第 845～846 頁。

③ (元)王惲:《秋澗集》卷四〇《大都宛平縣京西鄉創建太一集仙觀記》,第 10a～12a 頁。

④ (金)王若虚:《滹南集》卷四二《清虚大師侯公墓碣》,第 8b～11a 頁。

如上所述,在不同時間和地點舉行的太一科儀還爲皇帝及其親人治病延嗣,還有一些科儀則是爲了穩固皇室朝廷在地方或國家政權中的道德體制和宇宙秩序。從金代中期到元末,這些科儀一直在爲金元朝廷服務。

太一道與金廷之間的密切聯繫在後者覆滅之後又在蒙元朝廷得以延續。1215年,蒙古首次踏入華北期間或此後不久,太一道已經開始與蒙古朝廷往來。這種關係是蒙古在其所征服的領域内招納聯合有影響的地方領袖及能工巧匠的政策背景下開始的。到了13世紀40年代,忽必烈正式認真管理其在邢州和真定的封地。他後來於1252年奉蒙哥之命在開封建河南經略司,而他的謀臣如楊惟中(1205～1259)和史天澤(1202～1275)早在13世紀20年代起,就已經開始積極招納籠絡中原著名的儒家文人、手工藝人及名僧高道。[①] 因此,太一道士如蕭輔道以及後繼者也都是其延攬的對象。而至此,許多太一道領袖也早已開始爲他們提供法儀服務。

實際上,在1213年十月蒙古首次踏入衛州及真定前,蕭志冲已於1209年春將太一道掌教之位傳給蕭輔道(? ～1252,字公弼)。在政治和社會發生劇變的動蕩時期,新任太一掌教蕭輔道隨著金廷不斷削弱對其眷顧,不得不憑藉自身的宗教魅力、科儀技藝及政治智慧,在金廷舊眷和蒙古新政之間小心斡旋,同時還要爲華北地方民衆舉行科儀。1213年秋,蒙古初次進攻金朝把控的中原地區,導致當地數十萬名百姓四處逃散流離、無家可歸。太一道第四任掌教蕭輔道此時正奉命住持亳州太清宫[②],他悲天憫人的仁愛之心與濟世拯民的救治之舉使當地士俗萬衆歸心。[③] 與此同時,蒙古軍隊連續三天圍攻蕭輔道的家鄉衛輝,金軍抵死抗争。但衛輝城破之後,蒙古兵不分老幼將當地的男女皆驅至城郊實施屠戮。在城陷之前,衛輝街頭還流傳著童謡:"團練冬,半破年;寒食節,絶人煙。"

蒙古軍包圍衛輝期間,蕭輔道是在城中還是其他地方尚未可知,不過有資料表明,這位太一道祖師當時以智逸去,奔向南方,極有可能前往他之前所住持的亳州太清宫。次年冬,蕭輔道返回衛輝老家時,發現城郭爲墟,暴骨如莽,悲憫惻哀之下,傾盡財物,募集人手收斂散落於斷溝、枯井、野外的骸骨。隨後在衛輝西

---

① 忽必略在中原地區所實行的相關政策,參見《元史》卷四《世祖本紀》。關於可汗早期政策的研究參見 Morris Rossabi, *Khubilai Khan: His Life and Times*, Berkeley: UC Press, 1988, pp. 1-52。

② (金)王若虛:《滹南集》卷四二《太一三代度師蕭公墓表》,第3b～8a頁;(元)王惲:《秋澗集》卷六一《故真靖大師衛輝路道教提點張公墓碣銘并序》,第12b～14b頁。

③ 關於輔道在亳州地方文人團體中的相關記載,參見(元)王惲:《秋澗集》卷六一《故真靖大師衛輝路道教提點張公墓碣銘并序》,第12b～14b頁。

郊三處卜地掘穴,完成度亡儀式後將所收集的屍骨全數埋葬於這三座墓穴中。蕭輔道在城破後掩埋遺骨之舉,表現出深切的悲憫與仁愛之情,成爲當地口碑載道的傳奇故事。人們後來將此墓穴稱爲堆金塚,當地民衆認爲它象徵著太一祖師的仁義和慈悲。他後來前往柘城住持延祥觀,留居近十年之久,在當地深得民心。1232 年冬,蒙古軍再度来袭,柘城與其他城鎮一樣危在旦夕。據説蕭輔道擔心 1214 年衛輝屠城悲劇會在柘城重演,便隻身前往蒙古軍中,利用自身影響力以保柘城和平,"以一言活萬家於鋒鏑之下"。不過,蕭輔道能够成功勸服蒙古軍使柘城百姓免遭殺戮,可能並非完全因爲他慈悲憫懷的道士之名,而是因爲蒙古軍在圍攻前後可能已得知蕭輔道此人及其身爲太一道領袖的影響力,正想要尋求他的支持。據王惲所述,1232 年蒙古軍再次進入中原,當時擔任山東經略司的蒙古大將薩濟蘇已經邀請蕭輔道北上返回衛輝,再至新衛住持打理祭祀昭順聖后的同名祠廟。因此,蕭輔道成功拯救柘城百姓的原因有二:其一得力於其道德威望,其二則得益於他與蒙古之間的關係。[①] 頗爲有趣的是,王惲所述似乎有些老調重彈,與早期全真祖師丘處機成功勸説忽必烈的祖父成吉思汗放棄屠城而一言止殺(1147～1227)的故事如出一轍。

不容否認,蕭輔道解救柘城雖極具戲劇性,但確實可信。事實上,蕭輔道極有可能早在 1232 年柘城被圍之前已經與蒙古人建立了聯繫,因爲我們知道在此之前,成吉思汗及其後來汗王就已經制定政策招納籠絡中原地區的能工巧匠及地方首領。1215 年成吉思汗駐燕京時就聽聞丘處機之名,並瞭解到全真道士在山東擁有廣泛的關係網。爲了在山東及華北等全真教繁衍盛地獲得丘處機的支持,成吉思汗於 1219 年派遣其近侍劉仲禄作爲使臣前去徵召丘處機,將其護送至自己在撒馬爾罕的西征營地並親自接見。成吉思汗的政策爲他的後繼者們所一直延用。王惲及其他的碑刻資料對於蕭輔道與蒙古政權以及大將薩濟蘇之間的關係大都諱莫如深,不置片言,但蕭輔道身在柘城時,蒙古軍極有可能就已經在極力尋求他以及他那些廣泛的人脈關係的支持。

無論如何,蕭輔道的悲憫與仁愛爲他贏得了尊重與盛譽,同時也引起了蒙古朝廷的關注。怯烈部族的唆魯禾帖尼(1190～1252)是托雷(1193～1232)的遺孀,蒙哥(1209～1259)和忽必烈二人的母親,她是最早得知蕭輔道其人的蒙古皇

① 在王惲的記載中,蕭輔道於 1232 年返回衛輝。參見(元)王惲:《秋澗集》卷三九《堆金塚記》,第 6a～7b 頁;卷六一《故真靖大師衛輝路道教提點張公墓碣銘并序》,第 12b～14b 頁;卷六一《凝寂大師衛輝路道教都提點張公墓碣銘并序》,第 17a～19a 頁。在其他資料中,蕭輔道於 1233 年稍晚纔從柘城返回衛輝。參見(元)宋渤:《太清宫銘并序》,陳垣編纂,陳智超、曾慶瑛校補:《道家金石略》,第 858～859 頁。

室成員,並知道這是一位博學多識、道德高尚的太一道祖師。無獨有偶,1232年拖雷去世後,他的兄長元太宗窩闊台(1186～1241)可汗將太一道的發源地衛輝及其周邊的府縣作爲封地賜予唆魯禾帖尼。她先是婉言謝絶了窩闊台的盛情邀婚,後又拒絶下嫁後來的定宗窩闊台長子貴由(1206～1248)。兩位大汗的求娶沿襲了蒙古叔嫂婚的舊俗,但唆魯禾帖尼却以照顧孩子爲由拒絶窩闊台的迎娶。不僅如此,她最終還從窩闊台手裏成功分到真定等大片封地用來養己持家。在歸她所有和統治的真定封地,唆魯禾帖尼敏鋭地察覺到太一道這樣一個有影響力的教派在她所轄區域可能産生的重要政治和社會作用,便采用開明的地方政策,聘請了一批能力卓著、德高望重的漢族文人爲謀臣,幫她管理真定封地。因爲她生活在草原地區,隸屬怯烈(Keraite)部族,又是聶斯脱利(Nestorian)基督徒,早已意識到用調和與寬容的態度對待宗教的重要性,所以她采用一種相當開明的政策協調與真定地方各宗教間的關係。研究蒙古史的學者認爲,唆魯禾帖尼的管理方式和政策影響了她所有的兒子,包括忽必烈。[①] 碑刻資料表明,1209年金朝統治時期,蕭輔道便已繼任太一掌教之位。但1247年2月,唆魯禾帖尼以自己的名義發布懿旨,再次認可蕭輔道繼任太一掌教的身份,賜號"中和仁靖真人","傳度太一法籙"。她在懿旨中承認蕭輔道爲太一道創始人蕭抱珍之曾孫四葉,並稱贊他:

> 才德兼茂,名實相符,清而能容,光而不耀。富文學而重氣節,謹言行而知塞通,體一理而不偏,應衆機而靡戾。復以闡揚法事,紹述宗風,道助邦家,澤濡幽顯,是可尚也。[②]

極具意味的是,唆魯禾帖尼的懿旨現存於兩通宫觀碑石,其中一塊在趙州太清觀,另一塊在衛輝的太一祖庭萬壽觀。當代學者陳智超認爲,現存於衛輝的碑刻除懿旨外,還有一行蒙古文,這説明唆魯禾帖尼或許最初是在衛輝萬壽觀頒降懿旨。不過,我們僅憑這行蒙古文還無法認定唆魯禾帖尼究竟是同時在這兩所道觀頒降懿旨,還是蕭輔道或其弟子爲了宣傳太一道的合法性而復刻了這道懿旨碑。但無論如何,事實是,從12世紀30年代太一道的創立,再到1247年唆魯禾帖尼頒布懿旨,衛輝和趙州在這100多年裏一直都是太一道的大本營。唆魯禾帖尼希望她所發布的支持蕭輔道及其太一道的懿旨能够在兩地廣爲流傳,這

---

① 關於唆魯禾帖尼對真定的統治及其對忽必烈的影響,參見 Morris Rossabi, *Khubilai Khan: His Life and Times*, Berkeley: UC Press, 1988, pp. 1-52。

② 《太清觀懿旨碑》,陳垣編纂,陳智超、曾慶瑛校補:《道家金石略》,第840～841頁;耿玉儒:《北方太一道的發祥與興亡》,《河南師範大學學報》1993年第1期。

也是情理中的事情。而她頒布此懿旨亦包含多重目的：

首先，此懿旨意味著她本人及蒙古政權對蕭輔道及太一道評價極高，她承認蕭輔道是太一道獨一無二的合法繼任掌教，並專許他在華北繼續傳播新道教。其次，懿旨也傳達了她本人及蒙古政權對蕭輔道及處於衛輝以及其他地區太一道教團的期許，她特意以"道助邦家"稱贊蕭輔道，清晰地表露出對蕭輔道及其衆弟子的期望或勸誡，希望他們協助勃興的蒙古政權在華北實現和平、穩定以及取得合法性。

或許是爲了加强籠絡，1248 年 4 月唆魯禾帖尼傳召蕭輔道到她的氈帳（位於真定縣或哈拉和林）内會面。這可能是他們第一次見面，據説唆魯禾帖尼很喜歡這位太一道祖師。她爲了表示自己很信任蕭輔道，專門提升其弟子張善淵在自己所轄華北封地的真定路擔任教門提點，還命他代表太一道出任皇家祭祀使節，替蕭輔道在嵩山、華山以及泰山主持皇家朝山祭典儀式。[①]

就在唆魯禾帖尼眷顧蕭輔道的同時，她的兒子忽必烈也在輔道搬遷至衛輝西部的家宅時對他産生興趣。據王惲所説，忽必烈起初四處招募華北地方才俊以資輔佐時，就已聽聞太一道四祖之名，還瞭解到他極大地弘揚太一道教義並擴大了太一道組織。1246 年，年輕的蒙古王子忽必烈特意遣派象徵其崇敬和眷顧的"安車"迎接太一道四祖至其在衛輝的藩邸面晤。據説忽必烈向其詢問新獲華北地區的治理之道時，蕭輔道爲他提出了以下建議："愛民立治，潤色鴻業，用隆至孝。"

這位後來的可汗被其提議折服，賜其珍寶，却被婉言謝絶。忽必烈敬重他爲人謙遜慷慨，富有同情心，還將其視爲與晋代葛洪（284～364）、唐代司馬承禎（647～736）比肩的山中宰相，是如葛洪一般值得尊崇的道教神仙。這位蒙古王子還爲他賜號"中和仁靖真人"。爲了表現其對太一道的好感，1252 年初秋，忽必烈還頒布法令將衛輝的太一祖庭由觀升格爲宫。[②] 彼時蒙古剛在華北立足未久，而太一道在華北平原有龐大的信徒網絡，所以禮遇蕭輔道不僅反映出他對輔道的支持，而且表明朝廷正力圖獲得新道教的支持與效忠。

① (元)王惲：《秋澗集》卷六一《故真靖大師衛輝路道教提點張公墓碣銘并序》，第 12b～14b 頁。關於唆魯禾帖尼的簡單傳記，參見《元史》卷一一六。

② 關於忽必烈招募蕭輔道的細節，參見(元)王惲：《秋澗集》卷三八《清蹕殿記》，第 16a～18a 頁；卷四〇《大都宛平縣京西鄉創建太一集仙觀記》，第 10a～12a 頁。衛輝道觀的碑刻記載了忽必烈於 1252 年頒布法令升觀爲宫的日期。參見《太一廣福萬壽宫令旨碑》；(元)王鶚：《國朝重修太一廣福萬壽宫之碑》，陳垣編纂，陳智超、曾慶瑛校補：《道家金石略》，第 841、845～846 頁；任紅敏：《蕭輔道入侍忽必烈潛府及太一道在元代的發展》，《蘭臺世界》2011 年第 19 期。

蕭輔道在唆魯禾帖尼與忽必烈統治華北地區期間已與蒙古人建立聯繫,他於1252年冬仙逝後,其繼任太一祖師上任後又進一步鞏固了這層聯繫。輔道的徒弟蕭(李)居壽(1221～1280,字伯仁,號純然子)在管理和拓展太一道與統治華北的蒙古政府的關係方面絶不遜色於其師,甚至有所超越。在他晋升太一道五祖不久,衛輝及華北平原其他地區遭遇嚴重旱災。衛輝地方官員便求助於新任太一祖師蕭居壽。他同前幾任祖師一樣,將畫好的太一符投入大水缸,開始施咒,咒語未畢,空中已烏雲密布,大雨傾盆。五祖因此聲名大振,不久便傳入蒙古朝廷。1259年春,忽必烈征宋南行,途經衛輝,應邀在太一祖庭廣福萬壽宫稍事停留。[①] 居此期間,他到道宫内所有的神殿和大廳參拜,還回憶起與已故四祖蕭輔道之間的情誼。他遂下令修金籙大醮,這或許是爲了禳祝不斷擴張的蒙古帝國國祚和福祉。儘管此時居壽還很年輕,但他的真誠和善良却給忽必烈留下了深刻印象。次年(1260)春,忽必烈初登大可汗之位,即下令讓蕭居壽再建另一場黄籙金醮,超度那些戰死在江淮流域的士兵亡魂。王惲生動地描述了那場齋醮時的情狀:"迎奏際,陰風淒淒,若有趨赴慘泣之狀。"同年9月,蕭居壽再次應召赴蒙古朝廷,忽必烈命其再次舉行祈祓金籙醮筵以超度亡靈,醮畢,忽必烈晋封其爲"太一演化貞常真人"[②]。1261年冬,居壽奉御令在厚載門又舉行祭斗儀式。忽必烈親臨祭壇爲斗神敬香,賜居壽錦袍和法幡。1263年秋,居壽代表新建立的元廷前往嶽瀆神祠行祭禮,忽必烈派自己的親兵護衛一同隨行。太一五祖及其道團所主持的這些皇室祭禮,其目的就是爲元朝廷和國家向嶽瀆祈福。在前往祭祀的路上,居壽還代表可汗爲附近地區的窮困人民發放救濟糧。[③]

1265年春,忽必烈請居壽助他向神求嗣,祭畢並賜金冠、玉飾和錦繡法服。1271年,居壽奉元朝廷之命前往岱宗汾睢祭祀諸神,驅蝗禳災。居壽剛舉行完太一科儀,同年秋天就獲得大豐收。1273年初春,居壽又前往上都和林大安閣舉行金籙醮,可汗贈予他黑狐皮襖和獺皮帽。同年秋,忽必烈第二子和皇儲真金(1243～1285)所居的青宫建成,朝廷宣詔讓居壽按太一符法爲其禳鎮方所。1274年,忽必烈命居壽在上都奉先坊毗鄰修建太一觀,讓他繼承並舉行鎮邪驅魔

---

① 1259年2月,憲宗在邢州會見蒙古諸王。參見《元史》卷四《世祖本紀》。

② (元)王惲:《秋澗集》卷三八《清蹕殿記》,卷四七《太一五祖演化貞常真人行狀》,第16a～18a、20b～24b頁;(元)王鶚:《國朝重修太一廣福萬壽宫之碑》,陳垣編纂,陳智超、曾慶瑛校補:《道家金石略》,第845～846頁。

③ 蕭居壽參拜的江祠之一是衛輝西部濟源的濟瀆廟。參見(元)王惲:《秋澗集》卷四七《太一五祖演化貞常真人行狀》,第20b～24b;(宋)范訥:《濟瀆投龍簡記》,陳垣編纂,陳智超、曾慶瑛校補:《道家金石略》,第841頁。

六丁神將儀式。過去衹有忽必烈的心腹忠臣和高功法師劉秉忠(1216～1274)有能力舉行此儀式,但他已於 1274 年前去逝。忽必烈令蕭居壽繼承劉秉忠舉行的六丁神將科儀,可知他十分贊賞居壽,珍視他所具有的價值。[①] 可汗對居壽確實是以誠相待,以禮相敬。早在 1266 年,忽必烈就已經下令讓蕭居壽入住劉秉忠在上都的故宅,這充分展現出可汗對他的厚愛。1278 年,居壽奉旨在西府鐘室祭祀北斗七元星君。王惲詳盡地描述了居壽爲元朝廷和國家舉行的這場十分靈驗的科儀的全過程:

> 啓告之初,期以風動所樹幡標爲神君格思之驗,既而儲皇親臨炷香,冷飀颯至,幡影飄颻,從官劒佩鏗鏘,肅然爲起敬。明日具陳其事,上甚喜,越明年以事辭結遁壇,命易七元斗位。

1279 年,居壽要重返衛輝祖庭,又接到聖旨命他改變七元斗位。[②]

因爲他爲蒙古朝廷長期的效忠和靈驗的服務,居壽與其前輩們一樣,備受元廷優渥的封賞與支持。從 1252 年初掌太一道門,居壽除了獲贈無數禮品,如玉製神像、刀劍、官轎、龍杖、金銀器皿,還成功請元廷下旨爲太一道始祖及後繼三代祖師頒賜以下封號:

蕭抱珍(始祖)	太一一悟傳教真人
蕭(韓)道熙(二代祖)	太一嗣教重明真人
蕭(王)志冲(三代祖)	太一體道虛寂真人
蕭(李)輔道(四代祖)	太一中和仁靖真人

1260 年,忽必烈建立元朝之際再次加封居壽號爲"太一演化貞常真人"。元廷的這些賜封不僅犒賞了太一道對其的貢獻,而且確保其能繼續效忠,更爲重要的是,進一步爲中國北方新道教帶來道德威望與文化資本,使其成爲華北地區擁有幾萬以至幾十萬信衆且最具影響力的教派。

蕭居壽在蒙古朝廷積纍了宗教功德與道德威望,使其與前幾任太一道祖師相比,更加堅定自信地參與朝政。他的一項果決的政治干預被載入宋濂(1310～1381)主持編修的《元史》中,此事非但没有受到明初官方儒學史家的慣常責難,還被詳録在册。元朝正史記載,1278 年 10 月,居壽連續五天主持醮儀,向天神上奏赤章,以求消災祈福。儀式結束後,居壽請求與忽必烈私下交談,並進言説:

① 關於忽必烈令蕭居壽繼承劉秉忠的六丁神將科儀的論述,詳見(元)危素:《説學齋稿》卷三《送郭真人還玉笥山序》,《四庫全書》本,第 37a～38a 頁。

② (元)王惲:《秋澗集》卷四七《太一五祖演化貞常真人行狀》,第 20b～24b 頁。

"皇太子春秋鼎盛，宜參預國政。"[①]典瑞董文忠也贊成居壽的提議。忽必烈欣喜地説道："依臣所言。"之後很快就下詔讓太子參政，並讓居壽輔政，負責首先檢審中書省、樞密院、御史臺以及其他朝廷機關和辦事部門的日常事務，再向皇上匯報。而此一(讓太子真金參政)慣例正是居壽率先提議而成。[②]

居壽捲入元廷政治之深相較於當時其他道教領袖而言，就顯得格外卓爾不凡。陳垣先生注意到居壽至少在忽必烈的傳記中出現了 6 次，對其與元廷的深厚交接頗有微詞，尤其是對他公然主推太子真金參與朝政一事極爲不屑。

四、太一道與全真道及其他道派的合作

作爲從 1140 年到 1290 年間在華北頗具盛名且影響廣泛的宗教運動，太一道因其龐大的宮觀網絡和信衆群體，不僅受到女真和蒙古朝廷的優渥和拉攏，而且與當時華北地區的其他道派也有密集的往來。由於全真道幾乎是與太一道同時興起的主要新道派，所以兩者早有接觸。華北平原的教派競爭十分激烈，兩大教派爲了各自的生存與繁榮而奮鬥，兩者既是對手也是合作夥伴，女真人和蒙古人同時在這片土地上爭奪他們的支持並意欲控制他們。

太一道與全真道最早的接觸可能是在 1167 年春末，這是全真道創始者王重陽(1113～1170)與太一道第二代度師蕭道熙的一次相遇。雖然太一道現存宮觀中的全部碑刻和地名索引中都没有提及他們相遇一事，但全真道的文獻中卻有相關記載。《金蓮正宗記》提到，王重陽在他家附近的盩厔縣劉蔣村(位於陝西省)修建活死人墓用來修煉，修成出關後便啓程前往山東傳教。同年春末，王重陽途經衛州，想必此前對蕭道熙這位年輕的太一祖師已有耳聞，便登門造訪。果不其然，蕭道熙是位神童，自小居住在衛輝的太一道祖庭，由蕭抱珍撫養長大。他 3 歲能讀書，年少時已經成爲朝廷認證的道士。金廷甚至還爲他賜號"清虚大德真人"。

王重陽 1167 年夏初抵達衛輝時，距離太一道始祖蕭抱珍過世不到一年。年紀尚幼的蕭道熙繼蕭抱珍成爲太一二祖。他雖然年幼但是魅力非凡，而且才華出衆。在其他太一高道的注目審視之下，他在主持打理始祖的葬禮上表現得沉著得體，而且他的幽默、魅力和靈性也給其他太一高道和信衆留下了深刻的印

① 《元史》卷二〇二，第 18b 頁。

② 《元史》卷十、卷二〇二，第 29b、18a～b 頁。

象。蕭抱珍的葬禮結束後，在衛輝太一祖庭的一個正式祭儀上，若干太一道信衆前來與道熙交流，想請他以詩賦解釋聖人之道。這樣的請求顯然是在試探挑戰道熙，試探他是否鎮静若定、心有靈犀。衹見道熙墨筆一揮，信手成章：

明月清風大德，頗訝愚人未識，
忉忉詢吾爲誰，衹是從來太一。

道熙的詩文展現出其機智聰慧，體道深刻，而且有强烈的權威感，在場的人們對此驚訝不已，頃刻爲其折服。他最初擔任度師時，太一道信衆仍把他視爲孩子，但如今他却獲得了他們的尊重與敬仰。人們稱他爲神童道士，名聲很快傳到了濟水以東及山東沿岸地區（由是風聲遠逮自濟東及於海堧）。[①] 蕭道熙雖然年輕，但已是一位聞名遐邇的太一祖師，當時他在衛輝和其他地區的名聲遠遠超過王重陽。畢竟王重陽還未抵達山東收徒傳教。

據説他們相遇時，王重陽極爲羨慕蕭道熙的“仙風道骨”。他已經頗有領悟且熱切地期望傳教，因此迫不及待地想與道熙分享他的教義，並希望助他成仙。爲了實現這一目的，王重陽在衛輝逗留數日，有望與這位年輕的祖師一同論道。未幾，他失望地發現這位少年對他的指點毫無感激之心與回應之意，遂孤注一擲，試圖以道詩啓發道熙：

真人已悟，四海名先到。只爲有聲聞，却隔了玄元妙道。
可憐仙骨，落入鬼形骸。一般衰，一般老，空恁一般了。
豈知玄妙，剛把身心傲。度日若聾盲，諳不識丹砂爐竈。
好將二物，鼎内結成丹。服餌了，得長生，携手歸蓬島。

全真道文獻在記載他們相遇一事時提到，年少的道熙讀了王重陽的詩後衹是點頭不語，顯然未能領悟詩中妙旨（“真人讀之，終不能悟其妙旨，但點頭而已”）。王重陽失望至極，衹好離開衛輝，繼續向東前往山東半島，在那裏與所收弟子共同創立全真道，並發展了大批信徒。[②]

---

① （元）徒單公履：《太一二代度師贈嗣教重明真人蕭公墓碑銘》，陳垣編纂，陳智超、曾慶瑛校補：《道家金石略》，第 843～845 頁；（元）王惲：《秋澗集》卷四七《太一二代度師贈嗣教重明真人蕭公行狀》，第 7a～11b 頁。

② 《金蓮正宗記》卷二，《道藏》第 3 册，第 349 頁。略具諷刺意味的是，太一道發展至元末 1635 年由其第九祖王志元掌教之後不久，其最初發迹的祖庭即衛輝廣福萬壽宫就在大約明初時由全真龍門派道士接管住持，從明洪武年間至清康熙六十年（1721）間，一共有十代龍門派住持，一直延續至其第十一代龍門派住持秦一湞以後，估計仍然由龍門派道士住持。詳見《敕賜廣福萬壽宫兼理姜太師忠烈廟道宗源流碑記》，該碑現存衛輝比干廟主拜殿東側後墻前，我於 2004 年和 2006 年夏兩次造訪比干廟，抄得該碑文。近期的研究，可見耿玉儒：《歷史上比干廟的宗教管理》，《平原大學學報》1993 年第 1 期；徐玉立：《從新發現的太一道碑刻資料論太一道的衰亡》，《河南師範大學學報》（哲社版）1994 年第 3 期。

儘管首次見面即溝通失敗,但太一道後來在蒙古崛起統領中原並管理當地宗教的時候,則已經同全真道以及其他教派發展出了更爲密切的合作關係。事實上,忽必烈及元廷對華北地區實行所有教派共存的政策也意味著他們承認那裏的各教派地位平等,且對其一視同仁。除却西藏喇嘛教在蒙古朝廷享有特殊地位外,元朝廷幾乎平等地對待其他各種宗教。因此,朝廷有時會同時傳詔太一道和其他宗教的掌教者共同主持國家的祭祀。在這種情況中,太一道與各教派之間的互動合作抑或可以視爲蒙古朝廷整體宗教管理體系之下的一種强制性的結果。

蒙古統治華北早期,各教派之間的首次合作之一就發生在亳州紀念老子的太清宫。這座太清宫的建立可以追溯到漢代,後來從隋、唐到北宋一直受到皇帝庇護。自從道觀建成之後,尤其是唐朝廷,就通過特賜封號與獎賞,爲其生存和統治確立合法性並提供文化資本。事實上,早在743年,太清宫已經獲賜此名與大量封賞。12世紀初,女真人統治華北地區,金廷對太清宫尊崇有加,賜農田萬頃爲廟産,免除各項税收以維持日常周轉。金代進士後來任元朝翰林院學士的王鶚於1268年撰寫碑文紀念創建增修太清宫太極殿。該碑詳細説明了爲什麼朝廷從古至今一直如此注重供奉老子的道宫。王鶚解釋説,供奉老子的道宫贊頌老子無爲的思想,並將其視爲一種修己治國之道。對統治者而言,這座道宫體現了老子崇尚和平而非武力的思想,以及建立寡民小國的價值觀,同時還體現出超越物欲追求的内在平静心境。正因爲如此,皇帝和其朝廷眷顧亳州道宫並賜封加賞,有助於其建立道德權威與文化聲望,更不用説科儀本身就對帝祚國運有益。

據王鶚所説,忽必烈篤信亳州這座宫觀的象徵性政治意義。蒙古征伐中原時,太清宫損毁嚴重,加之洪災泛濫,更是破敗不堪。忽必烈登基前的藩邸就在衛輝,曾準備重修太清宫。1259年末,爲了避免翻修中斷,忽必烈宣布亳州道宫及其附近地區禁止通行,連拾樵者都不准在附近閒逛,行軍部隊和路過朝臣更是禁止留宿觀中。忽必烈登基後第二年就頒布了一項特殊法令,反復重申此項禁令。到了1263年,他還計劃派第五代太一道度師蕭居壽和使臣合剌思共同委託學士院修文紀念重修道宫。1268年,太清宫太極殿翻修完成後,忽必烈要求立碑紀念,命王鶚撰碑記事。王鶚在碑記中寫到,太清宫的修建受到了徐水安肅公漢人張柔元帥的贊助,還獲得了宫觀周圍9.6公里内的大量田産作爲廟産。王鶚還特别指出了太清宫的科儀和政治作用,"雖餘者未完,已足以奉香火之供,而爲國朝萬世祈福之地,顧不偉歟"。他繼而列舉了忽必烈的政治功績:

主上聖德日新,神武電斷,西平大理,東服三韓。南州逆豎,旋即誅夷;

朔漠諸王，畢來朝會。分司揆務，偃武修文，此浸明昌千載一時之運也。①

王鶚在擔任元朝的首席書吏時，曾明確指出元朝廷出資重建太清宫的行爲與從前的帝王眷顧此道觀一樣，與蒙元國祚息息相關。太清宫不僅效力於元朝廷，而且體現了其正在上升的國運與力量。正是在這個環境下，太一道第五代度師蕭居壽與全真道士緊密合作，共同完成由蒙古國贊助重修的太清宫絕非偶然，這些全真道士纔是受朝廷指派管理這座道觀的人。

1315 年 10 月，北方出現流星雨，這通常被視爲不祥之兆，是上天對帝王的警示。年輕有爲的仁宗愛育黎拔力八達（1285～1320）與他母親一同下令，命玄教大宗師張留孫（1248～1321）、天師以及玄門掌教全真宗師孫德彧共同在大都長春宫設金籙普天大醮。設醮目的有二：一是爲皇帝積纍功德，二是爲了取悦上天使新帝得以保留其天授治權。金籙大醮共爲死者提供了 3600 個救亡靈位。從 12 月 11 日起，大醮共持續了九天九夜。爲了完成醮儀，必須將皇上的符表上呈三官。爲此，仁宗令集賢學士中奉大夫李倜與第七代太一度師蕭（蔡）天祐携帶御香與符表前往衛輝西北濟源附近的濟瀆廟，將表文上呈天官。他們將玉簡和金龍投入濟瀆廟的源頭，以便皇上的符表送至水官處。次年二月，天祐等人與元朝官員一同抵達濟源，初七再爲元朝廷祈求福祉與庇佑，至此醮儀圓滿結束。②

1324 年初春，太一祖師蕭天祐與玄教大宗師吴全節（1269～1346）、五福太一真人吕志彝、正一大道真人劉尚平、玄教嗣師夏文泳，遵奉元朝廷之命，率領一衆法師、道士在大都崇真萬壽宫修金籙周天大醮。大醮配設 2400 個薦亡靈位，共持續七天七夜。醮儀結束當日，泰定皇帝也孫鐵木兒（1293～1328）對大醮很滿意，賞賜豐厚的香幣，又派天祐和大臣前往濟源，投玉簡和雕龍入濟水之源。同年五月，天祐與其隨從在當地高級官員的陪同下抵達濟源，他們舉行向水官祈願的儀式，將金龍和玉簡投入水中，爲元朝廷祈求福祉與庇佑。③

結　語

儘管從某種程度上講，各教派之間在國家祭祀儀式中相互合作正是元朝廷實行的宗教政策與管理體制使然。不過，不容否認的事實是，太一道以及其他諸

---

① （元）王鶚：《重修亳州太清宫太極殿碑》（1268），陳垣編纂，陳智超、曾慶瑛校補：《道家金石略》，第 846～848 頁。

② 《大元投奠龍簡之記》，陳垣編纂，陳智超、曾慶瑛校補：《道家金石略》，第 862～863 頁。

③ 《周天大醮投龍簡記》，陳垣編纂，陳智超、曾慶瑛校補：《道家金石略》，第 863 頁。

如華北的全真道、真大道教和江南的正一道一樣,全都心甘情願與元廷合作,並爲其提供相應的齋醮科儀服務。金元時期太一道的歷史顯示的正是其通過提供齋醮科儀服務而長期效忠國家並與其合作的清晰格局。

這一事實也讓我們對金元時期道教的發展狀況既有共識又產生疑問。已故陳垣先生是金元時期道教研究的拓荒者,他在給這一時期道教運動定性方面起了决定性作用,他對全真道、太一道和真大道的經典研究,開闢了帝制晚期各種新道教運動研究的新領域。在解釋代表作《南宋初河北新道教考》一書定名時,陳垣先生寫到:他之所以將這些道教運動都歸類在南宋初期,其原因是多方面的。首先,三個道派的創教人(以及其祖師)都生於北宋當朝的 1126 年之前。其次,他們三人皆(因爲仍然效忠宋朝)凛然拒絶效忠女真建立的金政權,纔在宋廷南逃之後(即 1126 年之後)創立了各自的教派("三教祖皆生於北宋,而創教於宋南渡之後,以不仕金")。因此,陳垣先生認爲他將這三個道派與宋朝關聯起來(而不是與金或元相關),衹是遵從了三個道教教祖的意願或意圖而已("係之以宋,從其志也")。陳垣先生接著論述到,因爲新道派吸納了很多汴宋遺民,所以其在金元時期發展繁盛,衹是歷史學者没能記述這些遺民而已。陳垣先生受到清代學者陳友珊有關全真道在草原民族女真人和蒙古人大肆进入中原之際保存了中國文化的議論所啓發,進而論述到,正因爲三個新道派的教祖都相信道教教義"能以寬柔爲教",所以他們創立的道派纔能在金元時期得以生存,甚至在其滅亡之後仍然得以延續。所以,在陳垣的研究中,他認爲金元時期的新道教是南宋初期華北地區的一場宋遺民運動。這種觀點是基於這樣一種看法或假設:即使當時華北地區的新道派對金元朝廷不是公然敵對,也是非合作和消極抵抗的。[①]陳垣先生的觀點後來也得到諸如姚從吾等其他學者的應和與支持,姚先生在其研究中强調全真道具有民族主義情懷與救世思想。[②]

然而,陳垣先生在自己的研究中却記録了大量太一道與金元朝廷合作並爲其效力的案例。我本人衹是接續陳垣先生的研究,仔細整理和分析太一道是如何與金元朝廷合作以及爲他們提供科儀服務的。如此,我的研究並没有發現任何證據能够表明太一道初祖及其繼任者在政治上或道德上效忠於杭州的南宋朝廷;相反,我的研究倒是發現,在太一道初祖蕭抱珍及其繼任祖師中有著一種爲

① 陳垣:《南宋初河北新道教考》,第 1～4 頁。

② 姚從吾:《五、金元全真教的民族思想與救世思想》《六、成吉思汗的智囊團》《七、元邱處機年譜》,《東北史論叢》下册,臺北:正中書局,1959 年,第 175～204、205～213、214～276 頁。

金元朝廷和地方持續而自願舉行科儀服務的清晰的合作格局。衆多的案例表明,太一道歷代祖師和道士們的確願意通過舉行科儀的方式支持金元政權,這種支持有時是爲政權的更迭提供合法性,而其他時候則是爲金元朝廷統轄的地區緩解旱災或驅散疫疾。因此,在認識太一道與金元朝廷,尤其是君主和統治精英之間關係時,我們若能將此種關係視爲聘雇和效忠且雙方利益均沾的關係,纔會更有益處,同時也更符合歷史事實。

需要强調的是,太一道努力與正在崛起的女真或蒙古統治者進行合作的動機,既不是出於苟且投機,也不是討好求寵。蕭抱珍及其他太一道祖師確實關心衛輝和柘城等地正在遭遇戰火蹂躪的民衆,因爲在華北的衛輝和柘城等城鎮,他們已經與當地社會和民衆建立了淵源深厚的聯繫。金元時期,他們也爲華北地區遭遇干旱、疾病及其他災難威脅的這些百姓舉行了科儀服務。因此,我們應當避免將太一道與地方的關係及其科儀活動簡單化地理解爲一種文化民族主義,或者某種道德盡忠。其實,我們應當運用地區主義或宗教地域主義的分析結構,來理解太一道支持金元朝廷並在當地從事慈善活動背後隱藏的動機。太一道與趙州、衛輝和柘城等這些地方所建立的聯繫、爲其提供的服務,似乎都反映出太一道對當地社會及百姓極爲自然而然的投入和盡職。正是這種對地方社會的投入及服務纔確保了地方和民衆對太一道的支持,而這樣的支持對於太一道在其根據地衛輝及周邊地區的生存而言是至關重要的。

本項研究還揭示,真正能將太一道定義爲一種宗教的,正是其在華北地區實施的齋醮制度以及科儀系統。陳垣先生的研究和我本人的調查結果都表明,蕭抱珍及其繼任者似乎大量借鑒了靈寶派科儀因素,依此制定並施行用於治病、占卜、驅魔和祈雨的獨特符籙法儀。雖然我們尚未完全瞭解太一道各種科儀及其細節,但迄今爲止的證據表明,1127 年北宋朝廷奔潰並匆忙南逃到杭州之後,太一道乃是此前在華北地區廣泛傳播的早期靈寶派和上清派的一種道教法儀傳統的復興。對於那些研究北宋王朝崩潰之後的華北道教的學者來説,有若干無法回避却又無法解答的問題:1127 年女真人接管開封及華北部分地區後,那裏的道士及其科儀技藝發生了什麽?如果女真人没有帶著當時被圍困的道士北上故鄉,那麽他們是否全都南逃至江南並在那裏定居?這些問題的答案或部分答案或許可以從蕭抱珍在衛輝的崛起以及太一道的發迹過程中尋求。從這個意義上來講,崛起並興盛於華北的太一道,可能真的復興並改造了北宋時期的道教科儀傳統。不過這種復興並不是以漢民族主義爲中心,更不是對已經滅亡的宋朝表現道德忠誠,它代表的是一種植根於早期道教法儀傳統的北方地區道教的復興。

附録　道士天地水三官手書籙狀章[1]

具法位臣姓某,誠惶誠恐,稽首頓首,再拜。

上言某郡縣鄉里男女生某甲,年如干歲,謹條手書首罪,簿狀如左簿,狀之法一事一條,不得華辭文過,藏重出輕。若首而不盡,考官不解,一事以上,甲年如干。時所犯罪過,某年月日某時,某郡某縣某里男女生某甲,年如干歲,户口如干人。某奉法違科,以某月某日卒,得疾病苦厄是云云。至今不差,恐不生活,謹操手書録狀。詣泰清玄元无上三天无極大道太上老君,太上丈人都官君考行狀,六質六穀二十四官君,天師嗣師系師三師君門下將吏所在郡縣,治中四面注氣監察,考召四君。某今疾病,手書自證,首寫過咎,輕重、好醜、種數,名列如牒,乞丐生活,疾病除差。當奉承手書,奉行孝道,案如師法。當慈仁忠孝,敬老愛少,收孤養寡,救活貧弱。所在師家投理,矜使百事在前,當與師家共同腹目。不得隔戾娼妬,岐咽兩舌,背真妄語,自作一法,更相説道,匿醜説善,匿重説輕,不首情實。一旦違負手書,以身口數,謝天地水三官,不敢自怨。謹請東九夷君,南八蠻君,西六戎君,北五狄君,中央三秦衣鐵履刃君,各十二人,官將百萬衆,逆毛錯鱗兵。東方青帝,南方赤帝,西方白帝,北方黑帝,中央黄帝,青龍、白虎、朱雀、玄武、勾陳等,皆共檢察。肉人自欲求生,乞丐存活,奉行師道,傳千萬世,咸使天下萬民已在道者,未在道者,皆使聞知,手書自證,從道取信。事在久遠,不能盡悉,重復思省,所得續上,三日一期,如蒙省察,慈父聖母,哀憐元元。自今以後,絡繹自改,蕩胃摧筋折骨,不敢以前自比,乞丐生活。某今謹自手書,晝一爲信,上言臣某胎生肉人,枯骨子孫,少不經學,無所知别,得充治職,忝爲祭酒,當助天師布演道炁,助國扶命,醫治疾病。臣受性六弊,爲人闇鈍,不能宣揚道炁,勸善化惡,夙夜戰慄,無心自安。某同氣祭酒男女生某甲,奉道有違無狀,所致身被災病,連日累月,不覺損差,呼吸之氣,命在絲髪,思過自責,不能自解,窮迮處頓,無所歸憑。今來詣治,告臣首寫身中前後罪過,從年七歲以來所犯善惡、好醜、輕重,條列如牒。乞從大道,更受生活,肉人歸誠,在可憐傷。謹騰某辭,觸冒湯火,伏地拜章,辭達以後,分當萬坐,誠慙誠恐,負冰流汗。願乞典者案其簿狀,下天官、地官、水官一百二十曹,隨事原赦,還筭復紀,哀宥既往,責以將來。肉人已諾,首寫情實,考吏所考,事蒙立應,實有驗者,宜加遷賞以報其勞。謹當一切都爲天官、

---

① (唐)杜光庭:《太上宣慈助化章》卷二,《道藏》第11册,第319～320頁。

地官、水官考召君將吏，從考吏兵等，悉爲言功舉遷，加秩等數，如天曹科比隨章上詣，各歸本曹，列功多少，中宫謁署，便曹穩職，無令失意。有怨恨者某魂魄繫在天曹，考對日久，重乞原赦。某三魂七魄還附某身，所苦除差，以爲效信，願慈父聖母大恩，省察分别，哀臣愚劣。謹因二官直使正一功曹，左右官使者陰陽神決吏、科車赤符吏，剛風騎置驛馬上章吏官各二人出操，臣某謹爲某求乞度脱厄難，保衛形軀恩章一通。

上詣某天曹，伏須告報，臣某誠惶誠恐，稽首頓首，再拜以聞。

（責任編輯：秦國帥）

《全真道研究》徵稿啓事

《全真道研究》是由香港青松觀資助、山東大學儒學高等研究院主辦的學術性輯刊，主要發表與全真道有關的學術文章，尤其是運用了新材料、新方法且富有創見性的文章。本刊每年出版兩輯，每輯一個主題，稿件采取約稿與投稿相結合的方式。稿件字數要求控制在 1 萬字至 5 萬字之間，特别優秀的稿件，字數還可以適當放寬。

爲了保證刊物品質，來稿一律實行匿名評審制度，評審通過即發用稿函，三個月内若未收到用稿函，請自行處理。刊物出版後半年内，按文章實際字數酌情支付稿酬。本刊衹接受第一次發表的文章，以任何形式(包括會議、網絡等形式)發表過的文章，請勿再投本刊。

爲適應國家信息化建設，擴大本刊及作者知識信息交流途徑，本刊已被《中國學術期刊網絡出版總庫》及 CNKI 系列資料庫收録，其作者文章著作權使用費與本刊稿酬一次性給付。如作者不同意文章被收録，請在來稿時向本刊聲明，本刊將作適當處理。

來稿請寄：山東省濟南市山大南路 27 號，山東大學儒學高等研究院《全真道研究》編輯部，郵編：250100，電子信箱：qzdyj2011@163.com。

附：刊稿格式

一、正文

正文須附 300～500 字的摘要、3～5 個關鍵詞和作者簡介。作者簡介包括姓名、性别、生年、籍貫、工作單位、職稱職務、研究方向、代表性學術成果等内容。

另外，爲了聯繫方便，請作者於文後附詳細通信地址、聯繫電話、電子信箱等。

二、引文

引文分爲夾注和脚注兩種格式。(1)凡引用古籍，不需要注明版本和頁碼者，請於文中使用夾注。(2)無論直接引文，還是間接引文，也無論“資料性注釋”,還是“内容性注釋”,一律采用頁下注,注釋序號用①,②,③,每頁重新編號。

三、注釋

注釋必須合乎通行的規範,具體情況如下。

1. 專著:作者/書名/卷册/出版地/出版者/出版年/頁碼。

第一次出現以上各項須一一注明,如:

張廣保:《金元全真教史新研究》,香港:青松出版社,2008 年,第 25 頁。

第二次出現簡化,衹注明作者、書名、頁碼,如:

張廣保:《金元全真教史新研究》,第 25 頁。

中譯本著作,譯者作爲第二責任者放在題名之後,如:

[俄]陶奇夫:《道教——歷史宗教的試述》,邱鳳俠譯,濟南:齊魯書社,2011 年,第 320 頁。

2. 析出文獻:作者/篇名/文集。如:

郭武:《明清時期全真道與凈明道關係略論》,趙衛東主編:《問道崑嵛山——齊魯文化與崑嵛山道教國際學術研討會論文集》,濟南:齊魯書社,2009 年,第 262 頁。

3. 古籍:古籍既有傳統的刻本、抄本,也有具有現代出版形式的標點本、整理本、影印本,情況比較複雜,可根據古籍形式的不同選擇標注方式。

白永貞:《增續鐵刹山志》卷六,中國國家圖書館藏民國三十二年(1943)刊本。

(清)岳之嶺修,(清)徐繼曾纂:《長清縣志》,清康熙十一年(1672)刻本。

4. 連續出版物(期刊、報紙等)

(1)期刊:作者/文章題名/期刊/出版年、卷期或出版日期。引用中國大陸以外出版的中文期刊時,應在期刊題名後括注出版地。如:

陳俊民:《略論全真道的思想源流》,《世界宗教研究》1983 年第 3 期。

蕭登福:《道教燈儀源起及其流變》,《弘道》(香港)2013 年第 2 期。

(2)報紙:作者/文章題名/報紙/出版日期或卷期/版次。如:

李學勤:《清華簡〈耆夜〉》,《光明日報》2009 年 8 月 3 日,國學版。

5. 外文文獻:引證外文文獻,原則上以該文種通行的引證標注方式爲準。如英文文獻:

Vincent Goossaert, “The Invention of an Order: Collective Identity in Thirteenth-Century Quanzhen Taoism”, *Journal of Chinese Religions* 29 (2001), pp. 122-123.

Lai, Chi-tim, "Hong Kong Daoism: A Study of Daoist Altars and Lü Dongbin Cults." *Social Compass* 50 (2003): 459-470.

6. 未刊文獻:作者/題名/屬性/編號/收藏單位/頁碼。如:

岑孝清:《李道純中和哲學思想及其丹道研究》,博士學位論文,中央民族大學,2009 年,第 67 頁。

7. 電子文獻:包括以數碼方式記録的所有文獻,其標注項目與順序:作者/題名/更新或修改日期/獲取和訪問路徑。如:

王宗昱:《吴興全真道史料》,2006—06—25,23:08:04,http://www.hongdao.net/hd_index.php?message=101000&item=hd_zxwz&key=art_id&id=493.

8. 轉引文獻:作者/原文獻題名/原文獻版本信息/原頁碼(或卷期)/轉引文獻責任者/轉引文獻題名/版本信息/頁碼。如:

《宋文獻公全集》卷十一《太上上清正一萬壽宫住持提點張公碑銘》,轉引自陳兵:《道教之道》,北京:今日中國出版社,1995 年,第 84 頁。

9. 間接引文:間接引文通常以"參見"引領詞引導標注項目,應標識出具體參考引證的起止頁碼或章節。標注項目、順序與格式同直接引文。如:

參見杜仁傑:《真静崔先生傳》,陳垣編纂:《道家金石略》,北京:文物出版社,1988 年,第 495～496 頁。

10. 内容性注釋中的引文:内容性注釋是指對正文中的術語、概念、觀點和資料進行進一步的解釋、辨析或評論的文字。很多情況下,内容性注釋中又出現引文,無論是直接引文,還是間接引文,都需要標明資料出處,標注項目與順序與資料性注釋相同。如:

熊鐵基先生認爲,"全真"之義,至少包括"全三教之真""全老莊之真""全心性之真"三個方面。參見熊鐵基:《試論王重陽的"全真"思想》,《世界宗教研究》2008 年第 2 期。